VON DICHTUNG UND MUSIK

1797 - 1997
»Der Flug der Zeit«
Franz Schubert
Ein Lesebuch

D1664910

Eine Veröffentlichung der
Internationalen Hugo-Wolf-Akademie
für Gesang · Dichtung · Liedkunst e.V.
Stuttgart

Verlegt bei Hans Schneider · Tutzing 1997

Die vorliegende Sammlung, die die Internationale Hugo-Wolf-Akademie für Gesang · Dichtung · Liedkunst e.V. Stuttgart im Jahre seines 200. Geburtstags Franz Schubert widmet, trägt den Titel eines seiner Lieder; es singt vom »Wirbelfluge« der Zeit, von Vergänglichkeit, und so ist DER FLUG DER ZEIT als Verweis zu verstehen auf die kleine Spanne von der Geburt bis zu Schuberts frühem Tod und zugleich auf die lange Zeit, die uns von der Epoche jenes kurzen Lebens trennt.

Was sich inzwischen mit Schuberts Musik ereignete, hat sich mitunter verdunkelnd vor ein tiefgründigeres Verständnis seiner Kompositionen, besonders seiner Lieder geschoben. Dies ist der Ausgangspunkt unseres Titelaufsatzes, in dem Elmar Budde den Blick freilegt auf in Vergessenheit geratene Zusammenhänge, die Schubert wichtig waren und die der Komponist wohl auch im Konzert berücksichtigt haben wollte. So gilt dem Umstand, daß Schuberts eigene Zuordnung der Lieder zu Werkgruppen musikalisch u n d literarisch begründet und verwirklicht ist, besondere Aufmerksamkeit - als Konzept nicht zuletzt auch in jenem Opus 7 wahrzunehmen, in welchem mit dem FLUG DER ZEIT unseres Titelgedichts zwei andere Motive verbunden sind: DIE ABGEBLÜHTE LINDE und - den Grundgedanken aufs tiefste intensivierend - DER TOD UND DAS MÄDCHEN.

Dichtung und Musik, fortwährende Übergänge und Wechsel der Gestalten - seit Jahren das z e n t r a l e Thema in Veranstaltungen und Veröffentlichungen der Hugo-Wolf-Akademie - ist im Hinblick auf Schuberts Musik Gegenstand des I. Teils des vorliegenden Bandes. Im II. Teil wird der Blick auf Berührungspunkte von Schuberts Musik mit anderen Künsten gelenkt:

Bilder und Töne, Musik und Malerei. Schließlich stößt der Leser im III. Teil auf den umfangreichen Text einer Neufassung zu Schuberts Oper FIERABRAS und findet dort in der theoretischen Erörterung wie im Versuch einer dichterischen Gestaltung alle Facetten seiner Einbildungskraft in Anspruch genommen.

Die Texte versuchen, etwas von dem, was man in Schuberts Musik hört, aber vielleicht nicht weiß - Hintergründe, Begleitumstände, kompositorische Strukturen, ästhetische Entwürfe -, zur Sprache zu bringen und etwas von dem nachzuzeichnen, was Schuberts Musik an künstlerischer Verwandlungskraft in sich trägt.

Elisabeth Hackenbracht, Januar 1997

INHALT

I

»Die kleine Gestalt erscheint. Das gezeichnete Licht verhilft ihr zu
einem unverzerrten Schatten.«

.

Elmar Budde

»DER FLUG DER ZEIT«

Zur Erstveröffentlichung der Schubert-Lieder
und zu ihrer Rezeption

Es dürfte kaum einen Komponisten geben, dessen Biographie und dessen Werke so sehr durch Klischeevorstellungen und triviales Geschwätz verzerrt und entstellt wurden wie das von Franz Schubert. Spätestens seit der zweiten Hälfte des 19. Jahrhunderts haben sich Trivialliteratur und Unterhaltungsindustrie des Komponisten bemächtigt und ihn zu jenem weinseligen Genie degradiert, das unaufhörlich Lieder erfindet. Sicherlich wird jeder, der sich als Musiker oder Hörer mit Schuberts Musik beschäftigt und von dieser Musik in jener nicht in Worte zu fassenden Weise ergriffen wird, diese Trivialisierungen strikt von sich weisen; gleichwohl müssen wir einsehen, daß auch unser Schubert-Verständnis, d.h. unsere Vorstellung, die wir uns von diesem Komponisten zurecht gelegt haben, nicht unbeeinflußt ist von den angedeuteten trivialen Klischees, die bis in die Gegenwart unausrottbar zu sein scheinen. Dieser Einfluß zeigt sich z.B. in dem Bild, das seit über hundert Jahren der größte Teil der Schubert-Literatur vom Komponisten Schubert und dessen Werk gezeichnet hat und das im wesentlichen auch heute noch, von wenigen erfreulichen Ausnahmen abgesehen, ständig reproduziert wird. Im allgemeinen stellt man Schubert als den Inbegriff des genialen und schöpferisch tätigen Komponisten dar. Seine Genialität zeige sich indessen nicht - um es verkürzt zu sagen - in der kompositorischen Komplexität und Differenziertheit seiner Werke, sondern in deren unreflektierter, gleichsam naturhafter Hervorbringung. Schuberts Kompositionen scheinen nicht gebaut oder konstruiert zu sein; sie sind vielmehr der Inbegriff von Einfall und Unmittelbarkeit.

Dennoch galt und gilt diese Einschätzung nicht für sämtliche Kompositionen Schuberts; sie bezieht sich nahezu ausschließlich auf seine Lieder. Schubert und Lied scheinen synonyme Begriffe geworden zu sein; wer Lied sagt, meint Schubert, und wer von Schubert spricht, redet spätestens nach zwei Sätzen vom Schubert-Lied. Die Lieder sind es also, die, weil sie vollkommen scheinen, nicht der kompositorischen Intelligenz und Anstrengung bedürfen; sie sind nicht »gemacht«, sie sind gewissermaßen von vornherein da. Schon zu Schuberts Lebzeiten, vor allem aber dann im Verlauf des 19. Jahrhunderts, verfestigte sich diese Einschätzung zu einem kaum noch zu erschütternden Urteil. Schuberts Freunde, von denen einige den Komponisten um Jahrzehnte überlebten, haben übrigens an dieser Einschätzung zum Teil kräftig mitgewirkt, indem sie die Idylle jugendlicher Bohème aus der Sicht des Alters nostalgisch verklärten. Die Rezeptionsgeschichte der Schubertschen Kompositionen bestätigt diese Beurteilung; denn Schuberts Lieder gelten auch heute fraglos als der Inbegriff des Vollkommenen.

*

Franz Schubert hat in seinem kurzen Leben über 600 Lieder komponiert. Wir sprechen von »Liedern«, und doch ist man versucht zu zögern, die Bezeichnung »Lied« weiterhin verallgemeinernd zu benutzen, wenn man sich Schuberts Text-Kompositionen in ihrer Gesamtheit vergegenwärtigt. Sind die vielen Balladen und Szenen, die vor allem der junge Schubert komponierte, Lieder? Kann man die Oden und Romanzen als Lieder bezeichnen? Wie steht es mit jenen merkwürdigen Mischgebilden, die sich aus Ariosem, Rezitativischem und Instrumentalem zusammensetzen? Wie verhält es sich schließlich mit den Zyklen? Sind sie ein Liederreigen, ein »Kranz von Liedern«, wie das 19. Jahrhundert zu sagen beliebte, oder sind die Zyklen groß angelegte musikalische Formen, die eine spezifisch musikalische Handlungs- und Erzählstruktur aufweisen? Mit Sicherheit kann man Schuberts Textvertonungen nicht sämtlich unter dem Gattungsbegriff »Lied«, wie er sich im ausgehenden 18. Jahrhundert ausgebildet hat, subsumieren; oder anders gesagt, die Vorstellung, Schuberts Textvertonungen ließen sich insgesamt einer eindeutig zu definierenden Gattung zuordnen, kann allein schon aufgrund der Unterschiedlichkeit ihrer Erscheinungsformen nicht aufrecht erhalten bleiben.

Gleichwohl müssen wir fragen, wie die Vorstellung zustande gekommen ist, daß Schuberts Lieder den Inbegriff des Liedes darstellen. Welche inhaltlichen Implikationen liegen in dieser Vorstellung verborgen? Diese Vorstellung hat ihre Geschichte. Mit Sicherheit ist sie eine Widerspiegelung jenes allgemeinen Bewußtseins von Kunst und Musik, das sich spätestens seit der zweiten Hälfte des 19. Jahrhunderts mit Schuberts Kompositionen auseinandersetzt, und zwar auswählend, ordnend und zugleich interpretierend. Die Charakterisierung Schuberts als eines Musikers und Komponisten, der aus dem Unbewußten, gleichsam aus metaphysischen Tiefen, die vollkommensten und schönsten Melodien zu schaffen vermochte, ist auf jenes gesamtgesellschaftliche Bewußtsein von Kunst und Künstler zurückzuführen, das sich im 19. Jahrhundert ausbildet und das den Künstler zum träumenden Genie und die Kunst zu einem bedeutungsschweren metaphysischen Gebilde stilisiert. In dieses Bewußtseinsschema wird sowohl der Mensch Schubert mit seiner Biographie als auch der Komponist Schubert ideologisch eingepaßt. Gerade als Komponist von Liedern scheint Schubert sich dieser ideologischen Vorstellung von Kunst und Künstler bruchlos zu fügen.

»Lied« bedeutet nicht nur den Inbegriff des natürlichen Singens; »Lied« assoziiert zugleich die Vorstellung des sogenannten Volksliedes, d.h. des »natürlich« gewordenen Liedes. Spätestens seit dem Ausgang des 18. Jahrhunderts wird das deutschsprachige Lied im Sinne des Einfachen, des Natürlichen und schließlich des Volkstümlichen musikalisch und ästhetisch definiert. Das Lied erfordert, wie es im Artikel »Lied« in J. G. Sul-

zers Allgemeiner Theorie der schönen Künste (Leipzig[2]
1793) unmißverständlich heißt, *»weder schwere Künsteleyen des
Gesanges, noch die Wissenschaft, alle Schwierigkeiten, die sich bey
weit ausschweifenden Modulationen zeigen, zu überwinden. Aber es
ist darum nichts geringes, durch eine sehr einfache und kurze Melodie
den geradesten Weg nach dem Herzen zu finden«.* Das Lied strömt
kunstlos aus der Seele; nur so vermag es die Seele des anderen
zu rühren. So musikalisch treffend und ästhetisch umfassend
diese Definition des Liedes in der zweiten Hälfte des 18. Jahrhunderts ist, so ungenau und ideologisch verschwommen gerät
sie im Verlauf des 19. Jahrhunderts. Von der ursprünglichen Definition bleiben die Einfachheit der musikalischen Anlage (Strophe, Strophenlied) und die Unmittelbarkeit der Melodie als wesentliche Bestimmung des Liedes übrig.

In Schuberts Liedern glaubte man eine einfach gestaltete
Musik zu erkennen; und in der Tat suggerieren eine Vielzahl der
Schubertschen Liedvertonungen aufgrund ihrer formalen und
aber auch klanglich-melodischen Außenseite den Schein des
Einfachen und Unmittelbaren. In der Bestimmung des Liedes
als Inbegriff des Einfachen, Natürlichen und Unmittelbaren
macht sich im Verlauf des 19. Jahrhunderts über die ästhetische
Umschreibung hinaus eine gewisse ideologisch-moralisierende
Tendenz bemerkbar, die es zu erkennen gilt; denn Schuberts
Liedkompositionen wurden durch diese Tendenz rezeptionsgeschichtlich in ihrem Anspruch unmerklich verstellt, um nicht zu
sagen verändert. Sofern einfache Musik (z.B. Lieder) aufgrund
ihrer Unmittelbarkeit einen hohen Grad von Wahrheit beinhal-
tet, bedeutet die Umkehrung dieses Satzes, daß komplex gestaltete Musik nicht nur unnatürlich, sondern unwahr ist. Es dürfte
nicht übertrieben sein, mit aller Deutlichkeit darauf hinzuweisen, daß dieser moralisierende Zug zu einer verhängnisvollen
Antihaltung gegenüber künstlerisch komplexen Gebilden ten-
diert; zu einer Antihaltung, deren weltanschauliche Maxime es
schließlich ist, daß das Einfache gesund und das Komplexe

krank sei. Es ist hier nicht der Ort, die Gründe dieser um die Mitte des 19. Jahrhunderts einsetzenden Entwicklung musiksoziologisch aufzuschlüsseln; es bleibt die Tatsache, daß Schuberts Textvertonungen rezeptionsgeschichtlich durch das angedeutete Definitionsfeld und dessen Konnotationen entscheidend geprägt wurden.

*

Die Vorstellung, um nicht zu sagen, die Behauptung, daß das Schubert-Verständnis der Gegenwart immer noch von der Schubert-Rezeption des 19. Jahrhunderts, die Schubert zum komponierenden Genie verniedlichte und seine Textvertonungen zu bloßen Liedern in jenem angedeuteten Sinne verkümmern ließ, bestimmt wird, mag für viele Schubert-Liebhaber heute befremdlich sein. Gerade was seine Textkompositionen, d.h. seine Lieder betrifft, war Schubert sowohl in der Auswahl der Lieder, die er zu veröffentlichen gedachte, als auch in der Art und Weise, wie er die Lieder zu einer Opus-Gruppe zusammenstellte, von einer kaum zu überschätzenden Sorgfalt. Zwischen 1821 und seinem Todesjahr 1828 erschienen insgesamt 189 Lieder im Druck, d.h. etwas weniger als ein Drittel seiner sämtlichen Textvertonungen. Für einen Zeitraum von sieben Jahren ist die Zahl der Veröffentlichungen erstaunlich groß; sie läßt zumindest vermuten, daß Schubert kein so unbekannter und ärmlicher Komponist war, wie er in der Literatur nur zu gern geschildert wird, sondern ein Komponist, dessen Bedeutung in der musikalischen Öffentlichkeit zunehmend erkannt wurde.

In den Jahren nach Schuberts Tod erschienen sämtliche vom Komponisten während seines Lebens herausgegebenen Lieder immer noch in der ursprünglichen Zusammenstellung unter Opus-Zahlen. Spätestens nach 1850 wurden die Lieder indessen zunehmend aus den von Schubert vorgesehenen Gruppierungen herausgelöst und neu zusammengestellt. Repräsentativ für diese Veränderung dürfte die Leipziger Peters-Ausgabe sein, die im wesentlichen zwischen 1870 und 1880 erschien. Bis heute ist diese Ausgabe bei nahezu allen Sängern und Pianisten in Gebrauch. Der erste Band dieser Ausgabe enthält die drei großen Liederzyklen und eine bunte Zusammenstellung von Liedern, von denen man um 1870 glaubte, ihnen eine gewisse Beliebtheit nicht absprechen zu können. Die Bände zwei, drei und vier enthalten zwar sämtliche von Schubert in Opus-Gruppen veröffentlichten Lieder; die Lieder sind jedoch nicht mehr in Opus-Gruppen zusammengefaßt, vielmehr hat man sie nach Beliebtheitsgraden über die drei Bände verteilt. Wenn man die drei Bände gewissermaßen synchron zusammenschiebt, dann wird die ursprüngliche Schubertsche Zusammenstellung wieder erkennbar. Insgesamt läßt sich bei der Verteilung und Ausfilterung der Lieder eine eindeutige Tendenz zum Einzellied hin beobachten; d.h., in den Ausgaben macht sich eine Absicht bemerkbar, die ohne Zweifel den Schubertschen Intentionen zuwiderläuft. Die Lieder werden als Einzellieder zu jenen schönen und inselhaften Augenblicken isoliert, die man vom Lied erwartet.

Die heutigen Ausgaben der Schubert-Lieder spiegeln, so muß gesagt werden, den Geschmack der zweiten Hälfte des 19. Jahrhunderts wider und nicht Schuberts Intentionen. Ähnliches gilt im Blick auf die populäre Auffassung, die man von der Entstehung der Lieder hat; auch diese Auffassung ist seltsam verworren und entstellt. Die meisten Liebhaber Schubertscher Musik werden auf die Frage, welche eine der frühesten Kompositionen Schubertscher Musik sei, sehr wahrscheinlich die Antwort geben:»Erlkönig«. In Wahrheit aber ist ERLKÖNIG Schuberts dreihundertachtundzwanzigste Komposition von insgesamt 998, von denen wir Kenntnis haben. Dem ERLKÖNIG gehen circa 180 Liedkompositionen voraus. Schubert war also, als er Goethes Ballade vom ERLKÖNIG komponierte, bereits ein erfahrener Komponist; und nur diese Tatsache hat zu gelten. Schließ-

lich sei noch ein weiterer Aspekt aus der Schubert-Biographie
angeführt, den die Schubertsche Rezeptionsgeschichte, so wie
sie im allgemeinen Bewußtsein heute gegenwärtig ist, verdrängt hat, nämlich den, daß Schubert über die Hälfte seiner ca.
608 Lieder zwischen 1812 und 1817 komponiert hat. Zunächst
stehen also Textvertonungen im Mittelpunkt seiner kompositorischen Bemühungen; in dem Maße, wie sich Schubert seiner
Berufung und seiner Fähigkeit als Komponist bewußt wird, tritt
das Lied bzw. die Textvertonung zurück und die Menge der Instrumentalkompositionen nimmt ständig zu. Im Kontext der Instrumentalkompositionen entstehen dann die beiden großen
Liederzyklen DIE SCHÖNE MÜLLERIN und WINTERREISE, sowie
das posthum veröffentlichte Zyklusfragment SCHWANENGESANG.

*

Neben seinen Liedern hat Schubert zwischen 1821 und 1828
auch Tänze, Klavier- und Kammermusiken veröffentlicht.
Gleichwohl bilden die Lieder nicht zufällig das Übergewicht
der Veröffentlichungen. Einerseits fanden die Lieder ein sich
stetig steigerndes öffentliches Interesse, was die Wiener Verleger
zu nutzen suchten, andererseits war es aber Schubert selbst,
dem die Veröffentlichung der Lieder ein wichtiges Anliegen
war. Das läßt sich an der Zusammenstellung der Lieder zu
Opus-Gruppen unmittelbar ablesen. Diese von Schubert vorgenommenen Zusammenstellungen sind nicht zufällig; immer
läßt sich ein bestimmender Grundgedanke beobachten.

Als Opus 3 hat Schubert vier Goethe-Gedichte zu einer
Gruppe zusammengestellt. In einer der ersten Besprechungen
dieses Liederheftes, die am 22. Mai 1821 in der »Wiener Allgemeinen Theaterzeitung« erschien, wurde das Charakteristische
dieser Zusammenstellung vom Rezensenten besonders gewür-
digt; dort lesen wir: »*Bei Cappi und Diabelli sind soeben wieder neu*

15

erschienen: »Schäfers Klagelied,« »Heidenröslein,« »Jägers Abendlied« und »Meeresstille,« vier Gedichte von Goethe, in Musik gesetzt
von Franz Schubert. Jedes dieser Lieder hat nach dem Sinn des großen
Dichters auch seinen eigenen Charakter; liebliche Melodien und edle
Simplizität, abwechselnd mit origineller Erhabenheit und Kraftgefühl,
verbinden dieselben zu einem herrlichen Liederkranz, welcher sich mit
Verdienst an die frühern trefflichen Leistungen des talentvollen Kom-
positeurs anschließt.« Auch das Liederheft Opus 5 versammelt
Goethe-Gedichte zu einer Liedergruppe; über die Mignon-Lieder
(Opus 62) wird später zu sprechen sein.

Opus 4 besteht aus den drei Liedern Der Wanderer (Georg
Philipp Schmidt), Morgenlied (Zacharias Werner) und Wan-
drers Nachtlied (Johann Wolfgang von Goethe). Man könnte
das Liederheft insgesamt mit »Der Wanderer« oder »Das Wandern« überschreiben. In der Zusammenstellung der Lieder hat
Schubert einen Gedanken musikalisch und literarisch artikuliert, der ihn bis ans Ende seines Lebens beschäftigte und bewegte, nämlich das Wandern als Metapher menschlicher Existenz. Die drei Lieder Die abgeblühte Linde (Ludwig von
Széchény), Der Flug der Zeit (Ludwig von Széchény) und Der
Tod und das Mädchen (Matthias Claudius), die Schubert als
Opus 7 veröffentlichte, haben die Vergänglichkeit und den Tod,
aber auch die Erlösung zum Inhalt. Die Tonartfolge der drei Lieder (C-Dur, A-Dur und d-Moll) läßt darüber hinaus einen übergeordneten musikalischen Zusammenhang zumindest erahnen,
obwohl Schubert die drei Lieder nicht von vornherein unter
einem zyklischen Gesichtspunkt komponiert hat. Wie bei nahezu allen Opus-Gruppierungen hat Schubert die endgültige Zusammenstellung erst im Blick auf die bevorstehende Druckle-
gung vorgenommen; dabei waren für ihn immer inhaltliche Ge-
sichtspunkte maßgebend.

Die drei Lieder MEMNON (Johann Mayrhofer), ANTIGONE UND OEDIP (Johann Mayrhofer) und AM GRABE ANSELMOS (Matthias Claudius), die Schubert im August 1821 als Opus 6 veröffentlichte, sind durch eine merkwürdige Hermetik gekennzeichnet. Sprachlosigkeit (MEMNON), Klage (ANTIGONE UND OEDIP) und Schmerz (AM GRABE ANSELMOS) bilden gleichsam einen zyklischen Bogen, der sich vom Des-Dur des ersten, über das C-Dur des zweiten zum es-Moll des dritten Liedes spannt. Der Grundklang des gesamten Liederheftes wird durch das erste Gedicht symbolisch vorgegeben. Johann Mayrhofer, ein enger Freund Schuberts, schrieb es im Frühjahr 1817; Schubert hat es unmittelbar nach seiner Entstehung komponiert. Die Memnonen sind jene kolossalen Figuren in Ägypten, die, wie Hegel in seinen Aesthetik-Vorlesungen sagt, »*in sich ruhend, bewegungslos, die Arme an den Leib geschlossen, die Füße dicht aneinander, starr, steif und unlebendig, der Sonne entgegengestellt sind, um von ihr den Strahl zu erwarten, der sie berühre, beseele und tönen mache … Als Symbol aber ist diesen Kolossen die Bedeutung zu geben, daß sie die geistige Seele nicht frei in sich selber haben und zur Belebung daher, statt sie aus dem Inneren entnehmen zu können, welches Maß und Schönheit in sich trägt, von außen des Lichts bedürfen, das erst den Ton der Seele aus ihnen herauslockt*«. Ob Hegels Schriften dem jungen Mayrhofer oder Schubert bekannt waren, wissen wir nicht, aber Hegels genaue Beschreibung und Deutung der Memnonen hätten Mayrhofer und Schubert, wie Gedicht und Vertonung deutlich machen, mit Sicherheit gutgeheißen, denn auch für sie waren die Memnonen ein Symbol verborgener Innerlichkeit, die erst des Lichts bedurfte, um zu erklingen. Doch dieser Klang ist als Harmonie nur der Schein einer Harmonie; in ihm verbirgt sich Klage und Trauer, Verlassenheit und Depression. So werden von Mayrhofer und schließlich von Schubert, der das Gedicht in seiner Komposition unvergeßlich zum Klingen bringt, die Harmonien selbst als Memnonen, als steinerne Kolosse, gedeutet, deren innere Klage nur der hört, der das Äußere der Harmonie abstreift.

Am 19. Januar 1822 erschien in der Wiener »Allgemeinen Musikalischen Zeitung« eine ausführliche Besprechung der drei Liederhefte Opus 2 (GRETCHEN AM SPINNRADE), Opus 6 (MEMNON; ANTIGONE UND OEDIP; AM GRABE ANSELMOS) und Opus 7 (DIE ABGEBLÜHTE LINDE; DER FLUG DER ZEIT; DER TOD UND DAS MÄDCHEN). Mit erstaunlicher Sensibilität hat der Verfasser dieser Rezension das Charakteristische der drei Liederhefte zur Sprache gebracht. *»Das abermals bei Cappi und Diabelli erschienene Heft neuer Gesänge von Franz Schubert, enthaltend: »Die abgeblühte Linde«, »Flug der Zeit« und »Der Tod und das Mädchen«, das Gedicht zu den beiden ersteren vom Herrn Grafen Széchény, zu dem letzteren von Claudius, gibt uns die willkommene Veranlassung, sowohl diese, als noch weit mehr die früheren in derselben Kunsthandlung erschienenen Gesangsstücke dieses für den lyrischen Gesang reich begabten jungen Tonsetzers dem musikalischen Publikum bestens anzuempfehlen und unsere Achtung für sein ausgezeichnetes Talent offen auszusprechen. Nicht leicht wurde einem Kompositeur die Gabe, des Dichters Gebilde in dem Gemüte des empfänglichen Zuhörers zur tief ergreifenden Anschauung zu bringen, in so hohem Grade zuteil. Vorzüglich bewährt sich diese bei Gretchens Liede am Spinnrad von Goethe, wo die malerische Nachbildung des Geräuschs eines Spinnrads, der aus der innersten Tiefe eines weiblichen, bald in düstere Bilder der Gegenwart und Zukunft, bald in wehmütig süße Erinnerungen der Vergangenheit versunkenen Gemütes genommenen Schilderung zum höchst charakteristischen, in Rembrandtischem Helldunkel gehaltenen Hintergrunde dient. Kein fühlendes Herz kann dem hier geschilderten Wechsel der Gefühle des unglücklichen Gretchens folgen, ohne von Wehmut ergriffen zu werden und die grauenvolle Nähe der finsteren Gewalten, die sie umgarnen, zu ahnen. Gleich vortrefflich sowohl im Gesange als in der charakteristischen Begleitung ist Memnon, und Antigone und Ödip (beide von Mayrhofer gedichtet) gehalten.*

Memnon ist, als Gedicht betrachtet, eine von Meisterhand gezeichnete Schilderung eines vom tiefen Grame beherrschten, in sich ver-

schlossenen, erhabenen Gemütes, in dessen sturmerregtes Innere sich ein ahnender Hoffnungsstrahl von jenseits beruhigend senket.

In Antigone und Ödip zeigt uns der Dichter den blinden, im Haine der Eumeniden in Schlaf versunkenen Greis, an dessen Seite die liebende Tochter fromme Gebete für den Vater an die Götter sendet. Ödip erwacht, und schmerzlich ergreift ihn die im Traume aufgeregte Erinnerung an seine ehemalige Herrscherpracht. Eine prophetische Stimme in seinem Inneren verkündet ihm den nahen Tod. ...

Diese schönen Poesien hat Herr Schubert erhaben und mit ergreifender Wahrheit im Tonsatze wiedergegeben. Die Einleitung zu Memnon erinnert an die magischen Klänge des berühmten aegyptischen Standbildes.

Antigones Gebet ist voll kindlich frommen Gefühles in melodischem Stile gehalten und spricht die Gefühle der sich willig zum Opfer für den Vater darbietenden Tochter auf das rührendste aus. ... Wahrhaft königlich und erhaben ist der nun folgende Gesang Ödips gehalten, der mit dem von schauerlichen Akkorden begleiteten Geisterrufe würdig schließt. - In demselben Hefte mit Memnon und Antigone befindet sich Claudius' wehmütige Klage an Anselmos Grabe; ein Gesang voll ergreifendem Ausdruck, der in jeder fühlenden Brust seinen Widerhall finden muß«.

Den vier Liedern Opus 8 liegen Gedichte zugrunde, die als Naturlyrik (Berg, Lerche, See, Strom) zu charakterisieren sind. Die Opera 12, 14 und 19 stellen Goethe-Vertonungen dar; auch die Goethe-Gedichte hat Schubert nach inhaltlichen Gesichtspunkten zu sinnvollen Gruppen zusammengestellt. Von besonderem Interesse sind die beiden Liedergruppen Opus 21 und Opus 23. Gerade diese beiden Liedergruppen vermögen auf besonders eindrucksvolle Weise Schuberts Intentionen zu demonstrieren. Opus 21 erschien im Juni 1823 und Opus 23 zwei Monate später bei Sauer & Leidesdorf in Wien. Den drei Liedern Opus 21 liegen wiederum Gedichte von Schuberts Freund Johann Mayrhofer zugrunde. Die Gedichte handeln von der Gefahr, der Unsicherheit, aber auch der Freiheit, die das Wasser, genauer gesagt, der Fluß für den Menschen darstellt bzw. darstellen kann. Als solche sind die Gedichte nicht mit romantischer Naturlyrik zu verwechseln, vielmehr sind die sprachlich-poetischen Bilder vom Wasser und vom Fluß Metaphern, die sich unmittelbar auf die bedrückenden politischen Zustände der Schubert-Zeit zu Beginn der 20er Jahre des 19. Jahrhunderts (Metternich, Karlsbader Beschlüsse etc.) beziehen. Während es im ersten Lied heißt:»*Und im kleinen Kahne wird uns bang, Wellen droh'n wie Zeiten Untergang*« (das in Es-Dur beginnende Lied schließt in fis-Moll), besingt das zweite Lied den persönlichen Mut, den Gefahren zu widerstehen:»*Und schlängen die Wellen den ächzenden Kahn, ich priese doch immer die eigene Bahn*«. Das dritte Lied, dessen aggressiver Tonfall unüberhörbar ist, bejubelt die Freiheit der Fische im Wasser, der weder die Menschen noch die Wirren auf dem Lande etwas anhaben können:»*Den Fischlein unterm weichen Dach, kein Sturm folgt ihnen vom Lande nach*«.

In der Liederfolge Opus 23 verbergen sich ebenfalls zeitgeschichtliche Bezüge, die nur vor dem Hintergrund der Schubertschen Biographie zu verstehen sind. Das erste Lied DIE LIEBE HAT GELOGEN beruht auf einem Gedicht von August von Platen-Hallermünde. Schubert hat das Gedicht in der Art eines langsamen Trauermarsches in der Tonart c-Moll komponiert; Lüge und Betrug sind die zentralen Wörter des Gedichts. Dem zweiten und dem dritten Lied liegen je ein Gedicht von Schuberts Freund Johann Chrysostomus Senn zugrunde: SELIGE WELT und SCHWANENGESANG; das erste Lied steht in As-Dur, das zweite in as-Moll. »*Eine selige Insel sucht der Wahn*«, so heißt es im ersten Lied; das zweite Lied besingt die Klage des sterbenden Schwanes, »*vernichtungsbang*« und »*verklärungsfroh*«. Auch das dritte Lied SCHATZGRÄBERS BEGEHR basiert auf einem Gedicht eines Freundes von Schubert; es ist Franz von Schober, in dessen Wohnung Schubert zeitweise wohnte. Das Gedicht handelt von einem Schatzgräber, der in tiefster Erde nach einem alten Gesetz sucht. Auch wenn die Welt ihm die Sinnlosigkeit seines Tuns vorwirft, so gräbt er doch »glühend« fort, denn er weiß, daß ihm e i n Glück immer winkt, nämlich das eigene Grab. »D'rum lasset Ruhe mir in meinem Streben! Ein Grab mag man wohl jedem gerne geben, wollt ihr es denn nicht mir, Ihr Lieben, gönnen?«

Der merkwürdige Fatalismus, der alle vier Lieder durchzieht, kennzeichnet dieses Opus auf besondere Weise; die stillschweigende Programmatik dieser Liedergruppe ist mit Sicherheit auf eine bestimmte Situation in Schuberts Leben zurückzuführen. Seit seiner Konviktzeit war Schubert mit Senn befreundet. Schon im Konvikt galt Senn, der aus Tirol stammte, als ein aufrührerisches Element. Im Frühjahr 1820 wurde Senn in seiner Wiener Wohnung unter dem Verdacht subversiver Tätigkeiten verhaftet. Bei seiner Verhaftung soll er, wie es im Polizeibericht heißt, gesagt haben, »die Regierung sey zu dumm, um in seine Geheimnisse eindringen zu können«. Schubert und einige andere Freunde, die anwesend waren, wurden aufgrund ihrer Proteste polizeilich verwarnt. »Dabey sollen seine bey ihm befindlichen Freunde, der Schulgehilfe aus der Roßau Schubert, und der Jurist Steinsberg, dann die am Ende hinzugekommenen Studenten ... in gleichem Tone eingestimmt, und gegen den amthandelnden Beamten mit Verbalinjurien und Beschimpfungen losgezogen seyn«. Senn blieb 14 Monate in Untersuchungshaft und wurde dann nach Tirol abgeschoben. Seine Karriere als Dichter und Schriftsteller war für immer zerstört; er fristete sein Leben als Schreiber und später als Lehrer an einer Kadettenschule.

Wenn Schubert drei Jahre nach diesem Ereignisse - die Karlsbader Beschlüsse galten immer noch - eine Liederfolge veröffentlicht, in deren Mitte zwei Lieder von Senn angesiedelt sind, der polizeilich als subversives Element gilt, dann kann diese Veröffentlichung nur als eine persönliche Hommage des Komponisten an den verbannten Freund verstanden werden. Warum indessen diese Opus-Gruppe nicht der Zensur zum Opfer fiel (jede Veröffentlichung mußte von der Zensur genehmigt werden), ist schwer zu sagen; vielleicht hat Schuberts Freund Mayrhofer seine schützende Hand über die Veröffentlichung gehalten, er war nämlich in der Wiener Zensurbehörde angestellt. Auffallend ist, daß die Erstveröffentlichung der Lieder Opus 23 keinen Widmungsträger verzeichnet, wie es in den früheren Veröffentlichungen immer der Fall ist. Vielleicht wollte Schubert damit ein Zeichen setzen. Er widmete die Lieder insgeheim seinem Freunde Johann Chrysostomus Senn. Wer den tieferen Sinn der Gedichte und Lieder entziffern konnte, wußte, wem sie zugedacht waren, doch sein Name durfte als Widmungsträger nicht im Druck erscheinen; dafür erklangen seine Gedichte in des Freundes Musik.

Auch die beiden Lieder Opus 36 beruhen auf Gedichten von Schuberts Freund Johann Mayrhofer. Die Zusammenstellung der beiden Lieder erscheint auf den ersten Blick merkwürdig. Das erste Lied DER ZÜRNENDEN DIANA handelt von einem sinnenberauschten Jüngling, der die Göttin Diana *»ohne Schleier«* beim Bade beobachtet; deshalb muß er sterben, so will es die erzürnte Göttin, und im Sterben denkt er noch an *»des Schauens süße letzte Stunde«*. Das zweite Lied NACHTSTÜCK ist der Todesgesang eines alten Mannes, der die Nacht, d.h. seinen eigenen Tod, besingt. Beide Gedichte handeln also vom Sterben: das erste vom Sterben eines Jünglings im Angesicht weiblicher Schönheit, das zweite vom Sterben eines alten Mannes im Angesicht der Nacht, für den der Tod ewiger Schlaf und Erlösung bedeutet. Auch tonartlich sind die Lieder einander zugeordnet; das erste steht in As-Dur, das zweite in c-Moll, d.h., beide Tonarten sind »parallel« aufeinander bezogen. Dabei ist es von Interesse, daß diese tonartliche Parallelität nicht von Anfang gegeben war, denn Schubert hat die Lieder zu unterschiedlichen Zeiten komponiert. Das zweite Lied ist das zeitlich frühere; Schubert komponierte es im Oktober 1819. Das erste Lied entstand mehr als ein Jahr später, im Dezember 1820. Das NACHTSTÜCK hat Schubert zunächst in cis-Moll komponiert, d.h. in jener Tonart, die als charakteristisch galt für das Nächtige, für das Dunkle. Als Schubert später das NACHTSTÜCK mit der in As-Dur komponierten ZÜRNENDEN DIANA zur Veröffentlichung zusammenstellte, transponierte er das NACHTSTÜCK nach c-Moll, um eine tonartliche Parallelität zwischen den beiden Liedern herzustellen. Der Bezug der beiden Lieder untereinander war Schubert also wichtiger als die ursprüngliche Tonartencharakteristik des ersten Liedes.

Im Juli 1825 veröffentlichte Schubert als Opus 43 ein Liederheft, das die beiden Lieder DIE JUNGE NONNE (Jacob Nicolaus de Jachelutta) und NACHT UND TRÄUME (Matthäus von Collin) enthält. Das erste Lied (DIE JUNGE NONNE) steht in f-Moll (F-Dur), das zweite NACHT UND TRÄUME in H-Dur; ein größerer tonartlicher Kontrast ist nicht denkbar; die Lieder stehen scheinbar beziehungslos nebeneinander. Gleichwohl ist diese scheinbare Beziehungslosigkeit von Schubert als Kontrast beabsichtigt. Einen wichtigen Hinweis geben selbstverständlich die Gedichte. Während das erste Gedicht von den inneren Gefühlsstürmen einer jungen Nonne spricht, die ihren Frieden schließlich in der Hoffnung auf Erlösung durch den himmlischen Bräutigam, d.h. im Tode findet, besingt das zweite Gedicht die Nacht als jenes Wunderreich des Traumes jenseits der verwirrenden Wirklichkeit des Tages. Die Tonarten der beiden Lieder stehen sich gleichsam wie Tag und Nacht gegenüber. Noch auf einen weiteren musikalisch-kompositorischen Kontrast ist zu verweisen, den Schubert zur Charakterisierung der beiden Lieder angewandt hat, der aber heute kaum noch wahrgenommen wird. Aufgrund der je spezifischen Klavierbegleitung sind beide Lieder deutlich unterschieden. Im ersten Lied bewegt sich die Klavierbegleitung in einem weit gefächerten Klangraum; d.h, das Lied ist für eine Frauenstimme, die sich gewissermaßen registermäßig in die Klavierbegleitung einordnet, komponiert. Das zweite Lied hingegen hat eine auffallend tiefe Klavierbegleitung, d.h., die Gesangsmelodie, die die Klavierbegleitung nachzeichnet, ist eindeutig für eine Männerstimme gedacht. Der in den beiden Gedichten formulierte Kontrast spiegelt sich musikalisch-dramaturgisch in einem Frauen- und in einem Männerlied; es will scheinen, als ob die Lieder einander antworteten.

Selbst mehrstimmige Gesänge hat Schubert, sofern es ihm sinnvoll schien, in die Zusammenstellungen seiner Lieder zu Opus-Gruppen einbezogen. Auch diese mehrstimmigen Gesänge sind in den späteren Ausgaben und Sammelbänden (nach 1850), die die Opus-Gruppierungen weitgehend auflösten, nicht mehr zu finden. Mehrstimmige Gesänge und Lieder waren gattungs-ästhetisch nicht zu vereinbaren; deshalb hat man die mehrstimmigen Gesänge aus der Gruppe der Lieder entfernt und unter den mehrstimmigen Kompositionen Schuberts veröffentlicht. So findet man z.B. in keinem Sammelband der Schubert-Lieder das Duett NUR WER DIE SEHNSUCHT KENNT, WEISS, WAS ICH LEIDE!. Schubert hat jedoch dieses Duett an den Anfang seiner MIGNON-Lieder Opus 62 nach Gedichten aus Goethes Roman WILHELM MEISTERS LEHRJAHRE gesetzt. Damit stellt Schubert einen direkten Bezug zu Goethes Roman her, den er mit Sicherheit gelesen hatte. Im WILHELM MEISTER singen der alte Harfner und Mignon das Lied »*als ein unregelmäßiges Duett mit dem herzlichsten Ausdrucke*«. Erst am Schluß der kleinen Lieder-Gruppe singt Mignon das Lied allein.

In dem im September 1826 erschienenen Liederheft Opus 59 hat Schubert vier Lieder zusammengestellt. Dem ersten Lied DU LIEBST MICH NICHT liegt ein Gedicht von August Graf von Platen-Hallermünde zugrunde, die drei weiteren Lieder DASS SIE HIER GEWESEN, DU BIST DIE RUH und LACHEN UND WEINEN beruhen auf Gedichten von Friedrich Rückert. Obwohl das dritte Lied dieses Liederheftes, DU BIST DIE RUH, zu den verbreitetsten und am meisten gesungenen Liedern Schuberts zählt, so ist doch die Zusammenstellung der Lieder heute nur den wenigsten bekannt. Im Kontext der übrigen Lieder wird indessen der tiefere Sinn dieses Liedes erst offenkundig. Das erste Lied (a-Moll) singt von der verschmähten Liebe; die Worte »*du liebst mich nicht*« sind gleichsam sein Cantus firmus. Düfte, die an die Gegenwart der Geliebten erinnern, werden im zweiten Lied (C-Dur) beschworen. Das dritte Lied steht mit seiner Tonart Es-Dur in weit entferntem Abstand zum ersten Lied; aus ihm scheint die Gewißheit der erfüllten Sehnsucht, der erfüllten Liebe zu sprechen. Das abschließende vierte Gedicht jedoch (der Es-Dur Schlußakkord des dritten Liedes führt gewissermaßen dominantisch ins As-Dur des vierten Liedes) schwankt unruhig zwischen Lachen und Weinen bzw. umgekehrt zwischen Weinen und Lachen. So wie die beiden ersten Lieder tonartlich als Paralleltonarten korrespondieren, so sind die beiden abschließenden Lieder in einem funktionalen Sinne tonartlich aufeinander bezogen. Der Komplexität der beiden ersten Lieder steht die scheinbare Einfachheit der beiden letzten Lieder gegenüber; doch erst im Zusammenhang aller Lieder wird deutlich, daß Schubert in diesem Liederheft, um es modern zu sagen, eine Art Psychogramm der Liebe, der Gefühle und Empfindungen musikalisch-kompositorisch gestaltet hat. Am 25. April 1827 erschien in der Leipziger »Allgemeinen Musikalischen Zeitung« die folgende Besprechung dieser Lieder, die sich ihres Urteils vielleicht nicht ganz sicher ist, die aber Wesentliches dieses Schubert'schen Liederheftes zur Sprache bringt. »*Daß in den besseren der zahlreichen Lieder oder liedermäßigen Gesänge des Herrn Schubert Geist und*

Seele ist, und daß sich beide oftmals (wie auch hier, in allen vier Nummern) auf eine eigentümliche Weise äußern: das ist wohl von allen, die sich damit bekannt gemacht haben, anerkannt, auch von denen, welche gegen diese seine Weise vieles einzuwenden haben. Wahr ist wenigstens das, und erweist sich in den zwei ersten Nummern dieses Heftes von neuem: Herr Schubert sucht und künstelt - nicht in der Melodie, aber in der Harmonie, gar sehr, und besonders moduliert er so befremdlich und oft so urplötzlich nach dem Entlegensten hin, wie, wenigstens in Liedern und anderen kleinen Gesängen, kein Komponist auf dem ganzen Erdboden; aber ebenso wahr ist, daß er (wie auch hier) nicht vergebens sucht, daß er wirklich etwas herauskünstelt, das, wird es dann mit vollkommener Sicherheit und Zwanglosigkeit vorgetragen, der Phantasie und der Empfindung wirklich etwas sagt, und etwas Bedeutendes. Möge man darum sich an ihnen und sie an sich versuchen!- Nummer 3 und 4 dagegen sind weit einfacher, ohne darum weniger eigentümlich zu sein. Diesen glauben wir allgemeinen Beifall zusichern zu können, und auch uns sind diese beiden Lieder die liebsten«.

Im Jahre 1825 komponierte Schubert sieben Gedichte aus dem Versroman THE LADY OF THE LAKE von Walter Scott. Ein Jahr später, im April 1826, erschienen die Kompositionen bei Artaria in Wien als Opus 52. In diese Lieder-Gruppe hat Schubert einen Männerchor BOOTSGESANG und einen Frauenchor CORONACH - TOTENGESANG DER FRAUEN UND MÄDCHEN eingefügt. Erst durch diese beiden Chöre erhält die Liedergruppe jene innere Dramatik, die sie zu einem sinnvollen Zyklus, sowohl im musikalischen als auch im poetisch-literarischen Sinne werden läßt.

Auf besonders überzeugende Weise lassen sich Schuberts Absichten, die ihn bei der Zusammenstellung einer Lieder-Gruppe leiteten, an seinen Liedern Opus 88 ablesen. Die Lieder-Gruppe besteht aus vier Liedern und erschien im Dezember

1827 bei dem Wiener Verleger Thaddäus Weigl; es sind dies die Lieder ABENDLIED FÜR DIE ENTFERNTE (August Wilhelm von Schlegel), THEKLA - EINE GEISTERSTIMME (Friedrich von Schiller), UM MITTERNACHT (Ernst Schulze) und AN DIE MUSIK (Franz von Schober). Obwohl die Lieder zu verschiedenen Zeiten komponiert wurden (das erste und dritte im Jahre 1825, das zweite und vierte im Jahre 1817), bilden sie in der Art und Weise, wie Schubert die Lieder zusammengestellt hat, einen kleinen Zyklus. Das erste Lied singt von der fernen Geliebten; Sehnsucht und Traum, Ahnung und Erinnerung verschränken sich im Dämmerzustand des Einschlummerns. Schubert hat das Gedicht in der Pastoral-Tonart F-Dur, eingebettet in einen wiegenden 6/8-Takt, vertont; die Tempobezeichnung ist »In mäßiger Bewegung«. Der Mittelteil des Liedes wendet sich indessen in die Tonart f-Moll, in die Tonart der Melancholie, der »Schwermuth« und der »grabverlangenden Sehnsucht« (Chr. Fr. D. Schubart, IDEEN ZU EINER ÄSTHETIK DER TONKUNST, Wien 1806). »Wenn Ahnung und Erinnerung vor unserm Blick sich gatten, dann mildert sich zur Dämmerung der Seele tiefster Schatten. Ach, dürften wir, mit Träumen nicht die Wirklichkeit verweben, wie arm an Farbe, Glanz und Licht wärst du, o Menschenleben«. Träume vom Vergangenen und Zukünftigen sind es, die den Dämmerzustand der Seele, den Zustand der Melancholie und der Depression überwinden helfen; und so schlummert jenes Ich ein, das aus dem Gedicht spricht, und hofft auf ein friedliches Erwachen. Das zweite Lied, ursprünglich in cis-Moll, der nächtlichen Tonart, komponiert, steht in der Erstausgabe in c-Moll, d.h., es paßt sich tonartlich dem vorangegangenen Lied an; deshalb hat es Schubert, ähnlich wie in Opus 36, um einen halben Ton tiefer transponiert. Das Gedicht beschwört die Geisterstimme der toten Geliebten, die von jenen Räumen spricht, in denen, wie es im Gedicht heißt, Wort gehalten wird, nämlich vom Jenseits; deshalb ist es erlaubt, im irdischen Leben, im Diesseits also, zu irren und zu träumen. Das dritte Lied, in B-Dur komponiert, träumt wiederum von der Geliebten. Doch der im Gedicht geschilderte Traum ist kein Traum im Dämmerzustand der Seele, ist kein Alptraum von der toten Geliebten, vielmehr ist er ein Wachtraum im hellen Licht der Sterne; ein Traum in der unbedingten Gewißheit, daß die Geliebte, der der Traum gilt, den gleichen Traum träumt. Das abschließende vierte Lied wendet sich in den lichten Bereich der Kreuztonarten, nach D-Dur. Das Lied besingt die Musik, der es möglich ist, den Menschen in eine »*beßre Welt*« zu entrücken. Man könnte diesen kleinen Zyklus mit »Träume« überschreiben; denn erst im übergeordneten Zusammenhang sämtlicher vier Lieder erfährt jedes einzelne Lied jenen Sinn, den Schubert, als er die Lieder zusammenstellte und einander zuordnete, beabsichtigte. Doch kaum jemand kennt heute die Lieder in der von Schubert vorgenommenen Zusammenstellung, gleichwohl kennt jeder das vierte Lied AN DIE MUSIK bis zum Überdruß.

*

Die Rezeptionsgeschichte der Schubertschen Musik hat, wie wir zu zeigen versuchten, die Gruppierungen der Lieder, die Schubert zu seinen Lebzeiten zur Veröffentlichung vorgesehen hatte, auseinandergerissen und damit die Lieder isoliert. Dadurch sind entscheidende Aspekte, die Schubert wichtig waren und die nur im Zusammenhang der Lieder untereinander deutlich werden, verdunkelt worden. Vielleicht hat man schon früh, und vielleicht sogar schon zu Schuberts Lebzeiten, nicht erkannt oder nicht erkennen können, worauf das Spezifische seiner Musik beruht, welche Intentionen seiner Musik eingeschrieben sind. Schubert steht nämlich auf eine merkwürdige Weise abseits; seine Musik verläßt den Horizont der traditionellen musikalischen Sprache; sie eröffnet Zeit-Räume, die den Hörer irritieren, denn sein musikalisches Sprachverständnis findet sich in diesen Zeiträumen nicht zurecht. Gegenüber Beethoven und gegenüber der Tradition, die Beethovens Musik repräsentiert, hat Schubert eigentlich nie motivisch komponiert; man möchte sogar behaupten, er hat nicht einmal thematisch komponiert. Themen basieren nämlich auf Motiven; Themen bilden innerhalb einer Komposition gewissermaßen den Stoff, über den gesprochen wird. Das Eigentliche eines Themas (seine Sprengkraft, seine Energie) entfaltet sich jedoch erst in der Komposition, und zwar aus dem Thema heraus. Wir können solche Prozesse in jeder Beethoven-Sinfonie verfolgen.

Schuberts Themen sind hingegen seltsam tautologisch; aus ihnen entfaltet sich nichts; sie verharren in sich, als ob sie ständig in sich hineinsängen. Und doch sind die Kompositionen in ihrem Gefüge nicht beziehungslos; im Gegenteil: Schuberts Kompositionen basieren auf einem komplizierten Netz von Relationen, die mit den Kategorien Motiv oder Entwicklung nicht begriffen und verstanden werden können. Die häufig in sich kreisenden Themen verwandeln sich scheinbar zufällig, sie nehmen eine andere Gestalt, einen anderen Charakter an; und doch erkennt man sie; selbst wenn sie verschwinden, weiß man um ihr Verschwinden. Enge und direkte oder auch ganz lockere und weitgespannte Assoziationen regulieren den musikalischen Zusammenhang. Sicherlich kennt Schubert auch Motive, und er weiß, wie Motive zu entwickeln sind; doch sein Interesse galt der Verwandlung, der Metamorphose musikalischer Gestalten. Die Gestalten selbst bleiben in ihrer Figürlichkeit gewissermaßen erhalten, und doch haben sie sich in ihrem Charakter und ihrer Klanglichkeit verwandelt. Deshalb ist für Schubert auch das Modulieren durch die Tonarten so wichtig; indem die Themen sich verwandeln, verändern sich nämlich zugleich die Räume und die Lichtverhältnisse, in denen sie sich bewegen.

Gerade im Blick auf Sprachvertonungen bedeutet Schuberts Verfahren, musikalische Zusammenhänge auf der Basis eines komplexen Assoziationsnetzes und zugleich mit Hilfe musikalischer Figuren und Charaktere herzustellen, eine bis zu diesem Zeitpunkt ganz unerhörte musikalisch-kompositorische Freiheit gegenüber der Sprache und ihren Bedeutungsimplikationen, d.h. ihren Inhalten. Schubert vertont nicht Worte, er setzt nicht Worte in Töne um; er konfrontiert vielmehr Worte mit Tönen, die als Tonkonfigurationen ihren spezifisch eigenen Ausdruckswert haben. Während in den traditionellen Liedvertonungen die Bedeutungsebene der Sprache unangetastet bleibt, indem die Musik sich an diese Bedeutungsebene anschmiegt, durchdringen sich in Schuberts Liedkompositionen die sprachlichen und die musikalischen Bedeutungsebenen. Gerade weil die sprachliche Bedeutungsebene in so hohem Maße musikalisch besetzt ist, vermag Musik der Sprache gegenüberzutreten und zugleich so sensibel und assoziativ auf Sprache zu reagieren. Schuberts Musik schmiegt sich nicht der Sprache an; sie bespült nicht, wie Karl Kraus gesagt hat, die Gedankenküste, sie reagiert vielmehr als Musik (und zwar mit allen ihren Möglichkeiten, Klangbildungen, Modulationen, Figuren etc.) auf Sprache.

Das Reagieren von Musik auf Sprache, wie wir es in jeder Komposition Schuberts erleben können, ist nicht als eine Art Widerspiegelung von Sprache im Medium der Musik zu verstehen, sondern tatsächlich als ein Reagieren. Schubert bedient sich dabei musikalischer Konstellationen und Sinnfiguren, die er dem gesamtem Spektrum der Musik entnimmt. Ähnliches ist bei keinem Komponisten seiner Zeit zu beobachten. Im Vergleich mit seinen komponierenden Zeitgenossen ist man versucht zu sagen, daß Schubert begrifflich komponierte, die Zeitgenossen hingegen grammatikalisch-syntaktisch. Dieses begriffliche Komponieren entfaltet Schubert zunächst im Bereich der Lied-Vertonung; kaum merklich nimmt es in der Instrumentalmusik (nach vielen Experimenten und Fragmenten) Gestalt an; schließlich ist Schubert sich seiner Gedanken- und Ideenwelt voll bewußt; und er weiß, welchen Weg er zu gehen hat. Es ist ein Weg, den noch keiner gegangen ist und auf dem es, wie es dann in der WINTERREISE heißt, kein Zurück gibt.

Die Assoziationsnetze, die Schuberts Kompositionen durchziehen (ob Lied oder Instrumentalmusik) und Zusammenhänge herstellen, sind vor allem durch Bedeutungs- und Sinnassoziationen bestimmt. Gerade weil diese metamorphotischen Zusammenhänge assoziativer Natur sind, sind sie auch so flüchtig; deshalb entziehen sie sich nur zu leicht der analytischen Ratio. Schuberts Kompositionen beanspruchen ein waches Bewußtsein, eine Phantasie und zugleich Einbildungskraft, welche die übliche Rezeptionsform von Musik weit übersteigen. Deshalb ist es durchaus angebracht, umgekehrt zu behaupten, daß es recht eigentlich die Einbildungskraft und die Phantasie des Interpreten und des Hörers sind, die Schuberts Kompositionen zu dem werden lassen, was sie beanspruchen.

Die Rezeptionsgeschichte der Schubertschen Musik zeigt, daß dieser Anspruch weitgehend verdrängt wurde. Bedeutet das zugleich, daß auch Phantasie und Einbildungskraft (also das, was die Musik vom Interpreten und Hörer fordert) verdrängt wurde? Bedeutet die Sentimentalisierung der Person Schuberts, wie es die Rezeptionsgeschichte tat, oder die Einengung seiner Musik auf die schönen Stellen und die schönen Stücke, die jeder so gerne hört, bedeutet das alles Verlust der Phantasie, oder zeigt sich darin nicht etwas ganz anderes, nämlich Furcht vor der Einbildungskraft, Furcht vor dem, was Schubert uns vermittelt? Lassen wir die Frage offen, weit offen. Die Vergangenheit hat vieles, vielleicht sogar Entscheidendes der Schubertschen Musik zugedeckt und, wie ich meine, bewußt verdrängt. Wir müssen es wieder erschließen; denn sonst werden wir, bei aller Schönheit seiner Musik, leer ausgehen.

Christian Thorau
»UND ALS DIE HÄHNE KRÄHTEN« -
*Zum Verhältnis von Traum und Wirklichkeit
in Schuberts* FRÜHLINGSTRAUM

Schuberts WINTERREISE hat in ihrer fast 170jährigen Rezeptionsgeschichte zu Analyse und Deutung angeregt wie nur wenige Liedwerke seitdem. Eine auffällige Präferenz der Kommentare und Interpretationen gilt bis heute Liedern wie GUTE NACHT, DER LINDENBAUM, DIE POST, DIE NEBENSONNEN und DER LEIERMANN, also den Rahmenliedern und der volkstümlich hellen Dur-Sphäre des Zyklus. Obwohl auch FRÜHLINGSTRAUM, das vorletzte Lied der ersten Abteilung, unzweifelhaft zu den Attraktionspunkten des Zyklus' gehört, wurde ihm eher respektvolle Bewunderung als analytisches Interesse zuteil.[1] Vor allem die A-Dur-Musik des »*Ich träumte von bunten Blumen*« in ihrer Mischung von naiver Volkstümlichkeit und prätentiöser Eleganz erschließt sich dem Hören offensichtlich derart unmittelbar, daß die beschreibende Prosa meist zurückhaltend reagierte. So unbegrifflich und naiv-sinnlich die FRÜHLINGSTRAUM-Melodie daherkommt, so nachdrücklich könnte nach dem Hintergrund ihrer bis heute einnehmenden Selbst-Verständlichkeit gefragt werden - zumal da sie in einem Zusammenhang auftaucht, der das Verhältnis von Traum und Wirklichkeit in einer Zuspitzung gestaltet, die in Schuberts Liedwerk ohne Vergleich ist. Auch im Rahmen der WINTERREISE nimmt das Lied hinsichtlich des dort allgegenwärtigen Themas von Phantasie und Realität eine Sonderstellung ein. Die dem übersensiblen Bewußtsein von dem eigenen Leiden einerseits und der kalten, gleichgültigen Welt andererseits entspringende Wahrnehmung des Wanderers erscheint hier in Form und Inhalt radikalisiert. Das Frühlingstraumbild stellt die einzige uneingeschränkt affirmative Episode der WINTERREISE dar, vermag dies aber nur in Gestalt eines Schlaftraums, der selbst wieder ohne Pendant ist in der vielgestaltigen, von Wachphantasien geprägten Welt des Protagonisten.

Jürg Stenzl hat den FRÜHLINGSTRAUM unter der Fragestellung, »*was - in einer bestimmten Epoche und Gesellschaft, im Rahmen bestimmter musikalischer Gattungen - als Traum erschien und gestaltet wurde*«,[2] aus einer neuen, ungewohnten Perspektive betrachtet. Wilhelm Müllers Traumidylle in Schuberts Musik steht hier beispielhaft für den im 19. Jahrhundert charakteristischen Konnex von »*Traumzweifel als Traumobsession*« und wird zum anschaulichen Beleg für die These, »*daß die romantische ›Traumexplosion‹ gerade nicht auf Traumglaube, sondern auf Traumzweifel beruhe.*«[3] Schuberts Vertonung ist weit davon entfernt, Traummusik zu sein im Sinne einer traumanalogen Struktur, wie sie in der zweiten Hälte des 19. und dann im 20. Jahrhundert zum Kennzeichen der Traumkompositionen wird. Das geträumte Frühlingsbild fungiert in erster Linie als Kontrastfolie »*zu einer unwirtlichen Gegenwart, einer Gegenwart, die den Wanderer schon im ersten Lied des Zyklus' ausgestoßen und in die Fremdheit der Winterlandschaft getrieben hat.*«[4]

Die musikalische Illusionswelt der reizvollen A-Dur-Melodie als Auftakt einer kontrastierenden Bilderfolge zu sehen, in der eine in sich selbständige, vom variierenden Strophenprinzip unabhängige Musik wie eine Chiffre für ein inneres Bild steht und kompositorisch mit einer musikalischen Umgebung konfrontiert wird, die unmißverständlich Realität, kalte Wirklichkeit repräsentiert, wäre nur eine Seite dieser Komposition. Die zusammengesetzte Musik des FRÜHLINGSTRAUMES etabliert neben dieser bildlichen eine prozeßhafte Struktur, eine, wenn nicht traumanaloge, so doch psychogrammatische Ebene, die Schubert als ein en miniature gefaßtes Szenario seelischer Vorgänge entwirft.

Frühlingstraum

Ich träumte von bunten Blumen,
So wie sie wohl blühen im Mai;
Ich träumte von grünen Wiesen,
Von lustigem Vogelgeschrei.

Und als die Hähne krähten,
Da ward mein Auge wach;
Da war es kalt und finster,
Es schrien die Raben vom Dach.

Doch an den Fensterscheiben,
Wer malte die Blätter da?
Ihr lacht wohl über den Träumer,
Der Blumen im Winter sah?

Ich träumte von Lieb' um Liebe.
Von einer schönen Maid,
Von Herzen und von Küssen,
Von Wonne und Seligkeit.

Und als die Hähne krähten,
Da ward mein Herze wach;
Nun sitz ich hier alleine
Und denke dem Traume nach.

Die Augen schließ' ich wieder,
Noch schlägt das Herz so warm.
Wann grünt ihr Blätter am Fenster?
Wann halt' ich mein Liebchen im Arm?

An keiner Stelle hat Wilhelm Müller die den Gedichtzyklus als Seelenlandschaft grundierende, die Innen- und Außenwelt gleichermaßen prägende Stimmung von Kälte und Isolation so kontrastiv durchbrochen wie im FRÜHLINGSTRAUM.

Die Situation des Wanderers wird durch das vorausgehende Lied RAST im Sinne einer momenthaft aufscheinenden Handlungskontinuität anschaulich, eine Ausnahme in dem sonst ebenso anonymen wie abstrakten Raum-Zeit-Rahmen der WINTERREISE. »In eines Köhlers engem Haus« hat der Erschöpfte für eine Nacht Obdach gefunden und schaut dieses einzige Mal von einem Rauminnern auf den Winter draußen. Am Morgen erinnert er sich: Ein milder Traum führte ihn in frühlingshafte Gefilde, doch das Bild des zauberischen locus amoenus verschwand jäh, als die Hähne krähten. Deren Lärm tönte wohl schon in seinen Traum hinein und hat ihn mit dem noch geträumten »lustigen Vogelgeschrei« bereits an die Schwelle zur Wirklichkeit geführt, wo er im kalten Dunkel die Raben schreien hört.[5] Wie im Halbschlaf noch befangen beschwört er da das frostig-bleiche Zerrbild der bunten Maiblüte, die Eisblumen am Fenster, als Zeugen dafür, daß seine Einbildung ihn nicht getrogen hat, und fragt mit der überreizten Empfindlichkeit des nahe am Irrewerden Stehenden:

»Ihr lacht wohl über den Träumer,

Der Blumen im Winter sah?«

Aus dem halluzinierenden Wachtraum sinkt er zurück in die Traumerinnerung:

»Ich träumte von Lieb' um Liebe,

Von einer schönen Maid,

Von Herzen und von Küssen,

Von Wonne und Seligkeit.«

Wie der Frühlingstraum zum Liebestraum geworden ist, wird aus dem Erwachen der sinnlichen Wahrnehmung nun das Erwachen des Herzens. Es bleibt dem Einsamen nur mehr die Erinnerung an die Traumbilder, in die er sich vergeblich zurückzufinden sucht. Im sehnsüchtigen, von Hoffnungslosigkeit überschatteten Fragen endet das Lied:

»Wann grünt ihr Blätter am Fenster?

Wann halt' ich mein Liebchen im Arm?«

Der Wanderer evoziert wie im LINDENBAUM die Erinnerung an Vergangenes, und wie dort teilt sich diese Vergangenheit in

35

zwei Zeitebenen, deren eine den locus amoenus repräsentiert und deren andere vom Gewahrwerden des Verlustes gekennzeichnet ist, bis am Ende erst unmißverständlich klar wird, daß die Gegenwart die Erinnerung an beide Ebenen birgt. Im FRÜHLINGSTRAUM aber bilden die drei Zeitebenen eine viel engere, fast dramatische Einheit im unmittelbar aufeinander folgenden Ausdruck dreier Bewußtseinszustände: Schlaftraum - Erwachen - Wachtraum. Ist dieser Dreischritt den ersten drei Strophen zugeordnet, nehmen die Strophen vier bis sechs das dreigliedrige Schema als verzweifelt beschwörende Dopplung variierend und zugleich steigernd wieder auf.

Der schlichte Aufbau der leicht gewandelten Parallelität folgt einem subtilen Programm sukzessiver Bewußtwerdung: Wo das Ich in der zweiten Strophe die kalte Welt physisch spürt, wird es sich in der fünften seiner selbst als Verlassenes bewußt; erst jetzt ist die Erzählzeit erreicht und erschließt sich mit dem *»Die Augen schließ' ich wieder«* zu Beginn der sechsten Strophe das ganze Gedicht als erinnerte Gegenwart. Der Prozeß des allmählichen Auslotens von Traumsphäre und Realität ist markiert durch den im Wachtraum kulminierenden Versuch, die Erinnerung im Gegenwärtigen zu halten und die Gegenwart im sich verflüchtigenden Vergangenen aufzuheben. Das oszillierende Hin- und Herwechseln zwischen Traum und Wirklichkeit einerseits und die strenge, wiederholte Dreigliedrigkeit andererseits, die zur finalen Verdichtung in den beiden Schlußfragen drängende Konzeption und die zyklische Orientierung des Liedes sind ineinander verschränkt.

Schuberts Vertonung ist formal erst einmal eine Entscheidung für die wiederholende, die zyklische Struktur. Das Lied greift die Zweiteilung des Gedichts auf und setzt sie musikalisch in zwei Großstrophen mit je drei Teilen um, die Schubert im Autograph auch strophisch mit doppelt unterlegtem Text notierte. Er komponiert drei unterschiedliche, selbständige Charaktere *»Etwas bewegt«* - *»Schnell «* - *»Langsam«*, die - ohne sich motivisch zu durchmischen wie im LINDENBAUM, wo das thematische Material aus Vorspiel und Liedperiode dem variativen Strophenprinzip unterliegt - fast unverbunden aufeinanderfolgen. Um so aussagekräftiger aber werden die auf den ersten Blick geringen, kaum charakteristischen musikalischen Gemeinsamkeiten. So wird der Sechsachteltakt, im Tempo nur gesteigert, auch nach dem Übergang vom Schlaftraum zum Erwachen beibehalten. Vor allem aber stiftet die Tonika A in ihrer Dur- und Moll-Gestalt die liedhafte Einheit und eint damit zugleich die verschiedenen Bewußtseinszustände. Die folgenden Beobachtungen stellen deshalb die musikalischen Charaktere und die tonartlich-modulatorische Gestaltung in den Mittelpunkt. Dort zeigt sich, wie die Vertonung das im Müllerschen Gedicht gestaltete Verhältnis von Bewußtseinszustand und Bewußtseinsprozeß musikalisch konkretisiert, inwiefern sich also von einer psychogrammatischen Dimension der Musik Schuberts reden läßt.

Schlaftraum

Eines der ersten Urteile über den FRÜHLINGSTRAUM fiel überraschenderweise negativ aus. In seiner Rezension aus dem Jahre 1829 nannte G.W. Fink das Lied »*theils … sehr gewöhnlich in der Melodie und theils wieder so gesucht, wie es zu geschehen pflegt, wenn ein dunkles Gefühl uns anräth, um irgend eines Mangels willen sich des verhüllenden Schleiers zu bedienen.*«[6] Das Prädikat »*gesucht*« betrifft offensichtlich die irritierende Wirkung des dissonanzreichen Mittelteils, die mit dem etwas ratlos erscheinenden Hinweis auf einen kompositionstechnischen Mangel abgetan wird. Die Bezeichnung »*sehr gewöhnlich*« dagegen kann - bezieht man sie auf die eröffnende A-Dur-Musik - als Reflex auf die Toposhaftigkeit des musikalischen Ausdruckes verstanden werden, auf eine Musik, die der Rezensent so stark als Gemeinplatz empfand, daß er sie abwertend beurteilte. Der musikalische Charakter, den Schubert hier zur Traummelodie erhebt, ist der alte Typus der Siciliana, wie man ihn seit dem späten 17. Jahrhundert in zahllosen Arien und Instrumentalsätzen findet. Der wiegende Sechs- oder Zwölfachteltakt und der punktierte Rhythmus in Gestalt der aufsteigenden Wechselnote sind seine unverwechselbaren Merkmale. In ihrer engen Verwandtschaft zur Pastorale und zur Pifferomelodik gehörte die Siciliana zur musikalischen Ausstattung einer Hirten- und Schäferszenerie. Ihr Ausdrucksspektrum variiert zwischen tänzerischer Bewegtheit und melancholischer Wehmut, zwischen pastoralem Stimmungs- und subjektivem Erregungsbild, musikalisch verkörpert als Allegro oder Larghetto, als Dur- oder Moll-Tonart.[7] Schubert selbst hat in der Vertonung von Goethes Gedicht SCHÄFERS KLAGELIED dieses Spektrum kompositorisch ausgebreitet. Dort repräsentiert als Kontrast zum wehmütigen c-Moll-Rahmenteil der Mittelteil in Es- und in As-Dur (»*Dann folg' ich der weidenden Herde*« und »*Da stehet von schönen Blumen, da steht die ganze Wiese so voll*«)

jene idyllische Sphäre und jenen naiven Ton, die Schubert in der Intonation des FRÜHLINGSTRAUMS in die helle A-Dur-Tonart und das leichtfüßige Pianissimo der hohen Lage entrückt.[8]

Der idylische Siciliana-Charakter verbindet sich hier mit der unbeschwerten Schlichtheit einer achttaktigen Liedperiode (T. 5-12), welcher im subdominantischen Nachsatzbeginn über dem gehaltenen Baßton (T. 9-10) der pastorale Tonfall auch harmonisch noch anhaftet. Als syntaktisch rundes Gebilde mit öffnendem Vordersatz (Tonika in Terzlage) und schließendem Nachsatz nimmt sie eine paradoxe Sonderstellung ein[9]: Im Vergleich zur parataktischen Monotonie der ganzschlüssig und in Oktavlage endenden Viertakter, die den düsteren Tonfall der anderen WINTERREISE-Lieder so grundlegend beherrschen, stellt sie einen musikalischen Idealfall dar, eine liedmäßige Selbstverständlichkeit, die dem Sänger in seiner Depression verloren gegangen scheint und die er im A-Dur des Wachtraumes (»*Doch an den Fensterscheiben, wer malte die Blätter da?*«) wiederzufinden sucht. Nur die eng verwandte G-Dur-Episode aus RÜCKBLICK (»*Wie anders hast du mich empfangen, du Stadt der Unbeständigkeit!*«) bietet in dieser Hinsicht noch einen vergleichbaren Lichtblick.

Auch die Tonart trägt deutlich toposhafte Züge. Vor dem Hintergrund der traditionellen Tonartencharaktere, in denen als Pastoraltonarten G-Dur, F-Dur und B-Dur ausgeprägt sind, und ihres Niederschlages in Schuberts Liedwerk wird die Tonart A-Dur hier lesbar als verfremdende Transposition des von ihm so häufig sowohl dem pastoralen Sujet als auch der Frühlingsstimmung assoziierten G-Dur[10], eine denkbare Erklärung auch für den Umstand, daß Schubert im Autograph die rechte Hand des Klaviervorspiels zuerst in G-Dur notierte, dann aber nach A-Dur korrigiert hat.[11] Die Entscheidung für die Tonart ist zugleich eine für das a-Moll des Mittelteils, denn gerade als Gegensatz von Utopie und Wirklichkeit besitzen beide Tonarten bei Schubert einen ausgeprägten Charakter.[12] Doch erst im Kontext der anderen A-Dur-Lieder der WINTERREISE wird deutlich, wie stark das Wunschbild im Zeichen des Trugbildes steht. In TÄUSCHUNG wie auch in DIE NEBENSONNEN geht es um den bewußten bzw. bewußt gewordenen Selbstbetrug, sei es angesichts der irrlichternen Illusion häuslicher Geborgenheit oder

einer optischen Täuschung wie den Nebensonnen, deren Wahrnehmung der Wanderer in manischer Selbstbezogenheit symbolisch überhöht. Beide Male erweist sich die Helligkeit der
Kreuz-Tonart als doppelbodig, beide Male bezeichnet der Ton-
artcharakter eine trügerische Lichterscheinung, eine Metapho-
rik, die sich im FRÜHLINGSTRAUM zur Fiktion einer lichten Welt
wandelt.

Erwachen

Den dramatischen Kontrast hervorzuheben, den die Musik
hier formuliert, liegt nahe: Tempowechsel, Herausfallen aus
dem weichen Zeitfluß in harte, rezitativische Akkordik, plötz-
liches Aufreißen eines in die ♭-Tonarten weisenden Moll-Berei-
ches, ins Gewaltsame gesteigerte Gestik und Dynamik. Auf den
ersten Blick unauffällig dagegen erscheinen Aspekte des Über-
ganges und des Zusammenhangs, die gleichwohl hörbar über
den Bruch hinweg vermitteln. Erst an ihnen wird deutlich, wie
Schubert auch in der geschlossenen Form des Liedes Musik als
prozessuale Kunst begreift.

So ist die Kontrasttonart a-Moll (»*Es schrien die Raben vom
Dach*«) hier - im Unterschied zu dem sonst im Schubert-Lied
allgegenwärtigen Dur-Moll-Wechsel - keine Setzung, sondern
das Ergebnis einer Modulation, die in vier Takten (T. 15-18) in
die Mollsubdominante d-Moll führt, von dort zu einer Klein-
terzsequenz ansetzt (T. 19-20), die in f-Moll endete, würde nicht
T. 21 (mit Auftakt) den Verlauf harmonisch und melodisch nach
a-Moll umbiegen, eine satztechnische Härte, die auf den
empfindlichen Zeitgenossen »gesucht« gewirkt haben mag.
Ein neuer Zustand im Sinne einer sich befestigenden Tonika
(T. 22ff.), in der auch die Textwiederholung (»*da war es kalt und
finster*«) die Wahrnehmung bekräftigt, wird also erst auf Umwegen erreicht, nach Momenten der Irritation, des Suchens nach
Halt. Es ist diese subtile innere Dramatik des allmählichen Ge-
wahrwerdens von Wirklichkeit, die Schuberts Musik hier - der

Psychologie des Müllerschen Gedichtes folgend - auf der harmonischen Ebene konkretisiert.

Beobachtet man dort, wie das Wachbewußtsein nach und nach Oberhand gewinnt, so lassen sich umgekehrt auf der rhythmisch-syntaktischen Ebene Aspekte der motivischen Vermittlung hervorheben, die zeigen, wie untergründig die Traummusik noch nachhallt, bis sie sich in der a-Moll-Musik T. 22ff. ganz aufgelöst hat: der Sechsachteltakt wird in seiner geradtaktigen Phrasierung über den Tempowechsel hinweg beibehalten, die typische Siciliana-Wechselnote ist zum Halbton variiert (»*Und als die Hähne krähten*«), der zweite Viertakter (»*da ward mein Auge wach*«) ahmt die Schlußwendung aus T. 11 nach (»*von lustigem Vogelgeschrei*«), in T. 21 aber setzt sich die Quintfallmelodik aus T. 15/16 durch, die Wechselnote ist eliminiert und zum harten Nonenvorhalt geworden.

Und schließlich die bei Müller vorgebildete, die Schwelle von Traum und Wirklichkeit markierende Ambivalenz des Vogelgeschreis:»*So weiß jeder aus Erfahrung, wie schnell der Träumende einen starken an ihn dringenden Ton, zum Beispiel Glockenläuten, Kanonenschüsse in seinen Traum verflicht, das heißt aus ihm hinterdrein erklärt, so dass er zuerst die veranlassenden Umstände, dann jenen Ton zu erleben meint.*« Schuberts Musik versinnlicht diese von Nietzsche formulierte»*Logik des Traumes*«[13] auf der vormotivischen Ebene der Allusion, die der analytische Blick allzuleicht unterschätzt. Nicht nur, daß der Spitzenton *e"* des naiv stilisierenden Melismas in T. 12 (»*Vogele-schrei*«) identisch ist mit dem der ersten Tonmalerei bei »*Hähne krähen*«, auch die scheinbar nebensächliche klangliche Verwandtschaft von Pralltriller und triolischem Oktavschlag, der dann wiederum im Tremolo der linken Hand weiterklingt, verdient unter dieser Perspektive Hellhörigkeit, eine Hellhörigkeit freilich, die angesichts dieses schwer greifbaren Bereiches selbst in der Schwebe bleiben muß.

Wachtraum

Auch hier fällt die ambivalente Gestaltung des musikalischen Kontrastes auf, schon deshalb, weil die Musik nun bereits zwei Bezugspunkte hat: Einerseits überwiegt der auf allen Ebenen komponierte Gegensatz zur harten a-moll-Wirklichkeit, andererseits wird unzweifelhaft auf die Traummusik Bezug genommen, dies jedoch weitgehend ohne eine rhythmische, melodische oder harmonische Übernahme oder Verwandtschaft. Nun tritt das gemeinsame A-Dur ins Zentrum. Ohne Rückmodulation beginnt es einfach - in der für Schubert typischen Weise als Dur-Variante des Vorangegangenen. Die Tonart wird in ihrem Charakter gleichsam zurückgerufen, ja in der ihr vorher zugeordneten seelischen Sphäre beschworen. Sie selbst wird zum Topos, zum Ort des Glückes, auf das die Sehnsucht zielt[14]. Gerade der fehlende motivische Konnex erhöht die Bedeutung der Tonart, macht sie zu einem absoluten Klangrahmen, in dem nun eine Musik erklingt, die in ihrer Mischung aus wehmütiger Bewußtheit und Sichverlieren an die Phantasie den Zustand des Wachtraumes charakterisiert[15]. Ein Kennzeichen dieses Tones der warmen Innerlichkeit, in die sich der Sprecher zu flüchten sucht, ist die Wendung in die Subdominante am Vordersatzbeginn, die in sich kreisende, tendenziell abwärts gerichtete Melodik und vor allem die Parallelführung von Singstimme und Klavierbaß in Terzen und Sexten, harmonisch noch intensiviert durch den Vordersatzbeginn in der Subdominante. Auch andere Stellen der WINTERREISE, in denen Schubert zu diesem Ton findet, sind inhaltlich wie satztechnisch eng verwandt, so z.B. »*Habe ja doch nicht begangen, daß ich Menschen sollte scheun*« aus dem WEGWEISER oder das bereits erwähnte »*Wie anders hast du mich empfangen*« aus RÜCKBLICK.

Doch auch hier ist ein Moment der Vermittlung zu beobachten, das den dritten Teil behutsam, untergründig, ja unterhalb der »bewußten« Ebenen der motivisch prägnanten Ähnlichkeit, zurückbindet an bereits Gehörtes. In der nachschlagenden Oktave der Begleitung klingt die aus dem Tremolo der linken Hand kommende Fortissimo-Schlußfigur des a-Moll-Teiles nach, ins langsame Tempo hinein gedehnt, während das Gleichmaß der Bewegung, die Richtung der Begleitfigur und deren Orientierung an dem Halteton *a* den Zeitfluß der Siciliana verlangsamt wieder aufnimmt (aus ⌐♩♩♩ ♩♩♩ wird ⌐♩♩ ♩♩♩). Schubert fügt die zwei einleitenden Takte (T. 26/27) noch nachträglich ein[16] und erhält damit einen Übergang, der das Prozeßhafte im Wechsel der Bewußtseinszustände hervorhebt, hier das allmähliche Ausblenden der als kalt erfahrenen Außenwelt zugunsten einer von der Wärme des Traumbildes noch erfüllten Innenwelt. Die eingefügten Überleitungstakte korrespondieren mit denen zur vierten Strophe, an der die Musik noch einmal zum Ausdruck eines psychogrammatischen Überblendens wird (T. 42-44). Wie sich die nachschlagenden Oktaven in die wiegenden Sechsachtel der Siciliana zurückverwandeln, so sinkt der Tagträumer wieder in die helle Bilderwelt der Traumerinnerung.

Verzweifelte Dopplung

Eine Kernstelle für die Wirkung des Liedes stellt die erneute Wendung nach a-Moll dar (»*Ihr lacht wohl über den Träumer, der Blumen im Winter sah?*«). Als ein Kontrast im Kontrast reagiert sie auf die sich Geltung verschaffende Desillusion des Sprechers, der sich selbst als Träumer erkennt. Wie ein bitteres Echo wird harmonisch die Wendung in die Subdominante aus T. 29/30 nachgeahmt (d-Moll / a-Moll) und gleichzeitig der Gegensatz zum erneuten Aufleuchten der Traummusik mit Beginn der vierten Strophe aufgestellt. Erst aus der Moll-Episode heraus erhält die Wiederholung ihre wesentliche Motivation im Sinne einer Flucht aus der sich aufdrängenden Desillusionierung. Hier liegt die Pointe der Entscheidung für die strophische Form. Müllers Verschränkung von linearer und zyklischer Struktur ist aufgehoben und zugleich konkretisiert in der musikalischen Wiederholung: Nicht nur, daß das erneute Einmünden in die FRÜHLINGSTRAUM-Musik dem Reiz der Traumerinnerung entspricht, dem sich der Sprecher nicht entziehen kann, das Strophische wird zum Ausdruck des Für-Sich-Wiederholens, der willentlichen Flucht aus der Wirklichkeit. Die Repetition bekommt den bewußten Gestus des Nocheinmal, musikalische Wiederholung fungiert als Steigerung im Sinne einer verzweifelten, ja zwanghaften Dopplung. Umso hoffnungsloser das abschließende a-Moll am Ende der sechsten Strophe. Das Abbrechen des Zyklischen, das hier selbst zur Metapher wird, ist wohl die schmerzlichste Intensivierung der dichterischen Aussage.

Traumbild und Psychogramm

»*A-Dur-Gaukelei*«[17] ist die FRÜHLINGSTRAUM-Musik genannt worden, »*im Stile einer alten, vergangenen, durch die Pralltriller fürs Vogelgeschrei gar als leicht zopfig bezeichneten Zeit*«[18]. Ludwig Stoffels spricht von einem »*biedermeierlichen Wunschbild vom Glück schlechthin*« und trifft den Kern des Verhältnisses von Dichtung und Musik, wenn er schreibt: »*So wie diese Traumtapisserie einem unindividuellen Topos entspricht, dem Wilhelm Müllers Dichtergeneration mit wehmütiger Ironie begegnet sein muß, so greift auch Schuberts Intonation auf vertrautes, wenn nicht überlebtes Repertorie zurück.*«[19] Gerade der hohe Grad an Stilisierung gibt dem Siciliana-Topos des FRÜHLINGSTRAUMES etwas Prätenziöses, das den Schein dieser Musik gleichzeitig mit ihrer Schönheit zur Geltung bringt. Schuberts subtile Charakterisierungskunst steht hier ganz im Dienste der dialektischen Zuspitzung: Hinter der absichtsvollen Konfliktlosigkeit der musikalischen Formulierung, ihrer reizvollen Kostbarkeit verbirgt sich zugleich ihre Brüchigkeit. Das Traumbild, das sprachliche wie das klangliche, wird damit lesbar als bürgerliche Stilisierung des locus amoenus, als biederes Idyll einer Harmonie, die sich für den Protagonisten nicht nur biographisch als Trug erwies, sondern deren Funktion der Selbsttäuschung ihm im Zuge seiner gesellschaftlichen Entfremdung vollends bewußt wird. Insofern traf die »Allgemeine Musikalische Zeitung« mit ihrer Rede von der »*sehr gewöhnlichen*« Melodie des FRÜHLINGSTRAUMES den Nerv dieser Musik und ist es angesichts des lange vorherrschenden, eindimensional verharmlosenden Schubert-Bildes nicht verwunderlich, wie spät die Rezeptionsgeschichte das zeitgenössische Urteil auf höherer, dialektischer Ebene einholte.

Eine solche Deutung heftet sich an das Traumbild der ersten Strophe als Ausgangspunkt des Gedichtes. Doch wo Schubert ähnlich kongenial wie im LINDENBAUM »*dem poetischen Topos den musikalischen beigab*«[20]- in all seiner Ambivalenz und ironischen Distanz -, sollte man die psychogrammatische Dimension, die er der Vertonung auf musikalischem Wege eröffnete, nicht unterschätzen. Hier zeigt sich eine andere Auslotung des Verhältnisses von Traum und Wirklichkeit. Nicht Bewußtsein von Utopie und Realität, von Wünschbarem und Erlittenem steht hier im Vordergrund, sondern Bewußtsein als psychologisches Phänomen. In der Weise, in der Schubert die kontrastive Konzeption des Gedichtes übernimmt und zugleich vielfältige Vermittlungen und Korrespondenzen im Wechsel der Bewußtseinszustände einkomponiert, wird deutlich, wie verbindlich er Musik als prozessuale Kunst begreift, die seelische Vorgänge sinnlich darzustellen vermag. In dieser doppelten Präzision der Schubertschen Kunst, Traumbild und Psychogramm einer Traumerinnerung musikalisch zu charakterisieren, eignet dem FRÜHLINGSTRAUM seine noch heute ungebrochene Überzeugungskraft.

XI.
Frühlingstraum.

Franz Schubert
FRÜHLINGSTRAUM

Anmerkungen

1 Eine Ausnahme bildet Ludwig Stoffels' Untersuchung in: DIE WINTERREISE. *Band 2: Die Lieder der ersten Abteilung*, Bonn 1991, S. 343-374. Angesichts der dort dargelegten Beobachtungen, die keine Fragen mehr offen zu lassen scheinen, noch einmal zu einer Einzelstudie über den FRÜHLINGSTRAUM anzusetzen, verdankt sich weniger einer grundlegenden Neuentdeckung (mit der man sich überhaupt nach einer solchen, dem Anspruch von umfassender Beschreibung verpflichteten Arbeit schwertun wird), sondern dem Wunsch nach einer Fokusierung der Lektüre auf das Verhältnis von Traum und Wirklichkeit.

2 Jürg Stenzl, »Traum und Musik«, in: MUSIK-KONZEPTE 74, München 1991, S. 9.

3 Jürg Stenzl, S. 33; Stenzl folgt hier der Studie von Elisabeth Lenk, DIE UNBEWUẞTE GESELLSCHAFT. ÜBER DIE MIMETISCHE GRUNDSTRUKTUR IN DER LITERATUR UND IM TRAUM, München 1983.

4 Jürg Stenzl, S. 34.

5 Stoffels weist (S. 345/46) auf den Symbolgehalt der Hähne und Raben als Unheilverkünder hin und betont den Bruch zwischen dem »*visuellen Eindruck des Traums*« und dem »*auditiven Stimulus*« der Außenwelt, ein Verhältnis, das man auch als vermittelnd deuten kann, als ein Moment des durch äußere Sinneseindrücke stimulierten Traumes.

6 ALLGEMEINE MUSIKALISCHE ZEITUNG, Nr. 40, Sp. 653ff., 7. Oktober 1829, zit. nach: FRANZ SCHUBERT. DOKUMENTE 1817 - 1830, Bd. 1, Tutzing 1993, Dok. 747.

7 Das berühmteste Siciliano in A-Dur ist wahrscheinlich das Thema des ersten Satzes der A-Dur Sonate KV 331 von W. A. Mozart, dem als melancholisches Gegenbild der fis-Moll-Satz aus dem Klavierkonzert KV 488 gegenübersteht:

Das Largo alla Siciliana mit dem programmatischen Titel »La paix« aus Händels FEUERWERKSMUSIK HWV 351 und Bachs Siciliano aus der Sonate Es-Dur für Querflöte und Cembalo BWV 1031 dürften zu den prägnantesten Beispielen für die Doppelseitigkeit des Siciliano-Charakters gehören:

Aus diesen Beispielen und dem folgenden, dem FRÜHLINGSTRAUM sehr nahekommenden Siciliano HOFFNUNG (Schiller, D 637) von Schubert läßt sich die melodische Individualisierung ermessen, die mit der unmittelbaren Verbindung von Wechselnote, aufsteigender großer Sexte und Vorhalt gelang, eine begrifflich schwer fixierbare Intensivierung des Melodietypus in Richtung einer extrovertierten Seligkeit. In HOFFNUNG wird der Vorhalt gar zum bestimmenden Motiv stilisiert:

8 Das Klaviervorspiel des FRÜHLINGSTRAUMES birgt ein harmonisches Detail von hohem Klangreiz, den eingeschobenen Dominantseptakkord auf Cis im Auftakt zu T. 3, ein Detail, das Stoffels' analytischer Akribie nicht entging (Ludwig Stoffels, S. 356). Er spricht von einem *»Scharnierklang«* zwischen fis-Moll und h-Moll, der, als vierstimmiger Akkord hervorgehoben, die Eröffnungs- und die Schlußphrase der Liedperiode in einer Mischung aus *»Klangreiz und Widerborstigkeit«* verkoppele. Will man überhaupt die Detailanalyse so weit führen, müßte auf die trugschlüssige Wirkung dieser Akkordverbindung hingewiesen werden, wie Schubert sie in RÜCKBLICK zu den Worten *»Ach, zwei Mädchenaugen glühten«* oder in dem Lied SELIGKEIT (Hölty, D 433, T. 6/7) verwendet. Im Vorspiel von FRÜHLINGSTRAUM stellt die Akkordverbindung als eine in bezug auf das Tempo eigentlich überladene Harmonisierung des Auftaktes einen Moment der Intensivierung dar, ein »Auskosten« des harmonischen Augenblicks - für den auffälligen »Glanz« dieser Takte eine nicht unwichtige Einzelheit.

9 Marie-Agnes Dittrich, HARMONIK UND SPRACHVERTONUNG IN SCHUBERTS LIE-DERN (= HAMBURGER BEITRÄGE ZUR MUSIKWISSENSCHAFT), Hamburg 1991, S. 180, hebt hervor, daß bei Schubert häufig der besonders einfache Lied-Ton mit dem fehlenden Halbschluß auf der Dominante einhergeht.

10 Ein solches G-Dur findet sich bei Schubert in DIE ROSE (Schlegel, D 745), DER MUSENSOHN (Goethe, D 764), IM FRÜHLING (Schulze, D 882), als alpenländischer Hirtenruf in DAS HEIMWEH (Pyrker von Felsö-Eör, D 851), abgesehen vom HEIDEN-RÖSLEIN (Goethe, D 257), dem wieder W. A. Mozarts Goethe-Vertonung DAS VEIL-CHEN korrespondiert, und von der ganz eigenen Natur-Tonart G-Dur in DIE SCHÖ-NE MÜLLERIN.

11 Vgl. die Einführung von Susan Youens in: Franz Schubert, WINTERREISE. *The Autograph Score*, Faksimile New York 1989, S. XVII.

12 Vgl. Walter Dürr und Arnold Feil, RECLAMS MUSIKFÜHRER FRANZ SCHUBERT, Stuttgart 1991, S. 146; Beispiele außerhalb der WINTERREISE sind: DER LIEDLER (Kenner, D 209), T. 196 ff.; DRANG IN DIE FERNE (v. Leitner, D 770).

13 Friedrich Nietzsche, MENSCHLICHES, ALLZUMENSCHLICHES, Erster Band, Erstes Hauptstück, Nr. 13, in: WERKE I, hg. von Karl Schlechta, München⁶ 1983, S. 455.

14 Vgl. Miklós Dolinszky, DER HANG ZUM TOPOS. ZUR PSYCHOLOGIE VON SCHU-BERTS MUSIK, in: SCHUBERT DURCH DIE BRILLE, *Mitteilungen des Internationalen Franz Schubert Instituts*, Nr. 11, Tutzing 1993, S. 48-52.

15 Vgl. Ludwig Stoffels, S. 362, der zwischen T. 7/8 und T. 31/32 auch harmonisch (Kadenzähnlichkeit) und melodisch (Gerüsttöne der Singstimme) unterschwellige Motivverwandtschaften entdeckt.

16 Siehe Franz Schubert, WINTERREISE. *The Autograph Score*, Faksimile New York 1989, S. 37.

17 Peter Gülke, FRANZ SCHUBERT UND SEINE ZEIT, Laaber 1991, S. 242.

18 Jürg Stenzl, S. 53.

19 Ludwig Stoffels, S. 354.

20 Peter Gülke, S. 243.

Wolfgang Hufschmidt

VOM FREMDSEIN IN DER GESELLSCHAFT

Schuberts Lied IM DORFE aus der WINTERREISE

Der Schlüssel zum Verstehen der Schubertschen WINTERREISE liegt in deren Zyklus-Charakter. Dieser ist entscheidend (neben natürlich vielem anderen) durch den Tonarten-Gebrauch bestimmt:

a) Die 24 Lieder sind in 12 verschiedenen (von 24 möglichen) Tonarten komponiert; mehrere Lieder (tendenziell jeweils zwei) stehen in der gleichen Tonart und werden durch diese semantisch aufeinander bezogen.

b) Von den 24 Liedern stehen nur 8, d.h. genau ein Drittel, in Dur, die anderen zwei Drittel in Moll, das heißt: das statistisch normalere Tongeschlecht ist Moll; Moll ist der Zustand der (grauen) Realität, der alltäglichen Wirklichkeit, Dur hingegen der des Traumes, der Unwirklichkeit, des (falschen) Scheins.

c) Dur und Moll verteilen sich auf die 12 verwendeten Tonarten im Verhältnis von 5:7; die 7 Moll-Tonarten bilden einen Quintenzirkel, in dessen Mitte d-Moll steht:

h-Moll   IRRLICHT - EINSAMKEIT
e-Moll   WASSERFLUT - AUF DEM FLUSSE
a-Moll   DIE WETTERFAHNE - DER LEIERMANN
d-Moll   GUTE NACHT - DER STÜRMISCHE MORGEN
g-Moll   DER WEGWEISER - MUT! - RÜCKBLICK
c-Moll   RAST - ERSTARRUNG - DER GREISE KOPF - DIE KRÄHE
f-Moll   GEFRORNE TRÄNEN

Die zentrale Stellung des d-Moll entspricht dessen »tonangebender« Bedeutung: in dieser Tonart steht das Eingangslied mit dem mottohaften Text: »*Fremd bin ich eingezogen, fremd zieh ich wieder aus«*, und in dieser Tonart steht das Lied DER STÜRMISCHE MORGEN, welches als Nr. 18 nach genau zwei Dritteln des Gesamtzyklus für eine entscheidende Wendung in der inneren psychologischen Entwicklung des lyrischen ICH steht.

Eine besondere Beziehung besteht aber auch zwischen diesen beiden d-Moll Liedern einerseits und dem einzigen (gleichnamigen) D-Dur-Lied des Zyklus IM DORFE andererseits.

Dem STÜRMISCHEN MORGEN geht das Lied IM DORFE unmittelbar voraus; der engen nachbarschaftlichen Beziehung zwischen Nr. 17 und Nr. 18 entspricht ein auffallender, gleichsam symmetrisch umgekehrter, interner Gebrauch von gleichnamigen Tonarten in Nr. 1 und Nr. 17:

Das D-Dur von Nr. 17 wird im maggiore-Teil von Nr. 1 eingeführt, wenn es dort heißt:*»Will dich im Traum nicht stören, wär schad um deine Ruh«*, und das d-Moll des Eingangsliedes erscheint in IM DORFE, wenn (in T. 16/17) davon gesprochen wird, daß die Träume der Menschen am Morgen»zerfließen«. Es liegt nahe, das Lied IM DORFE als einen Schlüssel für Schuberts Verständnis von gesellschaftlicher Wirklichkeit und»falschem« Träumen, als seine kompositorische Metapher vom Fremdsein in der Gesellschaft zu betrachten, zumal mit dem Titel IM DORFE auf ein Bild verwiesen wird, das von jeher in der Literatur mit dem Teil (dem Dorf, der Stadt) das gesellschaftliche Ganze meint.

IM DORFE

Es bellen die Hunde, es rasseln die Ketten.
Es schlafen die Menschen in ihren Betten,
Träumen sich manches, was sie nicht haben,
Tun sich im Guten und Argen erlaben:

Und morgen früh ist alles zerflossen.-
Je nun, sie haben ihr Teil genossen,
Und hoffen, was sie noch übrig ließen,
Doch wieder zu finden auf ihren Kissen.

Bellt mich nur fort, ihr wachen Hunde,
Laßt mich nicht ruhn in der Schlummerstunde!-
Ich bin zu Ende mit allen Träumen -
Was will ich unter den Schläfern säumen?

Im Dorfe - das ist das Lied von einer Gesellschaft, die - damals wie heute - ihre Zeit damit vertut zu schlafen und zu träumen: *»träumen sich manches, was sie nicht haben«.*

Davon lebt inzwischen ja eine ganze Unterhaltungs- und Werbeindustrie, wobei die beiden Begriffe heute bereits zu Synonymen geworden sind.

Das steht bei Schubert in dem D-Dur, das der Hörer der Winterreise bereits aus dem Eingangslied kennt:

Dort schläft und träumt *»Fein Liebchen«,* hier ein ganzes Dorf, sprich: eine ganze Gesellschaft von Menschen, die keine Tagträume (im Sinne Blochs) mehr kennt, sondern nur solche, die am nächsten Morgen, wenn der graue Alltag beginnt, *»zerflossen«* sind.

Das Ambiente der beiden Lieder ist in der Tat auffallend ähnlich: hier wie dort ist es Nacht, dort bewachen *»irre Hunde«* das Haus ihrer Herren, hier *»bellen«* sie und *»rasseln«* mit ihren Ketten.

Diese Hunde, die Vorläufer unserer heutigen Wach- und Schließgesellschaften, sorgen dafür, daß das Eigentum der Besitzenden nicht angetastet wird, daß kein Unberufener die Kreise der so Beschützten stört.

Und doch gibt es einen Unterschied:

Im ersten Lied geht es um den unfreiwilligen Abschied von dieser Gesellschaft: *»Was soll ich länger weilen, daß man mich trieb' hinaus?«* heißt es (Lied Nr. 1 / Takt 39).

Das Lied Nr. 17 hingegen ist bereits aus einer großen Entfernung zur Gesellschaft geschrieben: *»Bellt mich nur fort«*, treibt mich nur hinaus - ich bin eh mit Euch fertig; Eure Art zu leben, bzw. nicht zu leben, nämlich zu schlafen und zu träumen, ist nicht die meine. *»Ich bin zu Ende mit (Euren) Träumen«.*

Die Lieder der WINTERREISE sind ICH-Lieder, monoman um ein unglückliches ICH kreisend, in dem Lied IM DORFE wird etwas deutlich von der gesellschaftlichen Umgebung dieses ICH, von der Entfremdung des individuellen Subjekts von seinem gesellschaftlichen Zuhause.

Text und musikalische Form

Die Schubertsche Vertonung verhält sich an einer inhaltlich entscheidenden Stelle gleichsam quer zur Textvorlage.

Das Gedicht besteht aus drei Strophen zu je vier Zeilen. Schubert komponiert eine A - B - A'- Form, indem er in die strophische Struktur hineinschneidet. Die erste Zeile der zweiten Strophe nämlich wird in den A-Teil einbezogen, und der B-Teil, eine Art Trio innerhalb des Ganzen, beginnt mit der zweiten Zeile der zweiten Strophe, die musikalische Form macht sich unabhängig von der Strophen- und Reimstruktur des Textes:

A	B	A'
T. 6	T. 19	T. 30
Str. 1	Str. 2	Str. 3
Zeilen 1-4	Zeilen 2-4	Zeilen 1+2
+		+
Str. 2		Zeilen 3+4
Zeile 1		(zweimal)

Durch diese formkompositorische Maßnahme entsteht eine musikalische Metapher.

»*Und morgen früh ist alles zerflossen*« heißt es an dieser Stelle (T.16). Der Schnitt zwischen Nacht und Morgen, zwischen Traum und Realität des Alltags ist ein Dur-Moll-Schnitt (D-Dur / d-Moll), verbunden mit einem Schnitt in den Text.

Die dreiteilige Form faßt fünf (statt vier) Zeilen zum ersten Teil (A) zusammen, und die verbleibenden drei Textzeilen der zweiten Strophe werden durch die betulich wirkenden Textwiederholungen

»*je nun*	-	*je nun*«	(T. 19)
»*und hoffen*	-	*und hoffen*«	(T. 22)
»*doch wiederzufinden*	-	*doch wiederzufinden*«	(T. 24)

auf die acht Takte des Trio -Teils B gebracht.

Der dritte Teil, modifizierte Reprise des ersten (also A'), wird durch die Wiederholung der Zeilen drei und vier der dritten Strophe auf 15 Takte gedehnt; das Ganze ist also folgendermaßen vertont:

A	5	Zeilen	T. 1-18
B	3	Zeilen	T. 19 -28 (bzw. 29)
A'	6	Zeilen	T. 30 - 49

Vermieden wird die »normale« Zeilenanzahl vier.

Zur Klavierbegleitung

Der Klaviersatz dieses Liedes ist etwas vom anschaulichsten, was Schubert in der WINTERREISE komponiert hat.

a) Stille und Geräusche
Das obligatorische Begleitmodell besteht pro Takt aus Klang und Pause im Verhältnis von 7 zu 5 Achteln.

Diese Pause ist keine syntaktische, sondern eine, die etwas bedeutet. Eine ähnlich gleichberechtigte Bedeutung der Pause kennen wir in der Musik von Webern oder Cage. Und ähnlich wie bei diesen Komponisten muß auch in diesem Schubert-Lied die Pause mitgehört werden. (Leider neigen die meisten Interpretationen des Liedes dazu, diese Pause zu verkürzen, statt sie dem Hörer als solche bewußt zu machen.)

Den »Klang« dieser Pause kennt jeder Städter, der zum erstenmal das akustische Ambiente einer nächtlichen Dorfruhe erlebt: er »hört« eine Stille, die er aus der Großstadt auch nachts nicht kennt. In dieser Stille wirkt jede Unterbrechung, jedes Geräusch, extrem laut. Die Geräusche, die Schubert komponiert, sind im Zusammenhang mit diesem Text überdeutlich erkennbar: leises, permanent gleichförmiges Kettenrasseln (Trillerbewegung), das Anschlagen von Dorfhunden (Vorschlag mit Akzent) und - abrupt einsetzende, absolute, gleichsam »laute« Stille.

b) unregelmäßig - regelmäßig
Das wiederholt sich regelmäßig taktweise. Aber diese Regelmäßigkeit ist - durchaus im Sinne der geschilderten dörflichen Nachtruhe - unregelmäßig gesetzt:
Ab Takt 7 z.B. werden die vier Klaviertakte des Vorspiels insgesamt wiederholt, Takt 3 aber wird zusätzlich in Takt 10 ein zweites Mal gespielt - eine Art Schleifenstellung, die dann gesetzt wird, wenn davon die Rede ist, daß die Menschen in ihren Betten »*schlafen*« bzw.»schnarchen« (wie es im Text ursprünglich hieß).

c) Umdeutung der Trillerfigur durch kontrapunktische Vertauschung der Stimmen
Die obligatorische Trillerbewegung kann »*manches*« bedeuten: ab Takt 12 begleitet sie die Träume der schlafenden Menschen. Wie in einer zweistimmigen Invention von Bach werden dazu die beiden Stimmen der rechten und der linken Hand vertauscht.

Man ist geneigt, nicht nur von einem doppelten Kontrapunkt, sondern auch von einer doppelten Semantik zu sprechen: das Rasseln der Hundeketten wird zum Schnarchen der Menschen.

d) d-Moll: Die Realität des Alltags
Die nächste Umdeutung der Figur erfolgt in Takt 16 - davon war schon die Rede: der Dur-Moll-Schnitt führt das Lied auf die Ebene des »realen« d-Moll.

e) Takt 18: der »Klanggraben«
Das Umschlagen in die Tonart der frühmorgendlichen Realität wird von Schubert zusätzlich durch die Umkehrung der Bewegungsrichtung in der Trillerfigur veranschaulicht (T.17). Diese Umkehrungsbewegung mündet in eine kurze melodische, kontrapunktisch zur Singstimme gesetzte Figur, die zum erstenmal die bis hierhin obligate Taktpause im Klaviersatz ausfüllt. Trostlos hohl und leer klingt Takt 18: der Klang löst sich »zerfließend« in eine Einstimmigkeit auf - kein Akkord füllt mehr das Loch zwischen der Oktave d' und d'' (Singstimme und rechte Hand des Klaviers) und dem nun abgrundtief und permanent gesetzten Triller der linken Hand.

f) Trio-Idylle
In diesen Klanggraben hinein wird nun die Idylle des Trios gesetzt, abgetrennt vom Vorangegangenen und doch mit ihm streng verbunden. Auf der Stelle scheint alles zu treten durch das repetierende d; ein Rest der Trillerbewegung aber erscheint augmentiert und in ihrer Umkehrungsform in Takt 20. Das Ganze hat den Gestus von etwas penetrant Gemütlichem und Betulichem:»*je nun*« - und, wie nachäffend wiederholt:»*je nun*«.
Das wiederholte »*wiederzufinden*« ist die Mitte des ganzen Liedes (Takt 25 bei einer Gesamtlänge von 49 Takten) - und danach verliert sich die ebenso belanglose wie unwirklich-idyllische Melodik der Oberstimme in ein unbegleitetes, floskelhaftes Rankenwerk, das in die Tiefe und zur Reprise führt.

Diese Bewegung in die Tiefe findet ihr Ziel im Kontra-A, dem tiefsten Ton des Liedes (T. 29 / 30), gesetzt nur an dieser Stelle, wie ein dunkler und unerwarteter Tamtam-Schlag, bevor die Singstimme mit ihrem Einsatz zurückblendet in das Dunkel der Dorfnacht.

Zur Singstimme: ein Rhythmus-Modell

Die Melodik der Singstimme basiert auf einer rhythmischen Formel, die zu Beginn exponiert wird. Das schwebend auftaktig gehaltene »*(es) bellen die Hunde*« besteht aus der Folge punktiertes Viertel, Viertel, Achtel - also in Zahlen ausgedrückt: 3 - 2 - 1.

Mit dieser Formel wird alles komponiert, die wenigen Abweichungen sind umso bedeutsamer:

a) Anbindung des zweiten Wertes an den ersten im Sinne einer Dehnung, einer komponierten Fermate, wenn »*die Menschen in ihren Betten*« schlafen (T. 9): aus 3 + 2 wird 5; analog dazu das gleiche in Takt 17 bei »*früh*«: eine Art von semantisch gebrauchtem Rhythmus-Reim.

b) Symmetrisch rhythmische Zweiteilung der Modelldauer in zwei punktierte Viertel bei »*manches*« (T. 12) mit der Analogie »*haben*« (T. 13) und »*erlaben*« (T. 15).

c) Verkürzung des Modells auf die Folge Viertel - Achtel in Takt 18 (im Sinne von »*zerflossen*«).

d) Im B-Teil taucht die Rhythmusformel wieder auf in Takt 24, sie wird »wiedergefunden« mit dem Wort »*finden*«.

Die ständige Wiederholung dieser Formel gibt dem Lied einerseits etwas »lullend« Wiegendes, sorgt aber andererseits für eine Art von perpetuum mobile, das angehalten werden kann, bzw. immer wieder zum Stillstand zu kommen droht. Das geschieht nun in einer ganz anschaulichen Weise im Reprisenteil des Liedes, wenn es heißt »*I c h bin zu Ende mit allen Träumen*«.

Ab Takt 36 gibt es »bedeutende« Veränderungen gegenüber dem ersten Teil: Takt 36 entspricht Takt 12; die Trillerbewegung bleibt jedoch jetzt in der linken Hand, eine harmonische Ausweichung erfolgt in der zweiten Takthälfte (Zwischendominante nach B-Dur) - die Singstimme bleibt rhythmisch und melodisch auf dem Wort »*allen*« gleichsam stehen, sie beginnt zu »*säumen*«. Zweimal wird insgesamt ein solches Stehenbleiben wörtlich komponiert: Takt 38-40 und, jetzt auf über vier Takte gedehnt, in Takt 43-46.

Das »Säumen« wird durch vier verschiedene kompositorische Maßnahmen von Schubert ausgedrückt:

a) Die obligatorische Trillerbewegung schweigt; die Musik ist plötzlich ohne Bewegung.

b) Die Singstimme verdoppelt ihren ♩.-Wert auf der Silbe »*s ä u - men*« (punktierte Halbe in Takt 39).

c) Die beiden letzten Textzeilen des Gedichtes werden wiederholt; in diesem Zusammenhang bedeutet auch diese Wiederholung ein »Säumen«.

d) Innerhalb dieser Wiederholung wird die bereits gedehnte Silbe »*s ä u -men*« noch einmal um das Dreifache verlängert (T. 44/45) - eine schier unendlich lang auskomponierte Fermate.

Eine Skala von sechs verschiedenen Dauern ist mit der punktierten Halbe auf der Silbe »*s ä u - men*« in Takt 39 komplett. Das thematische Rhythmus-Modell besteht ja - in Zahlen und skalenmäßig ausgedrückt - aus den Werten 1, 2, 3 Achtel. 5 Achtel lang sind die beiden erwähnten Dauern in Takt 9 und Takt 17. Eine Dauer von 4 Achteln wird (im Nachhinein) zweimal gesetzt: im B-Teil, Takt 26 (auf »i h - ren Kissen«) und im A'-Teil in Takt 36 (bei »a l - len Träumen«). In Takt 39 findet die Skala der arithmetischen Prolongationen ihren Zielwert: 6 Achtel lang ist dort die Dauer auf »s ä u men«. Die Verlängerung dieser Dauer auf das Dreifache bei der Wiederholung in Takt 44/45 fällt also aus dem Rahmen, i s t reales Warten, Stehenbleiben, »Säumen«.

Der Kontrast zwischen diesem Verharren und der in Takt 46 wieder einsetzenden obligaten Trillerbewegung trennt die Welt der Schlafenden endgültig von der des Wanderers, der sich nun - und zwar ein für allemal, wegbewegt von allen Dörfern und Städten: das die Taktpause füllende fis in Takt 47 wirkt wie ein Schritt, mit dem er die Szene verläßt.

Dieser Abschied von der Gesellschaft der schlafenden Zeitgenossen ist endgültig. In den nun folgenden Liedern der WINTERREISE ist der »Held« dieses ICH-Dramas allein, weitab von Dörfern und Städten, von den Straßen, »wo die andern Wandrer gehn«. Die Figur des Müller / Schubertschen Fremdlings hat es schwer, alleine am Rande einer Gesellschaft zu leben, deren Geborgenheit er gesucht - und deren Verlogenheit er erkannt hat. Damit zu leben ist nicht leicht, ein ständiges Auf und Ab bestimmt die Stimmung des Wandernden, kennzeichnet die letzten sechs Lieder, das letzte Drittel des Zyklus.

Im Gegensatz zu den Dorfbewohnern des Liedes Nr. 17 erwartet ihn ein »stürmischer Morgen«. Dieses Nachfolge-Lied ist insofern bemerkenswert, als es einen neuen - und nach allem was war - überraschend frischen Ton anschlägt (es ist übrigens auch das kürzeste, knappste Lied des ganzen Zyklus).

Lied Nr. 18 steht im gleichen d-Moll wie das Eingangslied, es bringt - im unmittelbaren Anschluß an das »verträumte« Dorf - D-Dur - gleichsam einen frischen Wind in die WINTERREISE, hat etwas von Sturm und Drang - und nimmt einen selbstbewußten, ja kämpferischen Gestus vorweg, der in dem Lied mit dem bezeichnenden Titel MUT! (Nr. 22) seine Fortsetzung findet. Dazwischen aber liegen Rückschläge, Versuchungen zurück in ein *»helles, warmes Haus«* (Lied 19: TÄUSCHUNG), Depressionen und Todesängste: *»eine Straße muß ich gehen, die noch keiner ging zurück«* (Lied 20: DER WEGWEISER).

Die WINTERREISE ist auch die Geschichte einer Emanzipation - und solche Geschichten sind komplizierte und schmerzhafte Prozesse, bestehen nicht nur aus Fortschritten, sondern auch aus Rückfällen. Das Lied DER STÜRMISCHE MORGEN aber hat einen erfrischenden, elementar einstimmig »stürmenden und drängenden« d-Moll-Ton (vgl. T. 1-9 und 14-19). Dieses d-Moll ist in der Tonartensemantik des Gesamtzyklus ein »hier und jetzt«.

Und es hat einen viertaktigen B-Dur-Teil (T. 10-13), der in seinem Rhythmus, seiner Melodik und der Art der Klavierbegleitung einen Stil vorwegzunehmen scheint, den wir von frühen Formen des politischen Liedes kennen.

Dieses B-Dur gibt es bemerkenswerterweise noch an zwei anderen Stellen, zum einen in dem erwähnten MUT!-Lied, wenn trotzig und selbstbewußt wiederholt wird: *»gegen Wind und Wetter!«*, zum andern aber erfolgt die (weiter oben erwähnte) Ausweichung nach B-Dur im Lied vom schlafenden Dorf, wenn der Wanderer für sich endgültig Schluß macht *»mit allen Träumen«* (T. 36/37).

Dieter Schnebel
»ET INCARNATUS EST«
Gedanken zu Schuberts Theologie

Es gibt eine Theologie der Komponisten - genauer Theologien, denn ein jeder hat seine eigene. Freilich kaum je eine expressis verbis, wohl aber expressis tonis. Immer wieder haben sie Texte vertont, die Glaube(n) ausdrücken, und die Weise, in der sie es taten, verrät oft mehr als ein verbaler Traktat, geht oft beträchtlich über das in den Worten Gesagte hinaus. Das gilt zumal für die Vertonungen des Messetextes, und hier insbesondere für die musikalische Interpretation des Credo. Eine Analyse der Glaubensbekenntnisse in den großen MISSÆ von Guillaume de Machaut über Dufay, Ockeghem, Josquin, Isaak, Palestrina, Lassus, Gabrieli, Frescobaldi, Bach, Haydn, Mozart, Beethoven, Cherubini, Weber, Schubert, Liszt, Rossini, Bruckner, Janáček bis hin zu Strawinsky ergäbe ein stattliches theologisches Kompendium, ja eine Theologiegeschichte der Musik über eine Spanne von 800 Jahren - mit Höhen und Untiefen, eng Zeitgebundenem und Utopischem.

Hier sei nun der Blick fokusartig zu Schubert gewandt, und auch da nur auf das Credo von zwei Werken, der Messe in As-Dur, an der er von 1819-22 arbeitete, und der in Es-Dur aus dem letzten Lebensjahr, und die Lupe richtet sich noch besonders auf einige Stellen, die musikalisch besonders bedacht sind, hervorgehoben durch inniges Piano.

Die Messe in As-Dur ist Schuberts erstes Großwerk der Gattung, in den Dimensionen weit über Haydns und Mozarts exemplarische Werke hinausgehend, auch über Beethovens erste Messe, und ähnlich monumental wie dessen in etwa gleichzeitig entstandene MISSA SOLEMNIS.

Das Credo beginnt keineswegs in kernigem Bekennerton, sondern eher lyrisch: Glaube / Religion als Angelegenheit des Gefühls - wie beim theologischen Zeitgenossen Schleiermacher, von dem er freilich kaum wußte. Nach einer rufartigen Klangblende - C Dur f > p erst in Hörnern und Posaunen, dann nochmals in höherer Lage in Holzbläsern und Trompeten - setzt der Chor a capella ein: »*Credo in unum Deum, factorem cœli et terrae*«, mf, in ruhiger feierlicher Deklamation (Ganze und Halbe) und in kühnen Klangschritten gleichsam das Universum durchmessend: C-Dur – B-Dur – A-Dur – d-Moll, D-Dur – G-Dur – E-Dur, wobei die Musik ab dem Wort »*factorem*« (»den Schöpfer«) in geheimnisvolles piano zurückgeht. Eine kurze, aber expressive Streicherfloskel (p < >) führt nach C-Dur zurück, und dann wird die Passage mit der rufenden Klangblende variiert wiederholt: »*Credo in factorem cœli et terrae, visibilium omnium et invisibilium*«, schließt diesmal, wiederum p, aber in der Ausgangstonart. In der ganzen Passage drückt sich der Glaube an den Schöpfer in sanft fließender, zugleich ins Weite gehender Musik aus.

Nun aber hebt ein starkes Credo an: Tutti von Chor und Orchester C-Dur (die Klangblende aufgreifend), ff, und mit dominierender lebhafter Viertelbewegung; markige Deklamation, wenige abschweifende Harmonien. Fünfmal die gleiche Periode auf immer neuen Stufen:

Credo, credo in unum Dominum Jesum Christum (C-Dur)
Credo, credo in filium Dei unigenitum (G-Dur)
Credo - Deum de Deo, lumen de lumine (a-Moll)
Credo Deum verum de Deo vero (e-Moll)

Nach solchen hymnischen Wiederholungen folgt komprimiert eine letzte Steigerung - wiederum mit ins Weite gehenden Klängen.

Credo, per quem, per quem omnia facta sunt per quem
| C-Dur | A-Dur | d-Moll

per quem omnia facta sunt
  | H-Dur | e-Moll

Dieses starke *Credo* - achtmal wird das Wort wiederholt, wie
um es sich selbst, hart gesagt, einzutrichtern - gilt Jesus Christus. In ihm, durch ihn geschieht die eigentliche Schöpfung -
zweimal hört man förmlich hämmernd: *»per quem, per quem
omnia facta sunt«*.

Abrupt und überraschend geht die Musik ins Piano zurück,
wird langsamer: bewegt sich in Halben (♩) und in zärtlicher
Chromatik. Auch die Farben sind zart, gleichsam pastellhaft. Der
Chor wird von Streichern begleitet, und legato-Einblendungen
der Holzbläser verbinden seine Sätze: *»qui propter nos homines /
et propter nostram salutem …«*. Abermals wird die Musik leiser
(*pp*) und langsamer (Bewegung in Ganzen - o), verharrt quasi in
schöner Melancholie: *»descendit de cœlis, descendit de cœlis«* - die
Herabkunft Gottes als leises Geschehen der Hingabe und als
wehes Geheimnis.

Wie um dieses Kapitel des Credo entschieden zu beenden
(freilich auch aus musikalischen Gründen der Form), wiederholt Schubert die zusammenfassende Passage *»credo per quem
omnia facta sunt«* und schließt sie dreifach mit monumentalen
C-Dur-Kadenzen. Das erste Mal *ff* in hoher (breiter) Lage im
Tutti, das zweite Mal *p*, eine Oktave tiefer und in reduzierter
Besetzung; und das dritte Mal *pp* nochmals eine Oktave tiefer,
nur noch für Männerstimmen a capella.

Nach dem Rückgang folgt eine andere Musik: *»grave«*,
3-Halbe-Bewegung, *pp*, im vom bisherigen C-Dur-Credo weit
entfernten As-Dur - das freilich die Grundtonart des Stücks ist -;
doppelchörig und in feierlichen Farben: nur Holzbläser und Posaunen. Die Dynamik ist allerdings extrem: geht vom *pp*, gar
ppp wieder und wieder fast aufschreihaft ins *ff* und ebenso

plötzlich wieder zurück - in außerordentlichen und kühnen Modulationen:

»*Et incarnatus est de Spiritu Sancto*«
As-Dur f-Moll   Des-Dur Es-Dur As-Dur

»*ex Maria virgine*«
Des-Dur des-Moll Ges-Dur Ces-Dur

                »*et   homo   factus   est*«
ppp Ces (H) C-Dur a-Moll d-Moll G-Dur C-Dur

Nochmals die drei Glaubenssätze, nun aber im Zusammenhang:
»*Et incarnatus est de Spiritu Sancto ex Maria virgine*«
C-Dur   B-Dur   Ges-Dur   f-Moll

Nach einer Generalpause intonieren die Instrumente den Septakkord über As im *ppp* - großes Geheimnis - dann kommt der Chor dazu
»*et   homo factus   est*«
As⁷   F⁷   b-Moll Es- As-Dur

Der feierliche Ton dieses ausgedehnten zweiten Teils des Credo und das Aufgreifen der Ausgangs- und Grundtonart des Werkes deutet die Menschwerdung als zentrales Ereignis, allerdings im ausdrucksvollsten Auf und Ab der Dynamik und dem kühnen Vagieren der Harmonien auch als ungeheures und schmerzliches Wagnis Gottes - und als Mysterium. Die Inkarnation ist, wie eben die Musik, ein hochexpressives Geschehen. Und Schubert fühlt mit Gott, der sein will wie wir.

Der folgende Teil, subito *ff* und bewegt - von Viertelbewegung in staccato bestimmt - gilt dem »*crucifixus*«. Es ertönt erst scharf deklamiert als Akkordsatz (as-Moll), danach als Doppel-

fuge des Chors, so daß man viermal nacheinander »*crucifixus*«
hört. Im anschließenden »*pro nobis*« verschmelzen die Stimmen
wieder zum Akkord. Die Passage wiederholt sich nochmals auf
höherer Stufe (as-Moll), und also wird insgesamt zehnmal das
Wort »*crucifixus*« eingehämmert.

Das »*crucifixus*« kommt abermals, jetzt weitergehend die
ganze Passion bis zum »*sepultus est*« umfassend, und nun erscheint es als Liebesmusik: Cantionalsatz des Chors, *pp* in
Halbebewegung, begleitet von schwebenden Synkopen der
Streicher, in fast Tristan'scher Chromatik mit carezzando-Figu-
ren der Holzbläser, findet dann im »*sepultus est*« in der Grundtonart As-Dur zur Ruhe. - Der extreme Kontrast der gehämmer-
ten Musik und der nachfolgend sanften, beide über »*crucifixus*«,
interpretiert die Kreuzigung dialektisch als Geschehen von
Aggression und antwortender Liebe.

Nach einem großen Moment des Innehaltens kehrt der Anfang des Credos wieder - mit den signalartigen Klangblenden
über C-Dur und dem folgenden Chorsatz, nun eine Oktave
höher, somit heller, und mit vibrierender Streicherbegleitung.
Die Auferstehung, um die es geht, wird also als Schöpfungs-
geschehen gedeutet. Wo es vormals hieß »*Credo in unum Deum,
factorem cœli et terrae*«, lauten jetzt die Worte »*et resurrexit tertia
die et ascendit in cœlum, sedet ad dexteram patris*«, wobei übrigens
die Motivik des schon auf Christus bezogenen »*per quem omnia
facta sunt*« mitspielt - wie Schuberts Theologie überhaupt chri-
stozentrisch ist.

Es sei nun der weitere Verlauf des Credo nicht mehr im einzelnen durchgangen. Indessen noch ein Hinweis: die Schöp-
fungsmusik, die ja zugleich Auferstehungsmusik ist, kehrt
nochmals in einer weiteren Variante und *ff* reprisenartig wieder im letzten Teil des Stücks, und zwar zu den Worten »*vita
venturi saeculi*«. Schöpfung, Auferstehung und das Leben in der

künftigen Welt gehören nach Schubert zusammen, ja sind eins. Die reichere, und freilich auch schwierigere Musik aber liegt dazwischen: im »*descendit*«, dem Abstieg, dem In-die-Tiefe-Gehen, und vor allem im »*incarnatus est*«, in der Fleischwerdung, in der körperlichen Existenz, wo Gott unsereins wird, Kreuzigung, Leiden, Sterben durchmacht. Tatsächlich ist für Schuberts Glaube die Inkarnation die Mitte und das Entscheidende.

Im Credo der Es-Dur Messe gibt er ihr nochmals eine neue - und tiefere Deutung. Das Werk entstand im Juni 1828, ein knappes halbes Jahr vor Schuberts Tod, in einer höchst intensiven Schaffenszeit. Zur Nachbarschaft des Werks gehören die letzten Impromptus, die Lieder des SCHWANENGESANGS und das C-Dur-Quintett.

Das Credo des ebenso groß angelegten Werks wie die As-Dur-Messe ist dreiteilig: der erste Teil, Es-Dur, Alla-Breve-Takt, moderato, handelt - allerdings weniger markig und mehr lyrisch fließend als das Parallelstück - von der Schöpfung, und der dritte Teil, wiederum in Es und Tempo I, geht ab dem »*resurrexit*« bis zum Schluß, wobei eine große Fuge (»*et vitam venturi saeculi*«) den letzten Abschnitt bildet.

Das »*Et incarnatus est*« ist der Mittelteil in As-Dur, 12/8-Takt, Andante. Das vorangehende »*descendit*« endete decrescendo im *pp* und ein chromatischer Posaunenchoral bildete den Schluß. Jetzt also eine wiegende Musik der Streicher, *pp*, etwas dunkel getönt (eher tiefe Lage), darin eine betörende Cellomelodie (*p*) - einer der schönsten As-Dur-Gedanken Schuberts. Nach vier Takten wird sie vom Tenor aufgenommen: »*Et incarnatus est de Spiritu sancto ex Maria, Maria virgine et homo factus est*«. Einzelne Streichinstrumente umspielen die Melodie immer wieder in zärtlichen Figuren oder grundieren sie, und ebenso Holzbläser und Hörner. Nach diesem ersten Durchgang erscheint die Passage nochmals mit einem zweiten Tenor, wie ein Duett von

Vater und Sohn. Sie kommt noch ein drittes Mal, nun überhöht von einem Sopransolo - ein Terzett von unbeschreiblicher Schönheit: Selbstgespräch der Trinität über die Liebe? Es schließt decrescendo, verhallt gleichsam. *ppp* setzt eine andere Musik ein - in as-Moll: ein pochender Rhythmus in den Streichern ( ), die hohen und tiefen alternierend, dazu der Chor, eintönig deklamierend: *»crucifixus etiam pro nobis sub Pontio Pilato«*. Während dieser drei Takte, unter Einsatz der Bläser in zweimaligem Crescendo, eine chromatische Wendung nach G-Dur, sodann in einem Nachspiel nach fis-Moll. In dieser Kreuzestonart wiederholt sich das *»crucifixus« ppp* einsetzend, doppelchörig, mit klagenden Holzbläserfiguren. Vier Wellen zu *f*, *ff*, *ff* und ein *fff*-Aufschrei *»crucifixus«* über einem verminderten Septakkord über B. Dann eine ruhige Kadenz in f-Moll: *»passus et sepultus est«* - wobei die Melodie über dem letzten Wort wie erinnernd an das *»Et incarnatus est«* gemahnt.

Nun erwartet der Hörer das *»Resurrexit«*. Aber Schubert bringt nach einer kurzen Überleitung nach As-Dur nochmals wundersam eben das *»Et incarnatus est«*, wieder blühend als Terzett von Sopran und zwei Tenören. Die Wiederholung mag musikalische Gründe haben, auch semantische: Vertiefung des Gesagten. Indessen suggeriert der überraschende, fast magische Moment, wo nach der Musik der Grabesruhe statt der der Auferstehung die der Inkarnation nochmals erscheint, den Gedanken, diese sei selbst schon Auferstehung. Tatsächlich interpretiert Schubert die Fleischwerdung Gottes, einschließlich Kreuzigung, Leiden und Grabesruhe, gut johanneisch (entsprechend der Theologie des Johannes-Evangeliums) als das große, ja geradezu erotische Geschehen der Liebe. Und ebensolches bedeutet - wiederum johanneisch - die Auferstehung zu einem neuen Leben.

Freilich folgt dann doch noch das *»Resurrexit«*, aber in einem anderen Sinn. Nach dem großen langsamen Satz über die Liebe greift die Sinfonie dieses Credo's im nächsten Teil, wie schon gesagt, wieder die Musik des ersten auf. Das bedeutet, daß - wie schon im Credo der As-Dur-Messe - die Auferstehung als Schöpfungsprozeß begriffen wird; genauer: als Beginn einer neuen Schöpfung, die sich im Leben einer zukünftigen Welt erfüllt. Schuberts außerordentliche Theologie qua Musik erschaut sie - erhört sie - preisend in einer nicht enden wollenden Fuge, dem eigentlichen Finale der Credo-Sinfonie. In ihr transzendiert sich wahrhaft die Flucht der Zeit.

Friedrich Rauchbauer

VON DER MÜHE MIT DEN WORTEN

» ... er will die Worte durch Töne ausdrücken,
statt den Gedanken der g a n z e n Rede durch den Charakter
des g a n z e n Stückes zu malen ...«

1

Die Mühe mit den Worten, das will bedeuten:

- des Komponisten, der zu bereits bestehenden Worten Musik macht
- der Interpreten, welche sich immer auf zwei Ebenen, nämlich Musik und Text, bewegen und damit auch
- des Publikums, welches auf beiden oben genannten Ebenen angesprochen wird.

Die Mühe mit den Worten verlangt

- ein klares Bewußtsein sowohl von den Eigenheiten und inneren Gesetzen des zu vertonenden / vertonten Sprachstückes als auch von den Gesetzmäßigkeiten und dem Gehalt der zu komponierenden / komponierten Musik;
- die Fähigkeit, eben diese beiden Ebenen gleichzeitig ablaufen zu lassen und den Hörern / dem Publikum auch jeweils im selben Moment als zusammengehörige Aussage verstehbar zu machen; das erfolgt vom Komponisten aus durch die Notation (Codierung), von den Interpreten aus (die im Gesang gleichzeitig auch das »Instrument« für den Balanceakt bereitstellen müssen) durch den Vortrag des Stückes.

Dieser Mühe mit den Worten hat sich Franz Schubert als Liedkomponist in einem bis dahin unbekannten Maße unterzogen, beziehungsweise hat sie ihn umgekehrt zu neuen musikali-

71

schen Ausdrucksmöglichkeiten geführt; der Weg, welcher hier eingeschlagen wurde, und die daraus sich ergebenden Probleme sollen Thema der folgenden Arbeit sein.

Ausgangspunkt der Überlegungen war der im Untertitel zitierte Vorwurf eines zeitgenössischen Rezensenten an Schubert: *»Herr S c h u b e r t ist an die Einzelheiten des Textes zu sehr gefesselt, was ihn und den Zuhörer rastlos durch Modulationen jagt und keinen Ruhepunkt gestattet; er will die Worte durch Töne ausdrücken, statt den Charakter der g a n z e n Rede durch den Charakter des g a n z e n Stückes zu malen«.*[1]

2

Welches sind nun grundlegende Eigenschaften der beiden oben erwähnten Ebenen (Musik / Singen und Sprache / Sprechen), die hier in einem Stück (im Lied) aufeinandertreffen, zusammenkommen?

Musik / Singen scheint eher den emotionalen, gefühlsmäßigen Teil in uns anzusprechen (obwohl es natürlich auch Musik gibt, die einen stark intellektuellen Zugang fordert);
Sprache / Sprechen dagegen wendet sich eher an den intellektuellen Bereich, man»denkt« in Sprache.
»Singen ist zunächst immer eine emotionelle Ausströmung… Die Lautsprache ist eine Schöpfung des Intellektes«. (F. Husler / Y. Rodd-Marling)[2]
Musik braucht für die Entwicklung und Darstellung ihrer Aussagen eher mehr Zeit als Sprache, die punktförmig, knapper ihre Mitteilungen formt.
»Da die musikalische Phrase meist länger ist als die sprachliche, kommt es zu rhythmischen Verschiebungen …«. (Egon Aderhold)[3]

Sprache, also ein Text, kann daher spontaner, mehr aus dem Augenblick heraus vorgetragen werden, während im Singen eine ideale Schallform angestrebt und versucht wird, diese über einen längeren Zeitraum bereitzustellen. Unterschiedliche Einstellungen von Sängern und Sprechern prallen hier oft aufeinander; für den Sänger fordern z.B. Husler / Rodd-Marling, er müsse »... *singend sprechen*« können »... *auf einer anhaltenden Linie, die durch keinen Vokal und auch durch keinen Konsonanten gestört wird.*«[4]

Julius Hey dagegen: »*Denn wie oft wird durch Melodie und Rhythmus der Musik ... die Unmittelbarkeit des sprachlichen Wortlautes erheblich beeinträchtigt ....*«[5]

Egon Aderhold geht sogar so weit zu behaupten, es gebe »... *kaum Texte, die eine musikalische Untermalung benötigen. Solche Dopplungen werden meist beiden - Musik und Dichtung - nicht gerecht.*«[6]

Sprache / Sprechen läuft üblicherweise in einem weitaus geringeren Frequenzbereich der Stimme ab, während Musik / Gesang den größten Teil des Stimmumfangs nutzt, also alle Register des »Instruments«, wenn man so will. Die Zielgenauigkeit, das genaue Treffen und Produzieren von bestimmten Tonhöhen (und damit muß die Kehlkopfmuskulatur beim Singen genau den dem Ton entsprechenden Spannungsgrad erreichen) ist beim Sprechen weniger entscheidend.

Man nimmt an, daß Singen sehr eng mit dem Gehörsinn zusammenhängt, Sprechen aber »... *vielmehr der Seh- als der Hörsphäre*« entstammt. Folgerichtig sind auch »*ihre Zentren im Gehirn zwar benachbart, aber doch verschieden lokalisiert.*«[7]

3

In der Notierung von Musik hat man sich zu verschiedenen Zeiten auch verschiedener Codes bedient.

So wurden in der ursprünglich gesungenen, altgriechischen Poesie sogenannte Neumen verwendet, um den Ablauf einer

Melodie anzuzeigen, wobei sich die zeitliche Ordnung der Töne streng nach dem Text richtete.

In der Modalnotation (bis zum 13. Jhdt. n. Chr.) versuchte man erstmals, eine Notationsform für Zeitwerte zu finden in Anlehnung an die griechischen Versfüße, war also immer noch an der Sprache orientiert.

Mit der anschließenden Mensuralnotation entstand ein eigenständiger musikalischer Code; durch die Notenform wurde die relative Zeitdauer einzelner Töne fixiert.

Der Tactus (=Grundschlag), der den Ablauf der Musik durch immer gleichbleibende Zeiteinheiten koordinierte, wurde mit dem Schlag des Pulses, also dem Herzschlag, verglichen, der direkte Zusammenhang mit dem menschlichen Organismus hergestellt (Franchino Gaffori, 1496).

Zur gleichen Zeit, als sich im 19. Jhdt. das Verlassen der herkömmlichen Tonalität anbahnte, lockerte sich dieses relativ feste rhythmisch-metrische Gefüge und die Tendenz ging in Richtung freierer Rhythmik bzw. der Orientierung auch an sprachlicher Gestik.

In unserem Jahrhundert existieren viele verschiedene Notationsformen nebeneinander, oft sind für die jeweilige Entschlüsselung lange Erklärungen, also stark intellektuell-sprachliche Voraussetzungen, nötig.

Verstärkt treten auch visuelle, bildhafte Elemente in Partituren auf, welche neue Zugänge zur Musik eröffnen können.

Im sprachlichen Bereich unterscheidet man gewöhnlich zwischen den Ausformungen Prosa und Gebundene Sprache.

Vilma Mönckeberg stellt innerhalb der Prosa zwei Stufen fest[8]: (Alltags-) Prosa und Gehobene Prosa oder Gesteigertes Prosawort.

Auch für Sprache haben sich im Laufe der Zeit verbindliche Zeichensysteme entwickelt; Anfänge in verschiedenen Kulturen waren Bilderschriften[9], Abbilder eines allgemeinen Erfahrungsschatzes einer Gemeinschaft. Diese vom Optischen aus entwickelten Zeichensysteme sind im Lauf der Zeit stark abstrahiert worden.

Bis heute gilt, daß jeder Mensch in einem Sozialisationsprozeß nach und nach Gebrauchsregeln der Gesellschaft für sprachliche Zeichen übernimmt und damit auch die Fähigkeit erlangt, an der gemeinsamen Sprache teilzunehmen, teilzuhaben.

Im Unterschied zur Prosa existiert in Gebundener Sprache ein weitergehendes, verdichtetes Regelwerk (von Versmaß, Reim, Strophe, Strophenformen etc.).

Wichtig für unsere Thematik erscheint mir, daß auch hier wie in der Musik im Zeitablauf eine Orientierung am menschlichen Organismus, am Puls, stattfindet. *»Denn nun wird ihr Bezug zu der Ordnung offenbar, die wir in uns tragen ... zu dem Pulsschlag unseres Herzens ...«* (Wolfgang Kayser).[10] Die Dauer eines Versfußes entspricht laut Kayser etwa der Dauer eines Herzschlags.

4

Oben wurde bereits angesprochen, daß in der Interpretation des vertonten Textes der jeweils Vortragende selbst zum »Instrument« wird.

Es ist also an dieser Stelle angebracht, einige Aspekte des Organischen zu betrachten; dabei ist zu berücksichtigen, daß *»Singen an sich ... noch nicht Musikmachen«* ist; erst *»... beim singenden Musizieren ... wird die Stimme in einen vom Intellekt geleiteten Dienst gestellt.«*[11]

Zwei Grunderscheinungen sind von größter Relevanz für die Wechselbeziehung zwischen Musik / Gesang und Sprache / Sprechen: Atem und Herzschlag.

Atmen bedeutet erst einmal: Luft einströmen lassen in die Lungen; hier wird dem Blut, welches verbraucht vom Körper zurückkommt, wieder Sauerstoff (aus der Frischluft) zugeführt, die verbrauchte Luft durch die Ausatmung ausgeschieden. Nach der Ausatmung entsteht ein kleines Innehalten, eine kurze Pause bis zur nächsten Einatmung.

Das Herz übernimmt nun die Aufgabe, sauerstoffreiches Blut aus der Lunge zu den Organen zu pumpen und sauerstoffarmes wieder zurück zur Lunge.

Unter jedem Atemzyklus laufen also so und so viele Herzschläge her; es liegt auf der Hand, daß Herz- und Lungenaktivität voneinander abhängen. Wird mehr Sauerstoff (z.b. bei größerer Leistung des Körpers) verbraucht, muß mehr aus der Luft über die Lunge aufgenommen und über den Herzkreislauf den Organen zugeführt werden.

Noch einmal möchte ich hier auf den oben erwähnten Zusammenhang von »Tactus« und Puls einerseits und »Versfuß« und Pulsschlag hinweisen; grundsätzlich ist damit die Möglichkeit der Orientierung von Musik und Sprache an der gleichen, körpereigenen Zeiteinheit gegeben.

Wenn man die Lautzusammensetzung von Sprache betrachtet, erkennt man Laute, die »klingen«, also als Tonträger sich eignen, und solche, die diese Eigenschaft weniger oder gar nicht besitzen.

Bei klingenden Lauten (wie a, e, i, o, u, aber auch w, l, n etc.) muß der Stimmbandschluß im Kehlkopf »vollkommen« sein, bei tonlosen Lauten (wie ch, f, k, t etc.) öffnet er sich, damit die Luft an die entsprechenden Artikulationsstellen gelangen kann. Der Stimmbandschluß, ein äußerst komplexes Gefüge, wird jedesmal beim Auftreten eines tonlosen Lautes aufgelöst, »unvollkommen«, natürlich dann auch wieder aufgebaut zum nachfolgenden klingenden Laut; die Geschwindigkeit dieser Wechsel ist oft sehr groß, also auch der Anspruch an das »Instrument« enorm, einerseits den Eindruck eines einheitlichen weittragenden Klangstromes zu erwecken, andererseits auch die Sprachdeutlichkeit zu gewährleisten, z.B. tonlose Laute auch deutlich genug zu artikulieren.

Zum inneren Zusammenhang und Zusammenhalt der verschiedenen Sprachlaute ist ein Zeitflußdiagramm der Sprachlauterzeugung beim Menschen von Wolf D. Keidel[12] aufschlußreich:

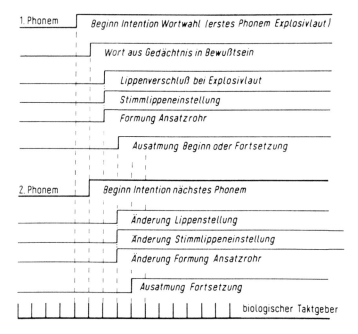

Zeitflußdiagramm der Sprachlauterzeugung beim Menschen für zwei hintereinander ausgesprochene Phoneme. (Keidel)

Es zeigt sich darin, daß die Intention für den zweiten Sprachlaut (das zweite Phonem) bereits erfolgt ist, bevor noch die Stimmlippeneinstellung und die Formung des Ansatzrohres, also die Einrichtung des Stimmorganismus, für den ersten Laut stattgefunden hat; der zweite Laut ist intentional bereits als nächstes Ziel vorhanden.

Wie kommt nun eigentlich der Anstoß zu einer Aussage zustande?

Der Anlaß kann in einer sinnlichen Wahrnehmung bzw. in der Frage eines Kommunikationspartners liegen; oder der Anstoß entsteht direkt im Frontalhirn ohne primäre äußere Einwirkung.

Die motorische Sprachinformation der beabsichtigten Aussage / Antwort (sozusagen der Auftrag zu bestimmter Aktivität) gelangt über den präzentralen Cortex, bei Beteiligung des extrapyramidal-motorischen Systems und der Atemmuskulatur, zu Kehlkopf und Ansatzrohr.

Dort erfolgt schließlich die beabsichtigte Aussage bzw. Antwort.

Dabei findet schon vorher in den sogenannten sekundären akustischen Projektionsrindenfeldern und der Assoziationsrinde des Gehirns eine Auswahl von Sinn-, Wort-, Silben- und Lautzusammenhängen statt.[13] Das bedeutet ein Zurückgreifen auf alle möglichen verschiedenen im Laufe des Lebens gespeicherten sprachlichen, lautlichen Informationen.

Mit hinein in den Bereich des »Anstoßes« zu einer (kombinierten) Aussage spielt in unserem Thema auch der natürliche Singtrieb als grundsätzliche seelische Veranlagung.

Oben wurde bereits erwähnt, daß die entsprechenden Zentren von Sprechen und Singen im Gehirn verschieden lokalisiert sind. Es erhebt sich hier die Frage, wie diese verschiedenen Zentren koordiniert werden können, sodaß das »Instrument« überhaupt erst zu sinnvollen Aussagen (Musik / Singen und Sprache / Sprechen zur gleichen Zeit) in der Lage ist.

Man nimmt an, daß es im Zentralnervensystem im Bereich des Thalamus einen synchronisierenden Taktgeber für das akustische System (Stimme-Sprache-Gehör) des Menschen gibt, welcher für die Sprach-Laut-Erzeugung bestimmend ist[14]. Gleichlaufende Zeitgeber treten z.B. auch im visuellen System auf.

Versuche wurden unternommen, bis zu welcher Ungenauigkeit, bis zu welchem zeitlichen Abstand zweier verschiedener Reize voneinander, die beiden als gleichzeitig empfunden werden. Laut neuesten Forschungen (u.a. Ernst Pöppel) pendelt sich die Bannbreite für dieses Empfinden des »Jetzt« bei ca. 30 Millisekunden ein. Die Synchronisationswirkung dieser oben erwähnten Taktgeber erstreckt sich sowohl auf Atemzentrum und Atemmuskulatur als auch auf die Kehlkopfinnervation und die Einstellung des Ansatzrohres bei der Lautbildung, ist also verbindlich für Musik / Ton und Sprache gleichermaßen.

Korrekturen einer eben produzierten Aussage (welche durch die Komplexität ihres Zustandekommens sehr störanfällig ist) können einmal erfolgen über unser akustisches Feedbacksystem; wir hören unsere Aussage gleichzeitig selbst und optimieren sie, was sowohl für den Musik / Ton-Bereich als auch für den Sprach-Bereich von großer Bedeutung ist.

Weiters liegen Mechanismen einer Korrekturinformation im Bereich der Haut- und Schleimhaut des Ansatzrohres und der während des Sprech / Sing-Vorganges dynamisch innervierten Muskulatur vom Kehlkopf bis zum Orbicularis oris im Mundbereich,[15] welche mit den taktilen Projektionsrindenfeldern und der Assoziationsrinde verbunden sind. Dort werden die untersetzten akustischen Signale und die Sprachbildung kontrolliert, außerdem erreicht dieser Kanal Kleinhirn und präzentralen Cortex und hat über das sogenannte extrapyramidale System Einfluß auf die Atemmuskulatur.

Als drittes Korrekturhilfsmittel sei noch das visuelle Feedbacksystem angeführt, welches vor allem in der direkten Kommunikation eine Rolle spielt. Optische Wahrnehmungen verschiedener Art (Zwinkern, Kopfschütteln etc.) gelangen über

Auge, Sehbahn und visuelle Projektionsrindenfelder wieder zur Assoziationsrinde. Über die Wirkung auf das Frontalhirn (also vom sensorischen auf den motorischen Teil des Gehirns)[16] kann nun die Sprach-Laut-Erzeugung beeinflußt werden. Ein Bild (auch ein schon einmal früher erlebtes, gespeichertes) kann die Sprach-Laut-Erzeugung beeinflussen, ja korrigieren, in gewisser Weise bewußt dazu eingesetzt werden.

5

»Warum« - Diese Frage wurde bisher kaum berührt. Warum suche ich überhaupt einen Code? Warum setze ich alles daran, einen solchen Code zu entschlüsseln? Wozu letztlich dieser gigantische Aufwand von organischen Kontroll-, Hilfs-, Steuerungseinrichtungen, vom Stimm- / Sprechorganismus?

Etwas mitteilen wollen, etwas mitgeteilt bekommen - alles scheint ausgerichtet auf Kommunikation. Da ist ein Anliegen, eine Vorstellung von etwas, die ich für jemanden ausdrücken will, verbunden mit einer bestimmten Absicht, einer Intention.

Oder es geht um eine Antwort auf eine Aussage.

Die Aussage erfolgt in der Regel aber immer im Hinblick auf jemand, um etwas Bestimmtes zu bewirken.[17]

Je reicher dabei die Vorstellungswelt des Mitteilenden und je deutlicher sie ihm gegenwärtig ist, und das hat Auswirkungen auf die Arbeit sowohl von Sängern als auch von Sprechern, desto plastischer werden die entsprechenden Aussagen sich gestalten, mitgeteilt werden können.

Es sind aber »*weder Intentionen noch Vorstellungen, die in deren Verwirklichung eine Rolle spielen, … frei geschaffene Produkte eines Sprechergeistes, sondern sie sind bedingt durch … die Sprache, in der der Sprecher kommuniziert.*«[18]

Diese Sprache, ob nun Sprache im eigensten Sinn oder Musik als Sprache gemeint ist, setzt einerseits eine gewisse allgemeine, gesellschaftliche Verbindlichkeit voraus, also Regeln im weitesten Sinn, andererseits den Willen des Kommunikationspartners, sich auf ein solches bestimmtes, gemeinsames Erfahrungsfeld, einen gemeinsamen »Wahrnehmungsraum« (J. Hennig / L. Huth) einzulassen, sich in ihm zu bewegen.

In unserem Fall treten jetzt sogar zwei solcher Wahrnehmungsräume zur gleichen Zeit auf, und für beide müssen sich die Kommunikationsteilnehmer entscheiden. Es entsteht in der Folge ein weitaus größerer, über beide noch hinauswachsender Raum mit allen verschiedenen neuen Möglichkeiten von Kombinationen.

Mit der Formulierung einer Aussage geht meist auch eine vorherige Einschätzung des Informationsstandes sowie des Verhältnisses zum Adressaten einher. So schrieb Joseph Haydn bekanntermaßen u.a. Stücke für »Kenner« und Stücke für »Liebhaber«.

Umgekehrt nimmt auch der Mitteilungsempfänger eine Einschätzung vor. Um es drastisch darzustellen: es wird ein Künstler im Wiener Musikverein oder in der Stuttgarter Liederhalle eine andere Formulierung finden müssen als zum Beispiel im Musikantenstadl, wie auch das Publikum hier und dort jeweils verschiedene Erwartungen an Aussagen, Auftreten etc. von Künstlern haben wird. Auch der Titel eines Programms, welcher einen direkten Bezug zur Außenwelt herstellt, kann solch eine Einschätzung zur Grundlage haben.

Dieses Gefüge aus dem gewählten Erfahrungsbereich, oder bleiben wir bei dem Ausdruck Wahrnehmungsraum, und den sich darin mitteilenden Personen wird »Situation« genannt.[19]

Eine wichtige Vorbedingung für ein Gelingen des nun stattfindenden Kommunikationsaktes ist, daß Komponist, Interpret und Zuhörer einander ernst nehmen, weil sonst natürlich trotz des gewählten gemeinsamen Wahrnehmungsraumes die Mitteilungen aneinander vorbeilaufen.

Das bedeutet, daß man bereit ist, sich einzulassen auf gewählte Atembögen, Phrasengestaltung, Dynamik, auf den Titel eines Liedes, auf ein Programm.

Dann kann sich unter Umständen eine Erscheinung einstellen, die man Resonanz nennt.

Dieses Phänomen wurde erstmals von Christian Huygens 1665 an zwei Pendeluhren beobachtet, die nebeneinander aufgehängt waren; sie schlugen genau im selben Takt und behielten diesen weit über das Maß hinaus bei, in dem sich sonst zwei Uhren auf mechanischem Weg angleichen lassen.

An der medizinischen Fakultät der Universität Boston wurde in Versuchen nachgewiesen, daß bei zwei Menschen, die ein gutes Gespräch miteinander führen (einander also »ernst« nehmen im oben beschriebenen Sinn), die Gehirnwellen synchron miteinander schwingen, ebenso bei Vortragenden und deren Studenten im Hörsaal.

Egon Aderhold beschreibt ferner, daß Zuschauer oft bei aufregenden Szenen im Theater gleichen Blutdruck und gleiche Atemfrequenz aufweisen wie die handelnden Personen auf der Bühne.[20]

Weiß man dazu um den Zusammenhang von Gehirnströmen, Lungen-Herztätigkeit und Innervierung des Stimm / Sprechorganismus, liegt es auf der Hand, daß die Zuhörer nicht nur passive Empfänger sind, sondern die Aussagen des Vortragenden im idealen Fall mit-aussagen, -sprechen, -singen und damit Verstehen teilen mit dem jeweiligen Sprecher, Sänger.

J. E. Berendt[21] sieht in diesen Erscheinungen eine »*Tendenz zur vollkommenen Harmonisierung des Rhythmus'*«. Er kommt zu dem Schluß, daß jede Geste und jede Mikrobewegung synchron mit dem Pulsschlag (der Musik) erfolgen muß, wenn die Darbietung (also: Mitteilung) nicht zu einem schwer verständlichen Stottern werden oder gar in völlig unkoordinierte Einzeläußerungen auseinanderfallen soll.

Es wird deutlich, wie gut der Pulsschlag von Musik mit jenem der Sprache harmonisieren sollte und wie genau Vorstellungen und Intentionen in der gewünschten kombinierten Aussage miteinander verschmelzen müssen, damit eine Übertragung der Information gewährleistet werden kann.

Egon Aderhold faßt zusammen: *»Je deutlicher Sie wissen, was Sie wollen, desto überzeugender sind Sie.«*[22]

Das Wort Code ist schon mehrmals gefallen; in unserem Zusammenhang bedeutet es sprachliches, musikalisches Zeichensystem.

Auf seiten der Sprache, des Textes also, ist hier eine von vornherein breitere verbindliche Basis festzustellen. Praktisch jeder kann sich in seiner Muttersprache einigermaßen mitteilen und wird verstanden. Schwieriger wird es bei dichterischer, gebundener Sprache, also Versen; trotzdem bleibt der allgemein verständliche Anteil noch relativ hoch.

Im musikalischen Bereich ist eine Verarmung insofern zu bemerken, als in der Gegenwart immer weniger Menschen singen oder auch Töne genau treffen, nachsingen können, also die Rückkoppelung Wahrnehmen-Produzieren in vielen Fällen gestört ist.

Auch ist der Code zunehmend individueller, spezieller geworden, der allgemeine Zugang demzufolge kaum möglich. Andererseits ist die Masse verschiedener Musik, die in vielen Bereichen des Alltags (Kaufhäuser, Fernsehen, Werbung etc.) auf uns einwirkt und auch zu unserem Fundus an gesammelten Erfahrungen zählt, so groß wie noch nie. Der Berieselungseffekt herrscht hier aber vor, von einem bewußten Eintreten in einen Wahrnehmungsraum kann nicht die Rede sein. Trotzdem erzielt diese Musik Wirkung, wie sonst würde man auch so viel Geld in Musik für Werbung investieren.

Nehmen wir nun an, die Kommunikationsteilnehmer stehen in einer idealen Situation, haben sowohl im sprachlichen als auch im musikalischen Bereich Kompetenz und sind sich über die Notwendigkeiten eines kommunikativen Prozesses im klaren, so wird, nachdem sich diese Bereitschaft eingestellt hat, idealerweise auch eine gesamtheitliche Erfassung der beteiligten Personen (durch neue Querverbindungen der Bereiche, assoziative Kombinationen, größere Auswahl unterschiedlicher Reize im selben Augenblick etc.) stattfinden.

Und diese Glücksmomente sind für viele Menschen Grund genug für die »Mühe«.

Wenn nun aber z.b. ein Zuhörer, Komponist oder Interpret für den einen Code sehr viel, für den anderen nur geringe Grundlagen hat, so wird man vielleicht sagen:»Schöne Stimme«,»Gute Musik« oder»Jedes Wort zu verstehen«, geht aber eigentlich unbefriedigt aus dem Konzert nach Hause, weil das Miteinander der Ebenen nicht wahrnehmbar war, was an einem oder auch allen Kommunikationspartnern liegen kann; abgesehen davon ist das Störpotential bei einer so konzentrierten Auseinandersetzung naturgemäß sehr groß.

Überraschend kann es aber auch dazu kommen, daß über den einen Code Zugänge zum anderen gefunden werden.

Ein Wort noch zum Pianisten, der mit der Sängerin, dem Sänger musiziert; selbstverständlich gilt hier genauso, daß er oder sie in die»Situation« eintreten sollte, als vollgültiger Partner, obwohl er auf den ersten Blick nur zum rein musikalischen Teil der Aussage beiträgt. Aber es gibt eben keinen»rein musikalischen« Teil mehr, es ist etwas Neues, Ganzes, das entsteht und woran der Klavierpartner auch in allen Belangen teilnehmen sollte. Die vorhin beschriebene Erscheinung der Resonanz spielt in der Kombination Sänger-Pianist gewiß eine große Rolle. Fragen wie folgende ergeben sich:

Was hat das Nachspiel oder Zwischenspiel - genau in dem Moment - mit dem Text zu tun? Ohne kompetente Antwort des Pianisten - gar nichts, die Gesamtaussage ist also unvollkommen, gefährdet, eventuell sogar unverständlich.

Um noch einmal auf den Begriff Intention zurückzukommen: es ist nicht von vornherein gegeben, daß der Zuhörer diese voll erfaßt, erfassen kann; auch geht er erst einmal ja nur von seiner eigenen Einschätzung der Situation aus. Im Laufe der Darbietung konkretisieren sich Intention des Vortragenden und Situation an sich, sodaß entweder eine Bestätigung der Erwartungen des Zuhörers oder aber eine Korrektur derselben stattfindet. Eventuell sieht man sich auch völlig in die Irre geführt.

Hier hat das Publikum die Möglichkeit, durch akustische oder optische Reaktionen Zeichen zu setzen, die den Darbietenden zu Korrekturen veranlassen oder ihn sogar bestärken; in weiterer Folge unter Umständen den Komponisten dazu bringen, Stellen zu ändern, Formulierungen deutlicher zu setzen oder sich den vertonten Text noch einmal genauer anzusehen.

6

An dieser Stelle soll versucht werden, einige für unser Thema wesentliche Grundbausteine und -erscheinungen zu untersuchen und zu verfolgen, wie sie in einer Aussage, in einem Musikstück aufeinandertreffen. Hierzu eine Begriffsklärung vorweg:

Auf der musikalischen Seite unterscheiden wir

- Metrum, als durchgehenden neutralen Grundschlag

- Takt, als Zusammenfassung von Metren zu einer übergeordneten Einheit mit Schwerpunktbildung, welche»*... als gleichmäßig wiederkehrendes Bezugsschema wechselnden rhythmischen Gestalten zugrunde liegt.*«[23]

Bis ins frühe 18. Jhdt. bezeichnete man als Takt (»Tactus«) nur den Schlag; die jeweilige Gruppierung der Einheit hieß »Mensur«.
Danach wurden Schlag und Mensur zum Begriff »Takt« zusammengefaßt.
Im 19. Jhdt. erfolgte ein Bedeutungswandel, unter Taktart verstand man zunehmend nur noch die Gruppierung der Notenwerte, unabhängig von der Schlagart.
Daneben orientierte man sich auch schon am Metronom (1816 als Patent angemeldet), also einer technischen Apparatur, welche die Verbindung zu Sekunde und Minute aufweist. Interessant ist, daß die Neuerung von Brahms und Wagner scheinbar abgelehnt wurde.
Oft sind Taktarten Abbilder von Lebensvorgängen wie Gehen, Springen, Tanzen, Laufen etc. oder von Arbeitsverläufen wie Schlagen, Drehen, Ziehen.[24]

- Rhythmus, aus dem Griechischen abgeleitet (»Fluß« des Geschehens); man kann zwei Ausformungen unterscheiden:
die Unterordnung des Rhythmus unter ein musikalisches Metrum (siehe oben);
von einem genormten Grundmaß unabhängige Rhythmik, die sich in ihrem Ablauf z.B. syllabisch am Textrhythmus orientieren kann oder melismatisch ausschwingt.[25]
Plastisch wird der Unterschied, wenn man etwa einen Tanz einem Gregorianischen Choral gegenüberstellt.

Hand in Hand mit dem Begriff Rhythmus geht der Begriff
- Sinn, denn wir gehen ja davon aus, daß Kommunikation, also Mitteilung, Absicht, Antwort erfolgen sollen und auch erfolgen können.
Beim Zusammenfassen meist einiger Takte, wobei das rhythmische Element bestimmend ist, entstehen kleine Sinn-Einheiten, welche »Motiv« genannt werden, abgeleitet vom lateinischen »movere« (bewegen).

Diese Kleinstbausteine können ihrerseits wieder zum Aufbau größerer Strukturen kombiniert werden.

Hier ist darauf hinzuweisen, daß man durchaus über den Weg von Klängen, Tönen, Lauten, Geräuschen, Klangfarben, Kürzen, Längen etc. schon Kommunikation betreiben kann; das eben dargestellte Gerüst von Begriffen gehört bereits zum Aufbau eines sehr speziellen »gebundenen« Kommunikationssystems, vergleichbar mit jenem der gebundenen Sprache.

Wenden wir uns jetzt diesem gebundenen sprachlichen System zu. Auch hier unterscheiden wir

- Metrum bzw. ein metrisches System aus Hebungen und Senkungen, Zeilen, Strophen, Reimverteilung etc. Daniel Frey[26] zählt hiezu auch den Versfuß, welchen wir aber gesondert unter dem Titel

- Takt behandeln wollen; Egon Aderhold spricht sogar wörtlich vom »Verstakt«.[27]
 In der gebundenen deutschen Sprache treten betonte und unbetonte Silben auf, wobei sich »… *die Betonungen im Abstande von nicht ganz einer Sekunde folgen*«[28] (vgl. dazu oben, Orientierung am Herzschlag).

Im Griechischen und Lateinischen liegt der Versfuß in einem »quantitierenden« Verhältnis vor, das heißt, die Silben werden in Längen und Kürzen gemessen;
 im Deutschen wird ein »qualitatives« System von betonten und unbetonten Silben angewendet, u.a. wegen der unterschiedlichen Länge von Vokalen in jeweils unterschiedlichen Konsonant- bzw. Doppelkonsonantzusammenhängen.
 Daniel Frey bezeichnet diese Hebungen und Senkungen als »*Wirbelsäule der deutschen Lyrik*«.[29]

- Rhythmus: aus dem »*lebendigen Zusammenspiel*«[30] von Laut-verbindungen (Vokalen und Konsonanten) entsteht erst ein-mal etwas, das als »Wortrhythmus« bezeichnet werden kann, also den eigenen Charakter eines Wortes ausmacht.

Üblicherweise aber spricht man von Rhythmus, wo das Grundmaß des Verses frei umspielt wird sowie die Betonungen laufend (Sinn-) Abstufungen erfahren. Rhythmus entsteht in jedem Gedicht neu, ist einzigartig und nur für dieses gültig. Wird der Rhythmus in einem Stück dem Metrum völlig angeglichen, entsteht Gleichförmigkeit, man-gelnde Lebendigkeit.

Eng mit dem Rhythmus verknüpft ist in der gebundenen Sprache der

- Sinn; als kleinste Einheit tritt hier das sogenannte »Kolon« auf; W. Kayser: »*Gerade in der Selbständigkeit der Kola gegen-über dem Metrum offenbart sich das Dasein des Rhythmus´…*«[31], wobei natürlich kein Gegeneinander der Elemente erfolgt, sondern das metrische Schema eine Grundlage darstellt, über der sich erst das Leben, der Sinn des Kolon, des ganzen Gedichts entfalten kann.

Der Gehirnforscher Ernst Pöppel stellte fest, daß während des Spontansprechens alle zwei bis drei Sekunden Umschalte-punkte, sogenannte »Indifferenzpunkte« auftreten, in denen das Gehirn die nächste gedankliche Einheit plant.[32] Reize, die länger dauern, werden nicht mehr als Ganzes im Be-wußtsein festgehalten.

So kommt es in der gebundenen Sprache auch zur Unter-gliederung beim Hexameter; in den zwei bis drei Sekunden können (nach der dargestellten zeitlichen Orientierung am Puls) höchstens drei bis vier Versfüße Platz finden, zum Beispiel genau eine Volksliedzeile.

Das Zusammenspiel von Sinn und organisch gebundener Zeiteinheit tritt hier zutage.

Um den Begriff »Kolon« anschaulich zu machen, hier einige Beispiele:

Im Satz »*Bis zum heutigen Tag spielt das Lied im Musikleben eine große Rolle*« ist der Abschnitt »*Bis zum heutigen Tag*« als erstes Kolon erkennbar; »*spielt das Lied*« kann als zweite kleine Sinneinheit erkannt werden und »*im Musikleben eine große Rolle*« schließlich ist das letzte Kolon des Satzes. In der Dichtung fallen Kola häufig mit Verszeilen zusammen, jedoch nicht notwendigerweise. Im Gedicht LORELEY von Heinrich Heine treten so in der ersten Zeile (»*Ich weiß nicht, was soll es bedeuten*«) zwei Kola auf; in der dritten Zeile (»*ein Märchen aus alten Zeiten*«) nur eines. Aus solchen Kola lassen sich größere Sinneinheiten aufbauen. Der Vergleich mit dem »Motiv« (siehe oben) liegt nahe. Interessant im Zusammenhang mit den vorhin erwähnten Indifferenzpunkten ist, daß auch im klassisch-musikalischen Bereich längere (z.b. bereits viertaktige) Motive meist in zwei Hälften gegliedert werden.

Um »*das Gefühl zu wecken, daß das Gedicht nicht Prosawort, auch nicht gesteigertes Prosawort, sondern ein völlig anderes Wort ist*«,[33] sei, so Vilma Mönckeberg, »*die Unterscheidung des Gedichts von jeder anderen Sprechform gar nicht streng genug zu betonen*«.

Trotzdem nehmen wir einmal an, als Arbeitshypothese, es sei möglich, aus einem Stück Prosa gebundene Sprache zu machen, um dann abzulesen, was bei diesem Schritt passiert und dadurch die Erscheinungsformen von Sprache deutlicher definieren zu können.

Wolfgang Kayser benützt, um den Wandel darzustellen, folgendes Prosabeispiel:

»*In höchster Wut schrie er: Verflucht! Auf ewig soll der verdammt sein, der die Nachricht brachte!*«[34]

Das ist eigentlich schon Gesteigerte Prosa (laut Mönckeberg). Die Sätze sind zumindest in Richtung Versmaß hin gedacht:

> *»In höchster Wut schrie er: Verflucht! Auf ewig*
> *soll der verdammt sein, der die Nachricht brachte!«*

Die Spannung innerhalb von Sprache, welche zwischen den Extremen Alltagsprosa und gebundene Sprache besteht, wird nicht völlig klar, obwohl sich grundsätzliche Tendenzen zeigen lassen.

Nehmen wir dagegen ein Stück Text aus einem »gewöhnlichen« Prosaroman[35], nichts dichterisch etwa schon besonders Hochstehendes:

> *» — Miss Holland. Hübsch, nicht wahr?«*
> *»Zweifellos. «*
> *Der Hausherr bot dem Gast Zigaretten an …*

Zum Vergleich der offensichtlich problematische Versuch einer Fassung in Versen:

> *» — Miss Holland. Hübsch, nicht wahr?« - »Zweifellos.«*
> *Der Hausherr bot dem Gast Zigaretten an.*

Eine schöne Frau wird (offensichtlich) jemandem vorgestellt. In der lockeren, spontanen Sprache der Prosafassung ist viel Zeit dafür da, diese Frau erst einmal auf den Gast wirken zu lassen. Weiters wird vor der Antwort *»Zweifellos«* vermutlich ein relativ starker Einschnitt passieren, wenn sich der Gast nämlich erst einmal vergewissern will und genauer hinschaut. *»Zweifellos«* wäre in der Originalversion, wenn es nicht ziemlich gewichtig kommen sollte, auch nicht derart vom restlichen Text abgesetzt; der Gast ist also deutlich beeindruckt.

Der Satz »*Der Hausherr bot dem Gast Zigaretten an*« erscheint hingegen in der Prosafassung eher beiläufig, schnell weggesprochen.

In der Versfassung (Versfuß am Pulsschlag orientiert) ist das Tempo nicht mehr so flexibel. Starke Einschnitte wie vor »*Zweifellos*« oder eventuell nach »*Miss Holland*« werden nicht mehr in dem Maß stattfinden.

Auch Unterschiede im Grad der Betonung einzelner Silben werden kleiner, zum Beispiel kann »*nicht wahr*« oder »*hübsch*« nicht mehr so kräftig, plastisch und unmittelbar wirken. Zu kräftiger Ausdruck von Emotion und zu starke Sinngliederung werden aus dem Zusammenhang des regelmäßigen »Fließens« herausfallen.

Es geht aber auch nicht an, daß Zeilen einfach auf ein sehr niedriges Niveau fallen, zu beiläufig werden wie in der Prosafassung: »*Der Hausherr bot dem Gast Zigaretten an*«. Das Tempo wird also vor allem in der zweiten Zeile der Versfassung langsamer, in der ersten eher schneller, insgesamt kommt es zu einer Angleichung. Man spürt, daß durch die Orientierung am Puls etwas entsteht, das die Worte zusammenhält, was vorher nicht oder nur ansatzweise da war.

Die Kola, die Sinneinheiten, bleiben erhalten; sie sind vielleicht weniger anschaulich, direkt, real, aber dafür entfaltungsreicher, ergänzungsfähiger geworden, was im Hinblick auf eine Vertonung interessant werden kann.

Umgekehrt zeigt sich, wie sehr Alltagsprosa, welche einerseits zwar zu noch größerer Spontaneität fähig ist, sich andererseits einem regelmäßigen Fließen widersetzt und damit auch einer Koordinierbarkeit mit Musik im oben beschriebenen Sinn. Ein Zeitungsausschnitt aus der Münchener ABENDZEITUNG vom 24. September 1996 erscheint für diesen Zweck brauchbar:

Löwen-Sorgen: Nowak, Walker, Borimirow fehlen wg. Länderspieleinsätzen
Jetzt will Lorant zwei neue Spieler

München (ig) – Nach zwei Siegen und acht Toren – Kommando zurück bei den Löwen. Das Unternehmen Stürmersuche wurde erst einmal vertagt. Coach Werner Lorant: „Wir haben Zeit, ich werde aber immer wieder beobachten." Vorerst, vielleicht muß der TSV 1860 schon bald den Kader aufstokken. Der Grund: Die Berufungen der Nationalspieler.

Neben dem Polen Peter Nowak (9. Oktober gegen England) und dem Bulgaren Daniel Borimirow (8. Oktober gegen Luxemburg) wurde nun auch Marco Walker für die Schweiz zum WM-Qualifikationsspiel (6. Oktober) gegen Finnland nominiert. Das Problem: Die drei Löwen stünden Lorant im Bundesligaspiel am 5. Oktober gegen Mönchengladbach nicht zur Verfügung. „Wenn mir die fehlen, müssen wir den Kader erhöhen, zwei Spieler holen – ganz einfach," sagt Lorant. Geschäftsführer Sven Jäg(versucht derzeit eine Freigabe bei den Verbänden zu bekommen: „Wir werden uns bemühen, daß die Spieler gegen Gladbach da sind."

Alles Zukunft, momentan befaßt sich Lorant mit dem VfB Stuttgart (Samstag, Olympiastadion), warnt seine Kicker eindringlich, sich von der Wiesn fernzuhalten: „Wenn ich einen erwische, der um 23 Uhr nicht zu Hause ist, der spielt nicht. Ich erfahre alles." Denn: „Gegen den VfB müssen wir höllisch aufpassen. Bobic, Balakow und Elber bearbeiten, das sind überragende Spieler." Übrigens, Manni Schwabl trainierte gestern wieder mit, Olaf Bodden radelte erstmals.

Es fallen auf:
- grammatikalisch falsche oder unvollständige Sätze, oft auch nur noch Satzfetzen, Schlagworte, zu deren Verständnis Abbildungen nötig sind, sowie Abkürzungen, also auf punktförmigen Sinn reduzierte Aussagen, welche metrisch geordnetes Fließen von vornherein ausschließen;
- Zeilenaufteilungen nach Maßgabe von Platz neben Bildern ohne Rücksicht auf Sinn (im oben verwendeten Romanausschnitt wurde darauf sehr wohl geachtet);
- mundartliche Einschübe, welche spontan gefunden werden und - im Moment - sehr »vielsagend« sind, direkt an den Empfänger gehen.

Gebundene Form finden zu wollen im Sinn von Kayser, Mönckeberg etc. scheint hier erst einmal völlig absurd.

Trotz aller »Momenthaftigkeit« treten aber doch immer wieder Keimzellen, Textstückchen auf, welche den Schritt wohl vollziehen könnten, wodurch Sprache als großer Raum begreifbar wird, in dem es einerseits etliche definierte Sprachausformungen gibt, welche aber immer wieder Austausch pflegen, Bindeglieder aufweisen, einander befruchten.

Bertolt Brecht empfiehlt in seinen Stanislawski-Studien etwa auch, für Verse Ausdrücke und Bilder in Prosa zu erfinden, um nachher beim Vortrag einen belebenden Effekt zu erreichen.[36]

Ähnliche Phänomene lassen sich beobachten, wenn aus scharf gezeichneten klanglichen Einzeleffekten und Kurzmitteilungen auf dem Weg über ein rhythmisch-metrisches Gefüge ein größerer Zusammenhang entsteht, in dem (wie oben dargestellt) die einzelne Aussage, der einzelne Sinnabschnitt vielleicht nicht mehr in der Plastizität auftritt, aber Kombinationsmöglichkeiten zu größeren Strukturen gewonnen werden.

Zur Anschaulichkeit dieses Schrittes in der Musik führe man sich z.b. vor Augen, wie in Franz Liszts Melodram DER TRAURIGE MÖNCH (nach Bürger) über weite Teile die Musik aus starken, bildhaften Einzeleffekten besteht, welche für sich betrachtet wenig Zusammenhalt, Stückcharakter besitzen und nur mit dem Text zusammen, speziell im Kontext der Ballade, größeren Sinn ergeben (ohne die Leistung Franz Liszts schmälern zu wollen).

Andererseits vergegenwärtige man sich, wie die Musik im Lied DIE FORELLE (nach Schubart) von Franz Schubert gestaltet ist: es besteht, durch ihr Eigenleben und ihren inneren Zusammenhalt, auch die Möglichkeit, sie im Forellenquintett völlig eigenständig und unabhängig vom Text zu verwenden. Die Musik ist offener, vielseitiger dadurch, daß sie sich - im Vergleich zum Melodram von Liszt - an Direktheit beschränkt; der Einzeleffekt wird immer in Bezug auf das Ganze gesehen.

Und das kommt mir wesentlich vor für unsere Themenstellung: die Eigenständigkeit von zwei Wahrnehmungsräumen, zwei »Sprachen«, die dann zur gleichen Zeit an der Formulierung einer Aussage beteiligt sind.

Es herrscht nun in einer Textvertonung ein Nebeneinander von allen möglichen sprachlichen und musikalischen Erscheinungen, wie bereits besprochen.

Ordnende Elemente bleiben Metrum und Takt.

Unangemessen wäre es, wenn der »Sinn« der einen Ebene den Sinn der anderen stört oder beide einander unverständlich machen. Bis zu einem gewissen Grad wird aber eine Verschiebung sogar reizvoll sein, belebend wirken.

So ist es durchaus möglich, daß eine solche rhythmischmetrische Verschiebung, vom Sprachlichen her bedingt, eine musikalische Aussage in neuem Licht sehen läßt. Augenscheinlich wird ein solcher Vorgang im eben erwähnten Lied DIE FORELLE:

»In einem Bächlein helle …« - laut Taktvorgabe müßte die musikalische Betonung auf *»einem«* und *»helle«* liegen; vom Wortsinn her aber muß *»Bächlein«* und danach *»helle«* hervortreten.

Schuberts Einfall dazu: Schon im Vorspiel legt er die Spannung zwischen Taktschema und musikalisch-rhythmischem Akzent an, wodurch nun (Takte 6-8) völlig natürlich deklamiert werden kann, ja, die Musik sogar weniger gleichförmig wirkt, lebendiger geworden ist.

Sprachliche Aussagen aber werden unter Umständen durch musikalische Figurationen, Melismen, Zwischenspiele, Takteinschübe etc. an Tiefe wesentlich gewinnen, obwohl sie anscheinend erst einmal an »Unmittelbarkeit« und Prägnanz im individuellen Sinn verlieren.

Wesentlich bei Verschiebungen hier wie dort ist, daß die Aussagen trotzdem intentional in »Eins« zusammenlaufen.

7

Kommen wir nun zu einigen weiteren konkreten Beispielen, alle aus dem Liedschaffen Franz Schuberts gewählt, jeweils unter der Fragestellung betrachtet: Warum auch noch Musik? Was ist der Gewinn?

- HEIDENRÖSLEIN (nach J. W. von Goethe):
Die Lieblichkeit des Rösleins (»*Sah ein Knab ein Röslein …*«) wird durch die Sechzehntelauflösung über »*Röslein*« (Takt 2) bildhafter; der Morgen, das Aufbrechende an der Stelle »*War so jung und morgenschön …*« (Takte 5-6) wird in einer Modulation zur Dur-Dominante geführt. Wieviel glaubhafter als zum Beispiel in der Vertonung von Heinrich Werner, welche in der Tonart bleibt!

Solche Modulationen aus dem Textzusammenhang sprengen eventuell den Rahmen der absoluten musikalischen Form, was Schubert u.a. den Vorwurf der Modulationsmanie und des Mangels an innerer Einheit, Ordnung und Regelmäßigkeit einbrachte.

- DER LEIERMANN (nach Wilhelm Müller):
Die Gedichtzeile »*… und sein kleiner Teller bleibt ihm immer leer*« (Takt 21-26) wird wiederholt in den Takten 25 und 26; diese Wiederholung weist keinen Quintsprung mehr auf, die Musik wirkt flacher, leerer, wie als Bestätigung: er, der Teller ist sichtbar wirklich leer; obwohl die absolute sprachliche Form durch die Wiederholung erst einmal verändert auftritt, entsteht eine noch deutlicher greifbare neue Aussage.
»*Wunderlicher Alter, soll ich mit dir gehn?*« (Takte 53-55):
Die Musik, quasi eine rhythmische Umkehrung der Takte 3, 4 und 5 (auch der Akzent ist vom zweiten Taktteil auf den ersten

vorgezogen) bringt uns in beklemmender Weise die ungewöhnliche Situation nahe: ein junger Mensch schließt mit dem Leben ab, was völlig verkehrt anmutet.

- ERLKÖNIG (nach J. W. von Goethe):

An der Stelle »*gar schöne Spiele spiel ich mit dir* …« (Takte 61-65) bringt die Umspielung des c auf dem Wort »*spiel*« eine Bildhaftigkeit zustande, die beim reinen Rezitieren nicht erreicht wird. Dafür muß man einen gewissen Verlust an absoluter Wortdeutlichkeit in Kauf nehmen.

Durch die Chromatik der Musik bei »… *manch bunte Blumen sind an dem Strand* …« (Takte 65-68) erreicht die Aussage eine Steigerung des Schillernden, Verlockenden.

- GEHEIMES (nach J. W. von Goethe):

Schon der Titel GEHEIMES an sich spricht aus der Musik, wie es mit Worten allein nicht auszudrücken wäre: das ständige Zurücknehmen ins piano, fast in allen Takten ein decrescendo, dazu noch das Wegnehmen des zweiten Taktteiles (Achtelnote-Pause); harmonische Wechsel (fast) innerhalb jeden Taktes etc.

Die Antwort auf die offene Frage bei »*sie sucht uns zu verkünden*« (Takte 74-80) wird durch den fürs Klavier eingeschobenen Takt (Takt 80) wesentlich spannungsvoller erwartet; zudem gewinnt dadurch, daß im musikalischen Bereich vom Hörer genaue Tonhöhen erfaßt und zugeordnet werden, die Querverbindung der Stellen »*der Wissende dagegen*« (Takte 18-24) und »*verkünden*« (Takte 76-80) geradezu räumliche Dimension, etwas Plastisches, Allgegenwärtiges.

Zusammenfassend läßt sich feststellen:

Es ist beim Verschmelzen von Musik und Text auf beiden Seiten ein ähnliches Phänomen zu beobachten wie beim Schritt von Prosa zum Vers, zur Gebundenen Sprache; beide Elemente geben dabei etwas von ihrer Individualität auf, ohne sie aber deswegen zu verlieren; absolute musikalische und absolute sprachliche Form haben nicht mehr ganz denselben Stellenwert wie vorher. Die Sinneinheiten beider öffnen sich, um neuem Sinn Raum zu geben, der sich intentional weder mit der Aussage der einen noch der anderen Ausdrucksform für sich mehr deckt. Eine neue Aussageform, damit auch Vorstellungswelt, er- schließt sich uns, läßt Kritiken der einen oder anderen Richtung hinter sich.

Abgesehen von den wenigen vorher beschriebenen Beispie- len für die lohnenswerte »Mühe mit den Worten«, von denen man leicht hunderte allein in Schuberts Liedern finden kann, wäre natürlich auch allgemein die Fähigkeit von Musik zu nennen, eine verbindliche Grundhaltung zu formulieren (siehe GEHEIMES), ein Grundgefühl, das sich durch ein ganzes Lied zieht, was Vorteil und Nachteil sein kann für das Stück.

Das Neue bei Franz Schubert aber scheint ja gerade die spe- zielle Wortausdeutung zu sein, und hier kommen wir wieder zurück zum Ausgangspunkt der Überlegungen, dem Vorwurf des zeitgenössischen Rezensenten an Franz Schubert: »... *er will die Worte durch Töne ausdrücken, statt den Gedanken der g a n z e n Rede durch den Charakter des g a n z e n S t ü c k e s zu malen* ...«. Schubert setzte sich intensiv mit den Dichtern seiner Zeit aus- einander; über den Freundeskreis wurde er auch immer wieder an neue Dichter-Persönlichkeiten herangeführt. Wie sehr ihm Wortsinn und Spracheigenheit wichtig waren, läßt sich schon aus den wenigen vorhin gegebenen Beispielen ablesen, ist im übrigen ausführlich dokumentiert von Dietrich Fischer-Dieskau in seinem Buch AUF DEN SPUREN DER SCHUBERT-LIEDER.

Die negative Kritik seiner Zeitgenossen ist in unserem Sinne ein Kompliment für Schuberts neuen Ansatz und eine Bestäti- gung der weitgehenden Symbiose von Sprache und Musik in seinen Vertonungen.

8

Prinzipiell kann es bei der Vertonung eines Textes zu Verschiebungen der Gewichte in zwei verschiedenen Richtungen kommen, wobei als Ziel erhalten bleiben sollte, daß ein »sinnvolles«, ergänzendes Miteinander zustandekommt:

Der Zugang erfolgt sehr stark vom Text her.

Hier kann als Extrem eintreten, daß der Text gar nicht mehr gesungen, sondern gesprochen wird und die Musik nur noch untermalt bzw. daß sie durchgehend oder stellenweise keine Eigenständigkeit mehr besitzt, wie zum Beispiel im oben zitierten Melodram von Franz Liszt.

Zu ergänzen wäre, gerade auch im Hinblick auf Melodramen, daß das Stimmideal früherer Sprecher und Schauspieler wesentlich näher an dem des Sängers lag, als das jetzt der Fall ist (man denke an alte Sprechaufnahmen, z.b. von Alexander Moissi).

Damit ist es wohl auch zu erklären, daß zu Schuberts Lebzeiten seine Lieder u.a. auch von Schauspielerinnen und Schauspielern interpretiert wurden, was in der Gegenwart nicht mehr ohne weiteres vorstellbar wäre.

Oder es wird das Verständnis für die Musik überhaupt erst durch den Text möglich.

Als Beispiel sei Hanns Eislers Stück DER GRABEN (nach Kurt Tucholsky) gewählt; keine Tempoangaben, keine Artikulationszeichen, keine Dynamik (außer *p* am Beginn), und trotzdem ein hochkomplexes, differenziertes Stück, in dem Musik und Sprache untrennbar miteinander verknüpft sind, wo die Sprache sozusagen Teil des musikalischen Codes ist und angibt, wie diese oder jene Stelle zu spielen ist.

Auch in anderen Vertonungen Hanns Eislers ist zu beobachten, daß er sehr vom gesprochenen Wort her kommt, ihm gelegentlich auch Raum im Stück läßt (gerade eben auch in DER

GRABEN) und den Schauspieler-Sänger (welcher zu Eislers Zeit bereits ein anderer geworden ist als zu Schuberts Zeit) in seine Stücke einbezieht, ja notwendigerweise voraussetzt.

Eislers Musik wirkt manchmal sehr reduziert, schlicht, fast möchte man, wenn nicht das Wort schon einen negativen Beigeschmack bekommen hätte, sagen »volkstümlich«, ist aber dennoch niemals »überflüssig«. Die entstandene neue Einheit der Intention ist immer zu spüren. Was aber eintritt durch diese größere Gewichtung des Sprechens, des Schauspielens auch, das ist eine Verlagerung des Vortrages hin zum Spontanen, aus dem Moment Erzeugten.

Die Musik ist pointierter, intellektualisierter geworden; was sich dadurch leichter ausdrücken läßt, sind: Brechung, Witz, Ironie etc.

In zahlreichen neueren Kompositionen ist ein Einsatz der Sprechstimme, also vordergründig erst einmal eine Verschiebung hin zur Sprache, auch in extremen Gesangstonlagen vorgeschrieben. Wie anfangs erwähnt, ist der Sprechstimmbereich üblicherweise wesentlich kleiner als jener der Gesangsstimme.

Die Artikulation, und damit die Sprech-, Sprachdeutlichkeit wird in extrem hohen Lagen, welche sonst Domäne der Gesangsstimme sind, sehr schwierig und eher undeutlich, was zur Folge hat, daß die sprachliche Mitteilung unklar wird, eine musikalische Aussage im Sinne von Gesang aber eben auch nicht erwünscht ist. Der Einsatz solch ungewöhnlicher Mittel setzt eine sehr genaue Beschäftigung mit Intention, Vorstellung, Wahrnehmungsräumen etc. voraus.

Der Zugang erfolgt stark von musikalischer Seite her.

Selbst bei Franz Schubert ist in einigen Vertonungen zu beobachten, daß er einen Text nur als Vorwand nimmt, um seine Musik zu formulieren, ausprobieren zu können. Schubert hat eben auch »gelernt«, die neue Gattung zu beherrschen, mit Texten zu arbeiten. Franz Liszt geht in Klavierfassungen von Liedern so weit, daß der Text als solcher verlorengeht und man nur noch im Ohr hat, was das Klavier »singt«.

Fallweise wird auch eine (oftmals eingängige) Melodie / Musik über einen Text gelegt (wie beim »Volkslied« LORELEY von Friedrich Silcher nach einem Gedicht von Heinrich Heine) und dadurch den Worten die Entwicklung eines Eigenlebens unmöglich gemacht, was aber dann Fragen nach der Intention der Vertonung aufwirft.

Oben wurde über den Schauspieler / Sprecher und seinen Zugang zum Lied gesprochen.

Wie kommt andererseits ein Nur-Sänger (als hypothetische Annahme), zurecht mit einem Schubert-Lied, wenn er zu einer echten Auseinandersetzung mit der sprachlichen Kommunikationsebene nicht in der Lage ist?

Oder noch fataler: was fängt er oder sie mit einer Eisler-Vertonung eines Brecht- oder Tucholsky-Gedichtes an? Beziehungsweise, wie würde solch eine Eisler-Interpretation von einem Sprechtheaterpublikum aufgenommen werden? Dagegen wird es von vielen (auch Fachleuten) als peinlich betrachtet, wenn heutzutage Schauspieler Schubert-Lieder singen. Frau Martienssen-Lohmann spricht z.B. energisch gegen die sogenannte Natürlichkeit beim Singen[37] (obwohl sie konzediert, daß es seltene Momente gibt, wo diese sehr wirkungsvoll sein kann).

Bei einer sinnvollen Diskussion über die Wahl von Stimmgebung, Gewichtigkeit der Spontaneität etc. wäre unter anderem zu fragen:

Wie ist das Verhältnis von Sprache und Musik im Stück?
Sind beide Ebenen gleichberechtigt?
Welche Funktion hat Sprache, welche Musik?

Welche Mitteilungen, Intentionen verbinde ich als Komponist, als Interpret mit dem Stück?

Wie können diese Mitteilungen, Intentionen am besten »übertragen« werden?

Im 20. Jhdt. ist eine Hinwendung zum Individuellen, Spontanen auch in der Musik feststellbar; »intellektuelle« Koordinationsmechanismen ohne großen organischen Bezug treten auf, »musikalisches Metrum« und »Takt« im oben beschriebenen Sinn haben nicht mehr die gleiche Bedeutung wie zu Schuberts Zeit, werden nicht mehr so stark erlebt, es kommt vielmehr zu einem intellektualisierten Umgang damit. Visuelle Einflüsse treten in die Musik herein, vielfach erfolgt wieder eine starke Orientierung der Musik am sprachlichen Gestus (vgl. Rhythmus).

Auch in der Sprachdichtung und -interpretation ist eine Veränderung im Umgang mit und in der Gewichtung von Vers und Versmaß zu sehen.

Ein Zusammenwirken von Musik und Sprache muß also auch auf neue Art zustandekommen.

Das Lied im klassischen Sinn aber und in seinem ersten Kristallisationspunkt Franz Schubert, das läßt sich aus allem bisher Gesagten vermuten, kommt in seiner vollgültigen Form nur zustande durch das gleichzeitige Auftreten von musikalischem Metrum und sprachlichem Metrum, beide gleichermaßen orientiert am Pulsschlag, organisch gebunden und gesteuert. Diese Bindung ans »Instrument« setzt sich noch fort bis in die Notation, das Schriftbild, den Code also und die musikalischen und sprachlichen Sinneinheiten.

Dadurch wird einerseits die Eigenständigkeit beider Ausdrucksformen, andererseits aber auch die Koordinierbarkeit und Verschmelzung der beiden in einer Aussage ermöglicht und in der Folge auch eine Übertragung derselben an ein Publikum.

Literaturhinweise

Egon Aderhold, DAS GESPROCHENE WORT, Henschel Verlag 1995.

Bertolt Brecht, SCHRIFTEN ZUM THEATER 2 in: GESAMMELTE WERKE, Suhrkamp Verlag Frankfurt 1967.

Brockhaus Riemann, MUSIKLEXIKON IN ZWEI BÄNDEN, F. A. Brockhaus Wiesbaden, B. Schott's Söhne Mainz 1979.

Otto Erich Deutsch, FRANZ SCHUBERT. DIE DOKUMENTE SEINES LEBENS UND SCHAFFENS, München-Leipzig 1913 -1914.

DTV-LEXIKON, Band 16, *zu:* Entwicklung der Schrift; dtv-Verlag München 1969.

Daniel Frey, EINFÜHRUNG IN DIE DEUTSCHE METRIK, UTB Wilhelm Fink Verlag München 1996.

Jörg Hennig/Lutz Huth, KOMMUNIKATION ALS PROBLEM DER LINGUISTIK, Verlag Vandenhoek und Ruprecht, Göttingen 1975.

Frederick Husler/Yvonne Rodd-Marling, SINGEN - DIE PHYSISCHE NATUR DES STIMMORGANES, B. Schott's Söhne Mainz 1965.

Julius Hey, DIE KUNST DES SPRECHENS, nach dem Urtext neu bearbeitet und ergänzt von Fritz Reusch; Verlag B. Schott's Söhne, Mainz 1956.

Christoph Hohlfeld/Hermann Rauhe, GRUNDLAGEN DER MUSIKTHEORIE, Möseler Verlag Wolfenbüttel und Zürich 1970.

Wolfgang Kayser, KLEINE DEUTSCHE VERSSCHULE, Francke Verlag Bern und München 1946/1984.

Wolf D. Keidel, BIOKYBERNETISCHE ASPEKTE BEI HÖR-, SPRACH- UND STIMMSTÖRUNGEN in: SPRACHE-STIMME-GEHÖR, Heft 1, März 1977, Georg Thieme Verlag Stuttgart.

Franziska Martienssen-Lohmann, NATUR UND KUNST IM GESANGE, in: Österreichische Musikzeitschrift Oktober 1954.

Vilma Mönckeberg, DER KLANGLEIB DER DICHTUNG, Langewiesche-Brandt Verlag Ebenhausen 1981 bzw. Verlag Claassen und Goverts, Hamburg 1946.

Ernst Pöppel, LUST UND SCHMERZ. *Über den Ursprung der Welt im Gehirn,* Sammlung Siedler Berlin 1993.

Anmerkungen

1 Aus der Wiener»Allgemeinen musikalischen Zeitung« vom 17.6.1820 anläßlich der Uraufführung von DIE ZWILLINGSBRÜDER am Wiener Hofoperntheater am 14. Juni 1820: *»Posse mit Gesang in einem Aufzuge. Die Musik ist von Herrn Franz Schubert«.* in: SCHUBERT. DIE DOKUMENTE SEINES LEBENS. Gesammelt und erläutert von Otto Erich Deutsch. 1964, S. 93.

2 Frederick Husler/Yvonne Rodd-Marling, SINGEN - DIE PHYSISCHE NATUR DES STIMMORGANES, S. 22.

3 Egon Aderhold, DAS GESPROCHENE WORT, S. 87.

4 Frederick Husler/Yvonne Rodd-Marling, SINGEN - DIE PHYSISCHE NATUR DES STIMMORGANES, S. 130/131.

5 Julius Hey, DIE KUNST DES SPRECHENS, S. 75.

6 Egon Aderhold, DAS GESPROCHENE WORT, S. 87.

7 Frederick Husler / Yvonne Rodd-Marling, SINGEN - DIE PHYSISCHE NATUR DES STIMMORGANES, S. 129 / 130.

8 Vilma Mönckeberg, DER KLANGLEIB DER DICHTUNG, S. 24.

9 zur Entwicklung der Schrift: DTV-LEXIKON, Band 16, S. 206.

10 Wolfgang Kayser, KLEINE DEUTSCHE VERSSCHULE, S. 10.

11 Frederick Husler / Yvonne Rodd-Marling, SINGEN - DIE PHYSISCHE NATUR DES STIMMORGANES, S. 24.

12 Wolf D. Keidel, BIOKYBERNETISCHE ASPEKTE BEI HÖR-, SPRACH- UND STIMM-STÖRUNGEN, in: SPRACHE-STIMME-GEHÖR, Heft 1, S. 13.

13 derselbe; S. 7.

14 derselbe; S. 11.

15 derselbe; S. 10.

16 derselbe; S. 13.

17 Jörg Hennig / Lutz Huth, KOMMUNIKATION ALS PROBLEM DER LINGUISTIK, S. 70 / 71.

18 dieselben; S. 72.

19 dieselben; S. 75.

20 Egon Aderhold, DAS GESPROCHENE WORT, S. 89.

21 Joachim Ernst Berendt in: DIE WELT IST KLANG. Ein Toncassettenwerk der Network Mediencooperative. Frankfurt a. M., o. J.

22 Egon Aderhold, DAS GESPROCHENE WORT, S. 7.

23 Brockhaus Riemann, MUSIKLEXIKON, Band 2, S. 575.

24 Christoph Hohlfeld / Hermann Rauhe, GRUNDLAGEN DER MUSIKTHEORIE, S. 88.

25 dieselben, S. 87.

26 Daniel Frey, EINFÜHRUNG IN DIE DEUTSCHE METRIK, S. 14.

27 Egon Aderhold, DAS GESPROCHENE WORT, S. 65.

28 Wolfgang Kayser, KLEINE DEUTSCHE VERSSCHULE, S. 105.

29 Daniel Frey, EINFÜHRUNG IN DIE DEUTSCHE METRIK, S. 12.

30 Julius Hey, DIE KUNST DES SPRECHENS, S. 64.

31 Wolfgang Kayser, KLEINE DEUTSCHE VERSSCHULE, S. 104.

32 Ernst Pöppel, LUST UND SCHMERZ. *Über den Ursprung der Welt im Gehirn,* S. 80 / 81 und 84 / 85.

33 Vilma Mönckeberg, DER KLANGLEIB DER DICHTUNG, S. 24.

34 Wolfgang Kayser, KLEINE DEUTSCHE VERSSCHULE, S. 9.

35 Edgar Wallace, DIE GEBOGENE KERZE, Deutsche Übersetzung im Goldmann-Verlag, S. 62.

36 Bertolt Brecht, GESAMMELTE WERKE. *Schriften zum Theater 2*, S. 845.

37 Franziska Martienssen-Lohmann, NATUR UND KUNST IM GESANGE in: Österreichische Musikzeitschrift, Oktober 1954, S. 11.

Norbert Miller
DAS HEIMLICHE LIED
Franz Schuberts Vertonungen nach Gedichten von Friedrich Schlegel
Ein Skizzenblatt

Als im April 1839 Robert Schumann seine Fantasie in C-Dur
herausgab, stellte er dem ersten Satz ein Motto von Friedrich
Schlegel voraus:

Durch alle Töne tönet
Im bunten Erdentraume
Ein leiser Ton gezogen,
Für den, der heimlich lauschet.

Das Gleichnis vom verborgenen Ton unter und hinter allen
Tönen, allen Klängen der Welt gibt nicht nur der schmerzlich-
heroischen Ausdruckshaltung des ersten Satzes die Einheit über
die jähen Stimmungswechsel hinweg, es beschreibt auch den
thematischen und formalen Zusammenhalt der Sätze in dieser
an den späten Beethoven anknüpfenden Sonate. War nicht die
Musik wie keine der romantischen Künste berufen, das in allen
Dingen schlafende Lied wachzurufen? War nicht der Tondichter
berufen, diese innerste Poesie einer nur wie im Traum erfahr-
baren Natur hörbar zu machen? Der junge Schumann hatte
seine Tagebücher und Briefe mit Notizen aus Jean Paul und
E.T.A. Hoffmann vollgeschrieben, Erinnerungen an die Töne
aus Dahores »*Traum, daß alle Seelen e i n e Wonne vernichte*« aus
dem Hesperus (1796), an denen die Seelen süßer vergehen sollten, und die bedrängende Sehnsuchts-Vorstellung von den zwei
leisen Tönen, den zwei aneinander sterbenden und erwachen-
den Tönen, die aus der Ewigkeit über das glatte Meer schwingen und den Schlaf der Dinge aufheben, im Schlußkapitel der
Flegeljahre (1805), hat in Schumanns frühem Klavierschaffen
mehr als nur Spuren hinterlassen: Im Schlußstück der Papil-
lons op. 2 trennen sich zu nächtlicher Stunde der Dichter Walt

und der Flöten-Virtuose Vult, die Zwillingsbrüder aus Jean Pauls Roman zu den in der Ferne verhallenden Klängen des Lieds von den zum Tore hinausreitenden Reitern, und in der letzten Episode der KREISLERIANA op. 16 ist die gleiche Situation, ins Gespenstische verwandelt, wiederaufgenommen. Vults und Kreislers Flucht haben den Traum von den Tönen, die das Ende der Ewigkeit verkünden, aus dem Abschiedskapitel der FLEGEL-JAHRE, im Hintergrund, poetisch aufgehoben - in der schlaftrunkenen Stimmung der nächtlichen Glockenschläge einmal, im ritterlichen, rasch an die Resignation sich verlierenden Aufschwung zum andern. Die Neigung zu Erinnerungsmotiven und zum verborgenen Zitat, das Erproben der musikalischen Einbildungskraft in weitgeschwungenen Variationen, in denen sich das Ich bis zur Selbstspaltung auszuspüren versucht, die tanzende Hieroglyphen-Schrift der Noten und Buchstaben, in der Robert Schumann sein Schicksal geheimnisvoll vorweggenommen sieht - alles das beherrscht bis zum Marottenhaften die lange Folge seiner frühen Klavierwerke. Das »*Thème du XVIIème siècle*« im DAVIDSBÜNDLER MARSCH des CARNAVAL. SCENES MIGNONNES SUR QUATRE NOTES ist nur das herausstechende Beispiel für die Macht, die - als Obsession - bestimmte wiederkehrende Motiv-Entsprechungen über Schumanns Vorstellungswelt gewinnen konnten. Im höfischen Gestus des französischen 17. Jahrhunderts und im deutschen Volkslied, im Pochen eines fernen Hammerwerks und im Ungestüm der Marseillaise taucht die verborgene Liedweise unversehens vor ihm auf und fordert in seinen Kompositionen ihr Recht. Aber auch an hundert anderen Stellen seines Werks hat die Vorstellung eines Grundtons, einer nur dem berufenen Ohr vernehmbaren Melodie ihre Spuren hinterlassen, wenn er die Kantilene ganz ausspart (wie im dritten Stück der HUMORESKE op. 20) oder sie in die entlegensten Spannungen zwischen brüderlich-rivalisierende Charaktere hineinzwingt (wie in der unabschließbaren Variations-Reihe der späteren SYMPHONISCHEN ETUDEN op. 13). Lange ehe er seine große C-Dur-Phantasie unter das Motto des leisen Tons stellt, der für

den heimlichen Lauscher durch alle Töne des Erdentraums ver-
nehmbar ist, war dieser romantische Ur-Gedanke jeder tondich-
terischen Eingebung des jungen Robert Schumann eigen. Aber
Florestan und Eusebius, die Spiegelbilder von Jean Pauls Zwil-
lingspaar, nahmen im Überschwang und in der seligen Selbst-
versenkung die verborgene Melodie so mühelos auf, sie ver-
trauten dem Einklang ihres Charakters mit dem Nach-Träumen
der Natur aus jugendlichem Märchenglauben, daß die Grillen
wie die Entzückungen das Ich für den Augenblick schwindelnd
über den Abgrund führen konnten. Das hat viel mit Jean Paul
zu tun, wenig mit der frühromantischen Vision einer in allen
Phänomenen waltenden, das goldene Zeitalter versprechenden
Rätsel-Botschaft der Musik, die an die Stelle der pythagorä-
ischen Harmonie der Welt treten sollte. Bezeichnend, daß der
junge Schumann in seinen Tagebüchern nie Friedrich Schlegel
erwähnt und daß er später unter all seinen Liedern nie einen
Text des Dichters vertont hat. Nur die vier Zeilen, mit denen
Friedrich Schlegel sein Gedicht DIE GEBÜSCHE enden läßt, hat er,
wie ein Zitat aus zweiter Hand, dem vollkommensten Werk seiner Jugend als Devise vorausgestellt.

Zwanzig Jahre früher begann Franz Schubert im Januar 1819
die Reihe seiner Friedrich Schlegel-Vertonungen mit einer vergleichsweise einfachen Komposition eben dieses Gedichts, des
vorletzten im Zyklus ABENDRÖTE, der zuerst 1801 in dem von
August Wilhelm Schlegel und Ludwig Tieck herausgegebenen
MUSENALMANACH FÜR DAS JAHR 1802 erschienen war und der
dann in die Sammlungen der Gedichte übernommen wurde.
Schubert kannte die Verse, wahrscheinlich durch Vermittlung
seines Freundes Bruchmann, aus der in Wien erschienenen Ausgabe: FRIEDRICH SCHLEGELS GEDICHTE. *Neueste Auflage (in 2 Bdn.
bei B.Ph. Bauer 1816).* Unmittelbar voraus gingen zwei auf Probe
ausgewählte Lieder aus anderen Abteilungen der Sammlung,
ein kurzes Liebesgedicht: *»Wenn mich einsam Lüfte fächeln«* aus
den STIMMEN DER LIEBE (Nr. 348 *»Blanka«)* und ein geistliches

Lied nach Friedrich von Spee aus der TRUTZNACHTIGALL, dem Friedrich Schlegel den Titel VOM MITLEIDEN MARIÄ gegeben hatte (Nr. 349: *»Als bei dem Kreutz Maria stand.«)* In Schuberts Frühwerk gibt es keine Schicht, die auf Friedrich Schlegels Gedanken wie auf einen Anruf reagieren mußte. Das Aussingen einer in tausend melodischen Eingebungen webenden Innerlichkeit, die auf Poesie wie auf Landschaft, auf das Erlebnis und noch auf die Geselligkeit gleichermaßen spontan und tief antwortete, konnte im Gedicht die mehrfach reflektierte Devise, die klug verschlüsselte Geste nicht brauchen. Die Stimmung, das eindringliche Bild, der unerwartete Ton - ja, das alles löste im Musiker die Inspiration aus, die sich schon in den ersten Liedern des Kindes die gemäße und unverwechselbare Form schuf. Aber die Aufspaltung des Ich in Doppelgänger-Rollen war Schubert so fremd wie der Versuch, die romantische Dichtung in der Musik weiterzuführen. Dagegen war er durch sein Temperament gefeit, aber auch durch das Wiener Herkommen, das vom Bild und vom Klang, nicht vom Wort bestimmt war. Er dachte über Musik in den Kategorien der Musik, auch wenn er im Lied oder im Chorgesang sich der Dichtung aus innerster Begeisterung überließ, auch wenn er - zum Ärgernis vieler seiner Wiener Zeitgenossen - die Liedform jeweils aus der besonderen Verfassung des Gedichts gewann und den poetischen Gedanken bis in die Nuancen hinein nachfolgte. Schubert ist ja sicher der erste Komponist, der überhaupt sich aus dem älteren Lied-Typus frei machte, der, eine Spiegelung von Dichtung und Musik, aus dem Gegenüber zweier in sich geschlossener Kunsteinheiten bestand. Aber geprägt blieb Schuberts lyrische Einbildungskraft zeitlebens durch die Musikauffassung der klassischen Ära: Noch bis in die späten Lieder-Zyklen führt Franz Schubert immer wieder die Singstimme instrumental (wie hier in den Friedrich Schlegel-Liedern z.B. die Tenor-Stimme in DER FLUß), weil ihn Tondichtung als eine in aller Zerrissenheit einheitliche Vision affizierte. So nimmt es nicht Wunder, wenn in Schuberts Vertonung die von Schumann zitierte Versgruppe des Gedichts - auf eine den Hörer zunächst enttäuschende Weise - der Bewegung, dem Rauschen des Windes durch die Gebüsche, dem Gleichnis aus Meer und Hain, einfach zugeordnet wird, so als führten die Zeilen diese Bewegung nur zu ihrem vorgegebenen Ende.

Während aber der Jean Paul-Enthusiast Schumann zur Dichtung der Frühromantik insgesamt, zu Friedrich Schlegel insbesondere, kaum Zugang fand, gewann Schubert zu dessen Gedichten für kurze Zeit ein so intimes Verhältnis wie nur zu wenigen anderen Dichtern jenseits seines Freundeskreises: zu Goethe, zu Klopstock und zu den Anakreontikern, später zu Wilhelm Müller, zu Ludwig Rellstab und, ganz zuletzt, zu Heinrich Heine. Die Nähe zur vorklassischen Naturdichtung Ludwig Höltys oder Matthissons mag den ersten Anstoß zur Beschäftigung mit Schlegels Gedichten gegeben haben. Jedenfalls spürt man diese Nähe in der musikalischen Behandlung der Verse aus dem Zyklus ABENDRÖTE, der es dem Komponisten besonders angetan hatte. Den Dichter selbst scheint er, obwohl Friedrich Schlegel seit 1809 in Wien lebte, nicht gekannt zu haben. Was aber war es, über den anakreontischen Gestus hinaus, was Schubert, vor allem in den fünf Liedern aus dem März 1820, in der Nachgestaltung zu einer vorher kaum gekannten Intensität einer Dichtung aus Musik geführt hat?

Die 22 Gedichte der ABENDRÖTE gehören in den Zauberkreis der Gedichte, die Friedrich Schlegel für die geplante Fortsetzung der LUCINDE verfaßt hat. An die hundert Dichtungen entstehen in den 1 1/2 Jahren nach der skandalumwitterten Veröffentlichung seines Romans. Die Verse sind einzelnen Figuren, aber auch Situationen zugewiesen, aber in einer vorgreifenden, den Augenblick transzendierenden Affekthaltung, die jeden genaueren Umriß der Rolle vermeidet. Seit der scharfzüngige Polemiker mit den kunstvollen Stanzen von AN HELIODORA zuerst die Grenze von der Prosa zur lyrischen Dichtung überschritten hatte, war kein Halten. Was ursprünglich nur poetische Einlage zum Roman bilden sollte - Verklärung der Formlosigkeit, die Sphäre des Wunderbaren über den Fragmenten aus der Wirklichkeit -, ersetzte bald den Roman, auch wenn Schlegels Einbildungskraft noch lange an der Fiktion der epischen Abschließbarkeit festhielt.

Zwei Merkmale prägen alle Zeugnisse dieses unerwarteten Dichterfrühlings: zum einen die Ausrichtung der virtuosen Verskunst am Prosa-Rhythmus, zum andern das Ersetzen der Rollen durch immer das gleiche Ich. Das zweite Merkmal ist am auffallendsten; denn alle Gedichte sind als Rollengedichte aufgefaßt, ob sie nun einer der Romanfiguren zugewiesen sind wie Raffael, Guido, Julius oder Lucinde, ob sie auf den Liebestod und den Wahnsinn anspielen, oder ob sie formal auf das Herkommen des Schäferromans zurückweisen. Friedrich Schlegel schwankte in seinen Entwürfen, wie die Episoden und die ihnen zugeordneten Gedichte zu einer brauchbaren Reihe zu konfigurieren wären. Die Kontrastierung weiblicher Ansichten und männlicher Bekenntnisse, die Auswahl der Durchgangs-Momente, die an den französischen Moralisten geschulte Pointierung von Charakteren - alle diese Kunstgriffe führen aus dem Roman heraus, und sei er noch so sehr auf Verwilderung hin angelegt, ersetzen das Geschehen durch die Form und damit auch die vielen durch das e i n e Subjekt. Wie von selbst bilden sich denn auch Zyklen, der der Wettgesänge nach dem Vorbild des Cervantes, der der Hymnen, der der STIMMEN DER LIEBE, von dem der Dichter spät noch an seinen Verleger schrieb, er finde, daß seine wiedergefundene Verbindung ihnen »*sehr günstig ist, und daß sie gemeinsam viel besser wirken als einzeln*«, schließlich auch der wohl bedeutendste, in sich geschlossene Gedichtkreis der ABENDRÖTE, den Friedrich Schlegel früh aus dem Romankontext freizustellen beabsichtigte, um ihn dann noch vor der Preisgabe des Projekts gesondert zu publizieren.

Mit dem anderen Merkmal zusammen, der Ausrichtung der virtuosen Verskunst am Prosa-Rhythmus, gibt dies Moment des e i n e n Subjekts Friedrich Schlegels Dichtungen den Glanz des immer neuen Staunens, wie der Gedanke und das aus der Reflexion gewonnene Vergleichsbild unversehens die Vollkommenheit des lyrischen Sprechens gewinnen. Es ist, als ob er selbst von Zeile zu Zeile, von Strophe zu Strophe verwundert beobachtet, wie sich die Elemente aus der Prosa in die freie Bewegung des Verses wandeln. So heißt es zu Beginn des von Schubert nicht vertonten Gedichts DER MOND:

> *Es streben alle Kräfte,*
> *So matt sie sind, zur Erde doch zu wirken.*
> *In den ew'gen Bezirken*
> *Der schönen Welt ist das nur mein Geschäfte;*
> *Das muß ohnmächtig immer ich versuchen,*
> *Und traurig dem beschränkten Lose fluchen.*

Wie von außen drängen die Reime in die Rede des Mondes, bis er selbst in dem Reimpaar des Schlusses sich vom Vers überwunden gibt. Der Einschub (»*So matt sie sind*«) und das überredend-deiktische »*doch*« geben nur beim zweiten Hinhören die Argument-Struktur auf und bequemen sich kaum hörbar dem alternierenden Metrum an, an das sie sich aber nie ganz ausliefern. Alle Gedichte in beiden Teilen des Zyklus sind - mit Ausnahme der Einleitungsverse - Rollengedichte. Sie sind in den Mund gelegt, wem sie nach der Überschrift zugehören: »*Berge*«, »*Vögel*«, »*Knabe*«, »*Fluß*« …. Auf fast barocke Weise (vielleicht mit Rücksicht auf das von Friedrich Schlegel beanspruchte Vorbild der GALATEA des Cervantes) herrscht eine höhere Onomatopoesie in den 20 Gedichten, d.h., jeder spricht über sich, wie es der höchste Begriff von ihm nach Gedanken und Haltung erwarten würde. Zugleich gehorchen alle diese Poesien, wie vielfältig auch der Tonfall und die Strophenform geändert wird, dem gleichen Prinzip einer die Reflexion freisetzenden Vertau-

schung von Bild und Anschauung, von eigentlicher und unei-
gentlicher Aussage. Zugleich soll sich aus dem Zusammenhang
der von der Abendröte umzogenen Welt der Dinge und Ge-
schöpfe die Einheit des Vielfältigen herstellen, das unendliche
Geflecht der Stimmen und Töne, durch die, den Erdentraum
hindurch, der eine lang sich hinstreckende Ton, für den em-
pfindsam wachen Hörer wahrnehmbar, hindurchzieht.

Wie konnte Franz Schubert sich an dieser großartigen, aber
immer - noch im angenommenen Volkston - spröden Dichtung
entzünden? Auch wenn das über Generationen vererbte Vorur-
teil, das den Liederkomponisten erst vor der Folie schwacher
Gedichttexte zu seiner wahren Bestimmung geraten ließ, lange
beiseite geschoben ist, hat das kurze Aufflackern der Sympathie
für Schlegels ABENDRÖTE etwas Überraschendes, ja Befremden-
des. Gewiß, die ersten Kompositionen wirken in ihrer Abfolge
so zufällig wie meistens. Schubert ließ sich vom Zufall anregen,
von dem Gedicht in einem Almanach oder in einer Anthologie,
auf das er beim Blättern stieß, von den klassischen Dichtungen,
nach denen er in seinen und seiner Freunde Bücherregalen Aus-
schau hielt, oft von einem bloßen Titel oder einer die Phantasie
berührenden Metapher. So auch hier; unter den Liedern von
Johann Mayrhofer, Alois Schreiber und J. P. Silbert finden sich
die ersten Schlegel-Vertonungen, ohne daß sich ein Unterschied
in der Annäherung an den fremden Text konstatieren ließe: Das
knapp formulierte, unscheinbar sich gebende a-Moll-Lied
BLANKA aus dem Dezember 1818 greift in der heimlichen Verwendung des Klagevorhalts, in den unbetonten Begleitfiguren
des Klaviers und in den entscheidenden Wendungen des Zu-
sammenklangs mit der Singstimme bewußt auf ältere Aus-
druckshaltungen zurück, die ebenso in das Umfeld der Experi-
mente mit dem Sonett in Liedform nach August Wilhelm von
Schlegel gehören (Nr. 345-347) - der Griff nach den Gedichten
des Bruders könnte durch die Wahl der Sonette sich erklären
lassen -, wie die Romantisierung des Choralsatzes in VOM MIT-

LEIDEN MARIÄ sich zwanglos an knapp vorausliegende geistliche Lieder anschließen läßt. Entsprechend heben sich denn auch die kühner ausgreifenden Vertonungen der ersten Gedichte aus der ABENDRÖTE nicht grundsätzlich ab, auch nicht dem Anspruch nach, von dem rhapsodisch durchkomponierten Tongemälde ABENDBILDER nach einem insipiden, anakreontische Muster beinahe parodierenden Landschaftsgedicht von Silbert, das ihnen unmittelbar folgt. In Schlegels Zyklus geht das Gedicht DIE GEBÜSCHE unmittelbar der Schlußdeutung durch den Dichter voraus, ja es zieht in den von Robert Schumann zitierten Versen die Summe selbst. Ludwig Höltys Manen werden in den Anfangsversen beschworen, dann überlagern sich in den nach spanischem Vorbild kurzen Verszeilen, Ungewöhnlichkeit postulierend, die Bilder und Stimmen: das wie von e i n e r Seele bewegte Brausen des Meeres, dem das Windrauschen im nächtlichen Hain verglichen wird, der Wechsel von Wellen und Worten in der geisterhaften Bannmeile des von verborgenem Leben erfüllten Schweigens. Alles ist wahrgenommene Natur, dunkel empfundener Traum, ewige, ins Gleichnis gebrachte Botschaft für den Eingeweihten. Die Gebüsche sind, nach Friedrich Schlegels Rollenverteilung, die »curatores absentes«, die Sachwalter der abwesenden Menschen in diesem in Assonanzen künstlich gefügten Lied der Traumtrunkenheit. Die Gebüsche sind es, weil sie wie die Äolsharfen ihr geheimnisvolles Leben erst im Durchzug des Windes erfahren, in der Berührung durch den Ton, dessen Träger sie selbst werden. Auch das ein in der Anakreontik vertrautes Gedankenbild, das noch in Eduard Mörikes großer Ode AN EINE ÄOLSHARFE weiterwirkt.

Es wehet kühl und leise
Die Luft durch dunkle Auen,
Und nur der Himmel lächelt
In tausend hellen Augen.
Es regt nur Eine Seele
Sich in der Meere Brausen,

Und in den leisen Worten,
Die durch die Blätter rauschen.
So tönt in Welle Welle,
Wo Geister heimlich trauern:
So folgen Worte Worten,
Wo Geister Leben hauchen.
Durch alle Töne tönet
Im bunten Erdentraume
Ein leiser Ton gezogen,
Für den der heimlich lauschet.

An der das ganze Lied durchlaufenden Sextolen-Bewegung der rechten Hand läßt sich in Schuberts Lied ablesen, an welcher Stelle den Komponisten Schlegels Worte unmittelbar betroffen haben. Nicht der bukolische Natureingang war es, ihm von jeher innig vertraut und fast mit seiner Wahrnehmung der Dinge verschmolzen, nicht das magische Ineinander von Kühle und Stille, von Dunkelheit und hell aufleuchtenden Augen, sondern die Metapher von der Welle, die in der Welle tönt. Daß jedes Wellenrauschen den unabwendbar anderen Klang der nächsten Woge in sich birgt, daß hier ewiges Gleichmaß und ewige Veränderung in Eins gebannt erschienen, gibt Franz Schuberts Tondichtung den unverwechselbaren Charakter. Die Singstimme dieses in G-Dur stehenden Lieds behält in frei schwingender Kantilene und in den reichen Modulationen, die jeder Nuance der Gedankenstimmung nachgeben, den schwärmerischen Lyrismus als Haltung bei, der sich in Schuberts Naturbildern aus seiner Nähe zur vorklassischen Lyrik herleiten läßt. Von dem gehauchten Auftakt der ersten Zeile über die graziös zur Gebärde sich rundenden Strophenenden - sie sind beim Komponisten viel unmißverständlicher artikuliert als im Gedicht - bis zu den (wie in einem Schlummerlied der gleichen Epoche) stillen Einklangs-Bekundungen des Schlusses ist dem Singenden da der Weg aus dem Naturerleben in das sanfte Klanggesetz der Natureinheit vorgegeben. Aber nicht in der Wellenbewegung des Klaviersatzes. Sie löst zunächst, nimmt man den Vorgang nur technisch, die durch die Akkorde der linken Hand unmißverständlich vorgegebenen Tonart-Verhältnisse in Zeitbewegung auf. Wie immer bei Schubert gehorchen freilich die harmonischen Übergänge nicht den erwartbaren Gesetzen. Er liebt den übergangslosen Wechsel, er liebt die bis zum Schmerz gehende Parallelisierung des Unerwarteten. Die auf den ersten Blick irritierende Grundierung des Wellen-Tönens durch die leeren Oktaven in Halben, seltener in Vierteln erweist sich bei aufmerksamem Hören als die Voraussetzung der Komposition; denn Schubert füllt durch seine Sechzehntel-Sextolen nicht einfach ein harmonisches Pattern, sondern führt in der Musik, Welle für Welle, Wort für Wort, aus einer geschlossenen Nachtszene in immer weiter entlegene Räume, in einander immer weniger ähnliche Vorstellungsbereiche, ganz analog zum poetischen Verfahren Friedrich Schlegels, um so die Einheit aller durch den Erdentraum tönenden Töne zu erweisen. Am weitesten entfernt das Lied sich in den auf Takt 20 folgenden Takten. Hier durchmißt Schubert, oft im halben Takt wechselnd, die entlegensten Tonarten, eine aus der anderen überraschend entwickelt, ehe er in seinem Ferndrang in Takt 31 in Fes-Dur bei den Worten: »*Die durch die Blätter rauschen*« landet. In enharmonischer Vertauschung erklärt er die hier erreichte Stufe für E-Dur und macht diese Tonart für die nächsten Abschnitte zur Grundtonart des Liedes. Die Bedeutung dieser abenteuerlichen Metamorphosen und Grenzwanderungen ergibt sich, wenn man nach dem Grund sucht, warum man das so versöhnliche, so in reinem Wohlklang verharrende Ende des Lieds als unbefriedigend empfindet. Gewiß, die Absicht des Komponisten erfüllt sich. Die Unruhe wird gestillt. Der aus Klängen gewobene Traum ordnet sich. Der lang gezogene, alle anderen Töne und Regungen zur Harmonie ergänzende Ton tritt leuchtend hervor. Aber ist eine solche Lösung nicht biedermeierlich-unangemessen für eine Versgruppe, die zu den größten Eingebungen der deutschen Frühromantik zu rechnen

ist? Auch kann man sich schwer damit zufrieden geben, Franz
Schubert könne sich, auch in einer Gelegenheitskomposition,
mit einer so einfachen Gleichung zwischen dem lang gezogenen
und leisen Ton im Gedicht und dem Grundton seines G-Dur-
Lieds begnügen. Hier gibt die scheinbar unvermittelte Tonar-
ten-Wanderung vielleicht den Schlüssel: sie wiederholt sich
nämlich, beginnend mit Takt 39 bei der Zeile: »*So folgen Worte
Worten*« in einer genauen Entsprechung der je neu gewonnenen
Tonarten, bis der Komponist schließlich in Takt 48 und bei der
Zeile: »*Durch alle Töne tönet*«, am entlegensten Punkt angekommen, nur durch die enharmonische Verwechslung in die Ausgangstonart und damit in die vorgegebene Ordnung zurückkehrt. Was sich danach abspielt, ist in aller Variationsbreite des
Gedankens, nach Melodieführung und begleitender Klavierbe-
wegung in die Ordnung der Dinge eingebunden. Aber Schubert
läßt keinen Zweifel, daß das zurückgewonnene G-Dur eigentlich As-As-Dur ist, daß also die Einheit aus der fernsten Distanz, als bloße Spiegelung, als Fata Morgana, vielleicht aber
auch als heimliches Gesetz des Widerspruchs aufzufassen ist.

Ein gutes Jahr später, im März 1820, nahm Franz Schubert
sich erneut Friedrich Schlegels Gedichtkreis vor und schrieb in
kürzester Zeit fünf Lieder: DIE VÖGEL, DER KNABE, DER FLUSS,
ABENDRÖTE und DER SCHIFFER, wovon die letzten drei zu den
ehrgeizigsten, wohl auch ausgefeiltesten Schöpfungen des Liederkomponisten bis zu diesem Zeitpunkt gehören. Friedrich
Schlegel hat den SCHIFFER, der aus dem gleichen Zusammenhang der LUCINDE stammt und die Rollenhaltung des Zyklus
ABENDRÖTE mit den anderen Gedichten teilt, vermutlich aus
rein formalen Gründen vor der Veröffentlichung aus diesem
Zusammenhang gelöst und unter die Rubrik: »*Erste Frühlingsge-
dichte*« gestellt. Ein Blick auf die Noten genügt, um Schuberts
veränderte Einstellung zu Schlegels dichterischer Welt zu erkennen. Über die Gegengleichung zwischen Lyrik und Musik
hinaus, von der das Kunstgebilde DIE GEBÜSCHE lebt, hat der

Komponist versucht, bis in die Nuancen dieses frühromantischen Weltentwurfs einzudringen, die Formenvielfalt in Anverwandlung eigener und fremder Lied-Typen einzufangen, vor allem aber den zwischen ironischer Betroffenheit und ernster Reflexion schwebenden Ton Friedrich Schlegels zu treffen. Nur die eindringlichste Untersuchung dieser Liedergruppe (und der vereinzelten Nachzügler im späteren Liedschaffen) könnte Bedeutung und Rang dieser Begegnung zwischen Dresden-Berliner Romantik in der Dichtung und der von der Klassik und einer volkstümlichen Tradition gleichermaßen geprägten Wiener Musik angemessen sichtbar machen. Hier müssen Andeutungen zum Zusammenhang genügen, während dem Gedicht DER FLUSS stellvertretend ein Mehr an Aufmerksamkeit zukommen kann.

Wie sehr Franz Schubert beim Komponieren jetzt von Anfang an den Zyklus im Blick hatte, zeigt vor allem die ungewöhnliche Wahl der Tonart A-Dur für nicht weniger als drei der fünf Lieder. In DIE VÖGEL und in DER KNABE hatte Friedrich Schlegel auf seine Manier *»Wenn ich ein Vöglein wär«* paraphrasiert. Halb Stilübung nach Herders Volksliedern, halb Parodie auf das kindliche Fernweh der romantischen Schule spielen die beiden - formal überkreuz gestellten - Gedichte mit dem Rollentausch zwischen Vögeln und Kindern. In raffinierter Umwandlung ist den unbeschwerten Vögeln die vierzeilige Volksliedstrophe vorbehalten, aber zu einer Art Romanzen-Ton verkürzt und in durchgehenden Assonanzen-Paaren auf »ö« und »i« aus der Erdenschwere deutscher WUNDERHORN-Lieder gelöst, während das Liedzitat im Mund des Knaben in lange Gedanken- und Reimreihen führt, die zwar alle die Gestik des Kinderreims erkennen lassen, aber die zugleich die Grund-Ähnlichkeit zwischen Kindern und Vögeln artikulieren. Friedrich Schlegel hat die beiden Gedichte durch wechselseitige Anspielungen in Wort- und Motivwahl als einander zugehörig betrachtet.

Nichts anderes unternimmt Schubert, wenn er seine beiden Lieder in ihrer Besonderheit aus volkstümlichen Liedtypen heraus entwirft und sie durch Einzelmotive, musikalische Wendungen, eine ähnliche Begleitung, vor allem aber durch die gleiche Tonart als Pendants charakterisiert. Zugleich muß A-Dur wie in anderem, so auch in diesem Zusammenhang für ihn eine genuine Nähe zum Vorstellungskreis von Kinderunschuld, Zukunftsoffenheit und Phantasie-Flug gehabt haben, der sich im Motiv der über die Welt hinfliegenden Vögel in Anschauung umsetzen kann. Denn sicher ist es nicht von ungefähr, wenn ABENDRÖTE gleichfalls in A-Dur komponiert ist, das Lied, das den Vogeltriller (aus einem im Gedicht vergleichsweise peripheren Verspaar: *»Kleine Vögel, ferne Menschen, Berge himmelan geschwungen...«*) zum Dreh- und Angelpunkt der Komposition macht. Nur von fern her nimmt der Sechs-Achtel-Takt bei langsamem Tempo die Pastoral-Erinnerung auf, wobei jedoch der konzentrierte Instrumental-Satz des Vorspiels die Siciliano-Punktierung fast ganz an die Peripherie drängt. (Erst spät, beim Übergang in die ausschwingende, den Chor der Naturstimmen in gegenläufigen Stimmen und frei spielenden Zweiunddreißigstel beschwörende Apotheose der ABENDRÖTE, dienen die Sechzehntel-Vorhalte vor den Trillern auf dem ersten Taktteil der Vorbereitung dieses aus drängender Bewegung gewonnenen Zustands, vgl. Takt 36 und 37.) Im Notationswechsel zwischen einem dunkleren Abendbild, erfahren von einem ganz in Betrachtung versunkenen Ich, und der Magie der aus Blumendüften und Luftbewegungen gewobenen Nacht wird hier von Schubert der Zusammenklang der Natur vollkommen ins Klangereignis übersetzt. Im einzelnen lassen sich die kaum merklichen Schritte so umschreiben: der schmerzlich schattierte Natureingang, der selbst dem munter scherzenden grundierten Tenor- und einem aus einer helleren Sechzehntel-Bewegung der Begleitung geformten Sopran-Lied gelingt; das Wunder, das dem Staunen der nachdenkenden Kinder keine anderen Glanzlichter aufsetzt als die aus der Singstimme und ihrer gefälligeren Melodie-Formulierung erwachsenden; das zauberhafte Wachrufen der Düfte und Klänge in der federleichten, wehmütig abgetönten Schilderung seliger Trunkenheit - mit dem Übergang des Trillers vom dritten auf das erste Achtel in den Takten 27 bis 31, aber mit beibehaltener Vorhalt-Struktur; schließlich die Ausweitung ins Schrankenlose. Anders als in DIE GEBÜSCHE ist hier der gleiche Dichter-Gedanke:

> *Alles scheint dem Dichter redend,*
> *Denn er hat den Sinn gefunden:*
> *Und das All ein einzig Chor,*
> *Manches Lied aus einem Munde*

emphatisch herausgehoben und durch die ersterbende Wiederholung für die tiefste Empfindung festgestellt. Das Autograph trägt den aus dem Gedichtband übernommenen Titel ABENDRÖTE ERSTER TEIL. Wie das Einleitungsgedicht zur zweiten Folge des Zyklus' hat auch das zum ersten keine eigene Überschrift. In den anderen Liedern spiegeln die Titel die Rollen, denen die Verse in den Mund gelegt sind. Nur diese beiden Stimmungsbilder, als Feier des Abends und als Nachtstück genau aufeinander bezogen, sind freie Äußerungen des betrachtenden Dichters. Franz Schubert hat die Überschrift des Zyklus' auf das Anfangsgedicht bezogen. Daß er aber den Hinweis auf den ersten Teil mit aufnahm, läßt sich immerhin als Indiz werten, der Komponist habe sich mindestens mit dem Gedanken eines in sich geschlossenen Liederkreises nach Friedrich Schlegel befaßt.

Zu den vertraktesten Schöpfungen Friedrich Schlegels aus den LUCINDE-Gedichten gehört sicher: DER FLUSS, die in vier Strophen aufgelöste, mit Doppelmetaphern auf abenteuerliche Weise spielende Allegorie:

DER FLUSS

Wie rein Gesang sich windet
Durch wunderbarer Saitenspiele Rauschen,
Er selbst sich wieder findet,
Wie auch die Weisen tauschen,
Daß neu entzückt die Hörer ewig lauschen;

So fließet mir gediegen
Die Silbermasse, schlangengleich gewunden,
Durch Büsche, die sich wiegen,
Von Zauber süß gebunden,
Weil sie im Spiegel neu sich selbst gefunden;

Wo Hügel sich so gerne
Und helle Wolken leise schwankend zeigen,
Wenn fern schon matte Sterne
Aus blauer Tiefe steigen,
Der Sonne trunkne Augen abwärts neigen.

So schimmern alle Wesen
Den Umriß nach im kindlichen Gemüte,
Das zur Schönheit erlesen,
Durch milder Götter Güte,
In dem Krystall bewahrt die flücht'ge Blüte.

Der Austausch der Vergleichsebenen mag noch, wie der allegorische Grundzug der Strophen überhaupt, als spanische Reminiszenz gelten. Die Auseinandersetzung mit der Vielgestaltigkeit der Strophenform und mit dem Wechsel von Reim und Assonanz gehören ja wesentlich diesen Gedichten aus der ABENDRÖTE zu. Nicht der menschliche Gesang wird mit dem silberhellen Strömen des Flusses verglichen, sondern der Fluß vergleicht die »schlangengleich gewundene Silbermasse«, in deren Spiegel sich die Büsche wiegen, mit dem reinen Gesang, der sich

119

selbst in aller Fülle des Wohllauts, im Rauschen des Saitenspiels und in der Überlagerung durch fremde, hinzutretende Stimmen wiederfindet. Mit dieser Irritation des Lesers gibt sich Friedrich Schlegel nicht zufrieden: einmal aus dem Gleichgewicht der Erwartung geraten, entwerfen die Strophen ihren Zusammenhang fast unabhängig von ihrer metaphorischen Verklammerung. Die erste Strophe fügt dem Vergleichsbild des Gesangs, der sich als eine Stimme durch alle Wirren zu behaupten vermag, einmal das hingerissene Beiwort »wunderbar« dem Rauschen des Saitenspiels bei, so auch diesen Zug des Gedichts eigens hervorhebend. Er gibt dem reinen Gesang die verborgene Einheit hinter dem »Tausch« der Weisen im Gesang. Vor allem aber fügt er die »entzückten« Hörer dem Gedankenbild bei, die wie nur die unsterblichen Götter »ewig« lauschen. Alle Einzelheiten gehorchen dem Concetto und entgrenzen es zugleich. Nach dem Muster barocker Enblembücher antwortet die zweite Strophe scheinbar streng auf die erste, aber auch hier dringen, Schattenwand hinter Schattenwand, poetische Einzelheiten in die Sinngebung: das »Schlangengleiche« als zweite Metapher hinter der »Silbermasse« des Flusses, das ausgesparte Bild des »Zauberspiegels«, durch den sich nun die Bäume und Büsche selber im Silber des Flusses wiederfinden. Hier ist ganz unverkennbar, daß Schlegel den Aufschwung des Gedankens aus der ungleichnamigen Weiterführung der Gleichnisse gewinnt; denn war es in der ersten Strophe der Fluß des Gesangs, der sich in den Weisen und Harmonien wiederfindet, die nur von außen an ihm teilhaben, so sind es nun gewissermaßen diese selbst, die Büsche und das Rauschen des Saitenspiels, die sich vom Zauber binden lassen und so sich selbst gewinnen.

Ohne es auszuführen, läßt Friedrich Schlegel das Eine und den Chor, den Gesang und die Musik, den Fluß und seine Ufer einander wechselseitig bedingen. Und dieser Verdoppelungs- und Spiegeleffekt wird im Gedicht durch die Verdoppelung der Strophenstruktur noch einmal verdeutlicht. Ein abendschim-

merndes, die Bläue und Tiefe der Nacht wachrufendes Natur-
bild - von jener ungreifbaren und unbegreifbaren Schemen-Art,
die Friedrich Schlegels Beitrag zur romantischen Dichtung ist -
wird hier die Metapher in Topographie umgesetzt. Der Fluß
nimmt die Landschaft und den Abendhimmel über sich als das
beseelte All wahr und führt den träumenden Anblick auf das
Anfangsgleichnis zurück. Die Hörer finden unmerklich ihr Ge-
gengewicht in den Wesen, die im kindlichen, der Hieroglyphen-
sprache der Dinge gegenüber »offenen Gemüte« den Umriß der
Welt »nachschimmern« - wie der Gesang in der ersten, wie der
Fluß in der zweiten, wie die Landschaft in der dritten Strophe - ,
aber sie tun es und sie können es tun, weil sie zur Schönheit erlesen sind, weil die Götter ihnen in ihrer Himmelsferne das
kindliche Gemüt belassen haben, das den flüchtigen Augenblick und die flüchtige Blüte wie in durchsichtigem Kristall bewahren kann. Auch hier ließe sich zeigen, wie Friedrich Schlegel
sorgfältig jedes der doppelt gebrochenen Vergleichsbilder der
Allegorie wieder modifiziert, durch winzige Veränderungen
aus dem linearen Gang des Gedankens herausbricht und so ein
in sich kreisendes Verwirrspiel in Gang setzt.

Natürlich ist es unmöglich, diesem Labyrinth heimlicher
Entsprechungen der Sprache ein genaues Pendant in der Musik
beizugeben. Aber Schubert gelingt in seinem Lied aus dem
März 1820 ein unerhörtes Wundergebilde. Ein Märchen an Ver-
einfachung und Vervielfachung. Mit H-Dur ist schon die Wahl
der Tonart glücklich. In keiner anderen ließe sich der Schimmer
und der ständig changierende Glanz dieser Verse ähnlich
schwebend darstellen wie hier. Hinreißend dann die Wahl der
Taktart mit dem ungewöhnlichen Zwölf-Achtel-Takt, den er
nach dem Vorbild der älteren Musikästhetik sonst dem erhabenen Sujet vorbehält. Das gilt natürlich auch für dieses Lied.
Schubert will den Anspruch des Dichters einlösen, und schon
das ausgreifende, Unruhe und Ruhe in einem einzigen Strom
der Melodie bindende Vorspiel für das Klavier legt die Aus-

druckshöhe fest. (Schubert wird sich dieser Formulierung viel später in der Klarinetten-Stimme des Lieds DER HIRT AUF DEM FELSEN erinnern.) Zugleich aber erleichtert ihm die Überdehnung des Takts, durch die jede Erinnerung an die Siciliano-Herkunft aufgehoben ist, die für Schlegels Gedicht so charakteristischen Überlängen der zweiten und fünften Zeile, aber auch die Prosaeinschübe in den Zeilen drei und vier auf angemessene Weise in die strömende Rhetorik seines Strophenliedes zu übernehmen. Nur eindringlichste Beobachtung der Wendungen in der Singstimme und im bald pathetischen, bald schwärmerisch huschenden Klaviersatz könnte die innere Nähe des Komponisten zum Dichter erweisen, könnte das Raffinement bekunden, mit dem eine so leidenschaftliche Natur wie die Schuberts den ironisch gebrochenen und mit ihrem eigenen Enthusiasmus spielenden Versen Schlegels nachzuspüren weiß. Hier muß der Hinweis genügen, daß Schubert die höchste Vollkommenheit durch das einfachste Verfahren erreicht: er nimmt die Spiegelungswirkung bei Friedrich Schlegel zwischen den beiden Strophenpaaren wörtlich, d.h., er komponiert die erste und die zweite Strophe - und diese wiederum mit vielfachen Entsprechungen der einander tauschenden »Weisen« - als Einheit durch und wiederholt für die dritte und vierte Strophe diese Struktur Takt für Takt, Wort für Wort, Empfindung für Empfindung. Nur der Schluß ist anders gewendet, aber wie am Ende einer Sonatensatz-Exposition nur in der äußeren, von der musikalischen Grundstruktur vorgegebenen Formulierung. Durch eine herrlich vielfältige, im Wechsel der Tonlängen und Tonhöhen unerschöpflich veränderungsbereiten Melodieführung in der ganz instrumental behandelten Singstimme und im orchestralen Klavier gelingt es ihm, die wörtliche, die metaphorische, die geistige Identität der beiden Strophenpaare strahlend zu erweisen. Der scheinbare Rückfall in das Strophenlied ist nichts anderes als die Einlösung des dichterischen Anspruchs durch die Musik.

122

Kein Brief, kein Quellenzeugnis läßt sich mit Schuberts Vertonungen nach Friedrich Schlegel in Verbindung bringen. Die naheliegende Vermutung, Schubert habe mindestens vorübergehend daran gedacht, alle 22 Stücke des Zyklus' zu vertonen, hat ihre Begründung nur in dem künstlerischen Anspruch der Lieder, besonders der drei am spätesten entstandenen, vielleicht auch in der sonst kaum begründbaren Tonarten-Zusammenstellung. Äußeres Beweismaterial fehlt gänzlich. Auch wird keines der Lieder von den Freunden und Zeitgenossen ausdrücklich erwähnt. (Für die Nachwelt blieb Schubert in diesen Kompositionen ohnehin gänzlich unbekannt, da die einzelnen Lieder aus dem Nachlaß zu sehr unterschiedlichen Zeiten veröffentlicht und erst in ihrer schöpferischen Eigenart erkannt wurden, als Fischer-Dieskau sie in sein Liedprogramm aufnahm.) Aber verlockend bleibt der Gedanke, unter günstigeren Umständen hätte Friedrich Schlegels ABENDRÖTE dem ersten Liederzyklus Franz Schuberts als Vorlage gedient. Drei Jahre vor der SCHÖNEN MÜLLERIN, acht Jahre vor der WINTERREISE und den knapperen Liederzyklen des letzten Jahres, hätte dieses frühe Hauptwerk alle nachträglichen Kunsturteile über den Liederkomponisten widerlegt, der kein Verhältnis zur großen Dichtung besessen habe und der die Herrlichkeit seiner Musik nur über den Grundriß dichterischer Mittelmäßigkeit habe errichten können. Umgekehrt wäre so vielleicht auch Friedrich Schlegel als Dichter nicht so unbekannt und verachtet, wie es das 19. Jahrhundert als stummes Urteil über den selbst so Urteilsfreudigen als Schicksal verhängte. Aber e i n Zeugnis gibt es denn doch: am 19. Februar 1828, ein halbes Jahr vor Schuberts Tod, trafen sich die Freunde bei Franz von Schober, um dort Kleists Lustspiel vom ZERBROCHENEN KRUG und - Friedrich Schlegels ABENDRÖTE zu lesen. Das hat Franz von Hartmann in seinem Tagebuch festgehalten. Wir wissen nicht einmal, ob Schubert bei diesem Treffen anwesend war. Aber umgekehrt: Welchen Anlaß als Schuberts Vorliebe für diese Gedichte mochte es geben, sie zu diesem Zeitpunkt noch vorzulesen?

123

II

»Es ist möglich, daß Sie hören, was Sie sehen, sagt sie.
Hören, was ich sehe?
Sie nickt und schaut durch mich hindurch. Ja. Oder daß Sie sehen,
was Sie hören.«

Elmar Budde

FRANZ SCHUBERT - CASPAR DAVID FRIEDRICH

Eine Studie

Spätestens seit der Mitte des 18. Jahrhunderts, als man begann, über die unterschiedlichen Erscheinungsformen der Kunst schlechthin nachzudenken, denen man sehend, hörend oder lesend konfrontiert war, und als man zugleich versuchte, dieses Nachdenken in verbindliche Kategorien zu fassen, die man als solche schließlich unter dem Oberbegriff Ästhetik subsumierte, machten sich sogleich Tendenzen bemerkbar, alles das, was man im Sinne von Kunst sah, hörte oder las, auch miteinander in Beziehung zu setzen. Man stellte sich die Frage, die ohne Zweifel getragen war von subjektiven Erfahrungen im Umgang mit Kunst, ob zwischen der Malerei, der Musik und Literatur sinnlich erfahrbare und deshalb auch konkret faßbare Beziehungen bestehen. Man könnte einwenden, daß diese Frage grundsätzlich nicht neu sei, denn in den Wissenschaften der Barock- und Renaissance-Zeit wurde mehr als einmal versucht nachzuweisen, daß z.B. zwischen den Farben und Tönen eine unmittelbare Beziehung bestehe. Der Leipziger Musikgelehrte Lorenz Christoph Mizler, der 1738 in Leipzig eine nach ihm benannte Sozietät gründete, der u.a. auch Johann Sebastian Bach beitrat, glaubte in seinen theoretischen Überlegungen zum Problem der Beziehung von Farben und Tönen, z.B. zwischen dem Dreiklang C-E-G und den Farben Rot, Gelb und Blau eine direkte Parallelität zu erkennen. Welche Bedeutung eine solche Parallelität indessen für die Musik selbst, also für eine Komposition, haben könnte, darüber wurde nicht oder nur andeutend gesprochen; eine Komposition, als sinnvoll strukturierte Musik, blieb weitgehend außerhalb der sich als Wissenschaft verstehenden Spekulation über die Beziehung zwischen Tönen und Farben. Das änderte sich mit dem Aufkommen der sogenannten klassischen Musik. Die Gründe hierfür sind äußerst vielfältig und lassen sich nicht in wenigen Worten beschreiben und abhandeln. Entscheidend ist wohl, daß vor dem Hintergrund einer sich grundlegend wandelnden gesellschaftlichen und politischen Wirklichkeit eine Musik in Erscheinung tritt, die sich programmatisch als Sprache begreift. Im Vergleich zur Barockmusik ist die musikalisch-kompositorische Faktur dieser Musik relativ einfach; in ihren künstlerisch-ästhetischen Forderungen geht sie jedoch weit über die Barockmusik hinaus. Als Sprache beansprucht die Musik, Gefühle und Empfindungen so zu artikulieren, daß sie vom Hörer zugleich empfunden und verstanden werden.

In dem Maße wie die Musik den Hörer als Dialogpartner fordert, wird die Musik selbst - und zwar jenseits ihres kompositorischen und musiktheoretischen Innenlebens - zum Gegenstand des Nachdenkens und der Reflexion, denn als Dialogpartner der Musik beansprucht der Hörer Kriterien, die ihn befähigen, die Musik in ihrer Sprachlichkeit nicht nur zu verstehen, sondern auch zu beurteilen. Wesentliche Momente dieser Kriterien werden schließlich unter dem Begriff der Ästhetik als der Lehre vom Schönen zusammengefaßt. Erst im Kontext einer die verschiedenen Künste übergreifenden Ästhetik wurden Fragen nach den wie auch immer gearteten Beziehungen zwischen den Künsten mehr als nur Spekulation. Formkriterien, die z.B. für die bildenden Künste verbindlich waren, sollten auch für die Musik gelten, bzw. umgekehrt. Auch die Literatur, insbesondere in der Ausdruckssprache der Lyrik, orientierte sich nun an der Musik, indem sie einerseits deren Symbolsprache übernahm und andererseits sich an die syntaktische Metrik dieser neuartigen und zugleich sprachähnlichen Musik, die wir bis heute die klassische nennen, anlehnte. Doch es sind nicht allein die Formkriterien, die eine Beziehung zwischen den Künsten als denkbar und in einem konkreten Sinne als möglich erscheinen ließen, vielmehr waren es die Künstler selbst (wir nennen sie heute die Romantiker), die seit dem ausgehenden 18. und dem beginnenden 19. Jahrhundert die Grenzen zwischen den Künsten in einem programmatischen Sinne zu verwischen und schließlich sogar aufzuheben versuchten. E.Th.A. Hoffmann hat in seinem Kapellmeister Kreisler das Urbild des künstlerischen Grenzgängers geschaffen. In seiner literarischen Beschreibung des Kapellmeisters gehen die Töne und Klänge über in Farben, die Farben werden zu Tonarten und die Intervalle verwandeln sich schließlich in Gegenstände und Dinge. In seiner dichterisch-literarischen Phantasie hebt Hoffmann die Grenzen zwischen den Künsten auf. Am schönsten hat es Hoffmanns Kapellmeister Kreisler in seinen *»Höchst zerstreuten Gedanken«* selbst formuliert. *»Nicht sowohl im Traume, als im Zustand des Delirierens, der dem Einschlafen vorhergeht, vorzüglich wenn ich viel Musik gehört habe, finde ich eine Übereinkunft der Farben, Töne und Düfte. Es kommt mir vor, als wenn alle auf die gleich geheimnisvolle Weise durch den Lichtstrahl erzeugt würden und dann sich zu einem wundervollen Konzert vereinigen müßten. - Der Duft der dunkelroten Nelken wirkt mit sonderbarer magischer Gewalt auf mich; unwillkürlich versinke ich in einen träumerischen Zustand und höre dann, wie aus weiter Ferne, die anschwellenden und wieder verfließenden tiefen Töne des Bassetthorns«.* Im träumerischen Zustand zwischen Wachen und Schlafen verwischen sich also die Grenzen der Künste.

Kunst im Grenzgebiet zwischen den Künsten wird schließlich zum Programm romantischer Kunstbemühung schlechthin. In MEISTER RAROS, FLORESTANS UND EUSEBIUS' DENK- UND DICHTBÜCHLEIN läßt Schumann Eusebius u.a. sagen: *»Der gebildete Musiker wird an einer Raffaelschen Madonna mit gleichem Nutzen studieren können wie der Maler an einer Mozartschen Sinfonie. Noch mehr: dem Bildhauer wird jeder Schauspieler zur ruhigen Statue, diesem die Werke jenes zu lebendigen Gestalten; dem Maler wird das Gedicht zum Bild, der Musiker setzt die Gemälde in Töne um«.* Florestan, das andere Ich Schumanns, weiß diesen Sachverhalt zu erklären und antwortet kurz und bündig: *»Die Ästhetik der einen Kunst ist die der anderen; nur das Material ist verschieden«.*

Damit wird von Schumann scheinbar sachlich und ohne Emotionen behauptet - als ob es selbstverständlich sei -, daß die Künste einen ihnen gemeinsamen Fluchtpunkt besäßen. Doch sagt auch Schumanns Florestan nicht, wo dieser Fluchtpunkt angesiedelt ist. Läßt er sich überhaupt objektivieren? Oder ist er ausschließlich jenem perspektivischen Fluchtpunkt vergleichbar, dessen Existenz vom Betrachter abhängig ist; jener geheimnisvolle Punkt, der sich zu nähern scheint, wenn der Betrachter sich entfernt, und der sich umgekehrt entfernt, wenn das Auge des Betrachters sich ihm zu nähern sucht? Ist die Grenzüberschreitung der Künste, die sich in der Romantik anmeldet, also nur ein ästhetisches Vexierspiel? Vielleicht kann man von einem Vexierspiel sprechen; indessen zeigt die Geschichte der Künste der vergangenen 150 Jahre, bis in die Gegenwart hinein, daß nicht nur Komponisten, sondern auch bildende Künstler und Literaten von der Suche nach diesem Fluchtpunkt geradezu besessen waren und immer noch besessen sind.

*

Dennoch hat es jenseits der wissenschaftlichen Spekulationen der Barockzeit und der ästhetischen Phantasien der Romantik zu keiner Zeit an Versuchen gefehlt, musikalische Bilder zu komponieren bzw. konkrete Bilder in Musik umzusetzen. Neben den optischen waren es insbesondere akustische Erscheinungsformen der Wirklichkeit, die man musikalisch nachzuahmen versuchte. Spätestens seit der italienischen Madrigalkunst des ausgehenden 16. und den Anfängen der italienischen Oper im frühen 17. Jahrhundert finden wir in der Musik eine schier unübersehbare Vielzahl an Versuchen und Möglichkeiten, Wirklichkeiten musikalisch abzubilden. Schallereignisse wie Vogelrufe, Rascheln, Wispern, Signale, Donner, Rauschen des Windes oder des Meeres fanden ihren bildhaften Niederschlag in musikalischen Figuren. In den CONCERTI GROSSI können wir z.B. Meeresstürme und Pastorallandschaften erleben.

130

Die instrumentalen Concerti selbst wurden immer als bewegte Tableaus verstanden, die mit Sicherheit häufig auf jene gemalten Tableaus Bezug nahmen, die die gesellschaftlichen Räume der Schlösser und Paläste, in denen die Concerti erklangen, schmückten. Umgekehrt wissen wir, daß auch Maler versucht haben, Kompositionen ins Bildhafte umzusetzen. So hat z.B. Anton Raphael Mengs (1728-1799) ein Bild nach einem Geigensatz von Corelli gemalt. Manch ein Komponist trieb es sogar so weit, daß er eine Komposition so charakteristisch gestaltete, daß sie als das Portrait einer Person verstanden werden konnte. Diesen Vorwurf mußte sich der junge Mozart von seinem Vater gefallen lassen, als er ihm von Mannheim eine neu komponierte Klaviersonate (KV 309) zuschickte. Der Vater erkannte im zweiten Satz der Sonate (Andante un poco adagio) das Portrait der Mademoiselle Cannabich, komponiert, wie der Vater feststellt, im »*vermanirierten Mannheimer goût*«; das konnte Leopold natürlich nicht gelten lassen. Auch von Franz Schubert wissen wir, daß er in geselligen Runden gern musikalische Portraits seiner Freunde improvisierte, die diese dann zu erraten hatten. Das alles mögen musikalische Spielereien sein; dennoch zeigen auch diese Spielereien, daß Bilder oder Bildhaftes der Musik nie gleichgültig waren, auch wenn das Bildhafte zunächst nur als eine Art Auslöser für musikalische Charakterisierungen, die zumeist mit besonders auffallenden musikalischen Mitteln gestaltet wurden, zu verstehen ist.

Gleichwohl war man sich, als in der zweiten Hälfte des 18. Jahrhunderts die Musik zunehmend ästhetisch bewertet wurde, nie ganz sicher, wie musikalische Tonmalereien recht eigentlich einzuschätzen seien. Schiller hielt z.B. DIE JAHRESZEITEN von Joseph Haydn aufgrund ihrer Tonmalereien für ein Machwerk. Auch Goethe verachtete die bloße Tonmalerei. In einem Brief vom Mai 1820 an seinen Freund Zelter schrieb er: »*Töne durch Töne zu malen: zu donnern, zu schmettern, zu plätschern und zu patschen, ist detestabel*«. Trotz der ästhetischen Verdikte konnten sich die vielen musikalischen Seestürme, die unzähligen Jagd-, Gewitter- und Kriegsmusiken des Erfolgs beim Publikum sicher sein. Im Gegensatz zu Schiller war Goethe jedoch ein Mensch, der sich den sinnlichen Erscheinungsformen nicht zu entziehen vermochte. Und so hat er die Tonmalerei nicht grundsätzlich abgelehnt, wie es Schiller tat. Goethe ahnte vielmehr, daß die Musik auch als Malerei Empfindungsräume eröffnen könnte; freilich nicht, indem sie akustische und bildhafte Wirklichkeiten bloß verdoppelte. *»Auf Ihre Frage zum Beispiel«*, so schreibt Goethe im Februar 1818 an den komponierenden Dilettanten Adalbert Schöpke, *»was der Musiker malen dürfe? wage ich mit einem Paradox zu antworten Nichts und Alles. Nichts! wie er es durch die äußern Sinne empfängt darf er nachahmen; aber alles darf er darstellen was er bei diesen äußern Sinneseinwirkungen empfindet. Den Donner in der Musik nachzuahmen ist keine Kunst, aber der Musiker, der das Gefühl in mir erregt als wenn ich donnern hörte würde sehr schätzbar sein .... Das Innere in Stimmung setzen, ohne die gemeinen äußern Mittel zu brauchen ist der Musik großes und edles Vorrecht«.* Weil Beethoven um die Problematik der Tonmalerei wußte, hat er seiner Pastoral-Sinfonie die Bemerkung beigegeben: *»Mehr Ausdruck der Empfindung als Malerei«.*

Erst im Kontext der ästhetischen Programme der Romantiker, wie sie, es wurde schon erwähnt, E.Th.A. Hoffmann und R. Schumann formuliert haben, öffnet sich die Musik zum Bildhaften und schließlich zum Programmatischen. Die Kunst der musikalischen Charakterisierung wird so weit getrieben, daß Kompositionen schließlich einen Titel bekommen, der das Besondere und zugleich Charakteristische der Komposition anzeigt. Diese Titel suggerieren häufig Bilder oder bildhafte Situationen. Robert Schumann komponiert z.B. einen Zyklus von Charakterstücken (Opus 82), den er WALDSZENEN nennt. Franz Liszt gestaltet in den ANNÉES DE PÈLERINAGE Landschaftseindrücke, die sich zu Bildern verwandeln. Man glaubt, die Fläche eines Sees zu sehen (»Au lac de Wallenstadt«) oder das Rauschen einer Quelle zu hören (»Au bord d'une source«). Mit Sicherheit war es vor allem die sogenannte Programmusik, die durch Franz Liszt ihre ästhetische und zugleich literarisch-musikalische Rechtfertigung gefunden hatte, und die sich als solche dem Bildhaften grundsätzlich zu öffnen vermochte. Während die sogenannte Programmusik zunächst insbesondere in Form von Stimmungen Bildhaftes zu suggerieren versuchte, wurden indessen schon bald auch Bilder programmatische Vorgaben einer Komposition. Liszts sinfonische Dichtung HUNNENSCHLACHT (1857) beruht auf dem gleichnamigen Gemälde von Wilhelm von Kaulbach. Brahms soll in seinen Haydn-Variationen auf ein verloren gegangenes Gemälde von Anselm Feuerbach, mit dem er befreundet war, Bezug genommen haben. In späterer Zeit wurde das Bild DIE TOTENINSEL von Arnold Böcklin mehrfach der Vorwand für eine sinfonische Dichtung, so u.a. für Max Reger und für Sergej Rachmaninow.

*

Wenn wir im folgenden nun den Blick auf den Komponisten Franz Schubert (1797-1828) und den Maler Caspar David Friedrich (1774-1840) richten, dann ist zunächst grundsätzlich festzuhalten, daß vor dem Hintergrund des skizzierten geschichtlichen Abrisses weder Schubert noch Friedrich sich mit Fragen und Problemen der direkten Beziehung von Musik und Malerei, von Ton und Farbe und schließlich der romantischen Grenzverwischung der Künste, die viele ihrer künstlerischen Zeitgenossen anstrebten, je beschäftigt haben; es sind uns keine persönlichen Zeugnisse überliefert. Vielleicht haben sie sich diesen Fragen und Problemen gegenüber sogar ablehnend verhalten; vielleicht haben sie sich sogar im Blick auf ihre eigenen Werke ablehnend verhalten müssen. Zumindest bei Friedrich läßt sich eine gewisse distanzierte Haltung vermuten. In seinen ÄUSSE-RUNGEN BEI BETRACHTUNG EINER SAMMLUNG VON GEMÄLDEN schreibt er: »*Zwei Hälften machen ein Ganzes; wer aber halber Musiker*

Caspar David Friedrich
SELBSTBILDNIS
1810

Leopold Kupelwieser
FRANZ SCHUBERT
Von Franz Schubert eigenhändig signiert
»Den 10. July 1821«

und halber Maler ist, ist immer nur eine ganze Halbheit«.[1] Diese schroffe Bemerkung zielt offensichtlich auf die romantische Ästhetik, die von der Verwischung der Künste träumt. Für Friedrich ist ein Maler ausschließlich Maler, der als solcher die Techniken und Grundsätze seiner Kunst zu beherrschen hat; gleiches fordert er vom Musiker. Es ist erstaunlich, in Friedrichs Schriften zu lesen, mit welch kompromißloser Insistenz er in seiner Zeit, deren fortschrittliche Geister sich der romantischen Ästhetik verschrieben hatten, einerseits die traditionellen Grundsätze des Malens fordert und zugleich andererseits die innere Imagination bildhaften Denkens für unabdingbar hält. Daß bildnerische Phantasie und musikalische Phantasie sich jedoch gegenseitig ergänzen oder vielleicht ein Ganzes bilden könnten, ist für Friedrich undenkbar. Äußerungen über Musik bzw. über die Wirkung von Musik sind von Friedrich nicht bekannt; auch wissen wir nicht, welche Komponisten und welche Kompositionen er kannte und schätzte, bzw. ob er überhaupt Konzerte oder Musikveranstaltungen besucht hat.

Ähnliches ist umgekehrt von Schubert zu sagen. Dennoch ist auf eine Bemerkung zu verweisen, die sich im Tagebuch des 19jährigen Schubert findet. Am 15. Juni 1816 schreibt er, daß er eine Gemäldeausstellung im ehemaligen Jesuitenkloster St. Anna, in dem die Akademie der bildenden Künste untergebracht war, besucht hat: »*Gewöhnlich ist's, daß man sich von zu erwartenden zu große Vorstellungen macht. So ging es auch mir, als ich bey St. Anna gehaltene Ausstellung vaterländischer Gemählde sah. Unter allen Gemählden sprach mich ein Madonnen-Bild mit einem Kind von Abel am meisten an. Sehr getäuscht wurde ich durch den Sammtmantel eines Fürsten. Übrigens sehe ich ein, daß man dergleichen Sachen öfter und lange sehen muß, um den gehörigen Ausdruck und Eindruck zu finden und zu erhalten*«.[2] Schubert hat also, wie diese Tagebucheintragung (es ist die einzige überlieferte Äußerung Schuberts, die sich auf die bildende Kunst bezieht) bestätigt, Gemäldeausstellungen besucht; wie es scheint, war er vor allem von der

Art und Weise, wie ein bildnerisches Sujet malerisch dargestellt war, beeindruckt. Auch aus dem Kreis seiner Freunde sind grundsätzliche Bemerkungen über Malerei oder gar über mögliche Beziehungen zwischen Malerei und Musik nicht überliefert. Das erscheint merkwürdig; denn nicht nur Schuberts Bruder Carl war Maler, sondern zu Schuberts engstem Freundeskreis gehörten schließlich die beiden später bedeutenden Maler Leopold Kupelwieser und Moritz von Schwind. Man sollte annehmen, daß in diesem Freundeskreis auch über Malerei mit dem gleichen Engagement gesprochen und diskutiert wurde wie über Literatur und Musik. Doch welche Konsequenzen diese Diskussionen für den Musiker Schubert, für die Maler Kupelwieser und Schwind oder für die Literaten Mayrhofer, Schober und Grillparzer gehabt haben, wissen wir nicht; wir können sie ausschließlich in ihren Werken erahnen. Abgesehen von Moritz von Schwinds sehr viel später gemaltem Bild DIE SINFONIE (1852) können wir indessen mit Sicherheit sagen, daß in Schuberts Freundeskreis grundsätzliche ästhetische Diskussionen über Beziehungen zwischen Malerei und Musik, d.h. über Grenzverwischungen zwischen den Künsten, wohl nicht geführt wurden. Auch Schwinds Bild DIE SINFONIE hat nicht die Beziehung von Malerei und Musik zum Gegenstand, indem z.B. eine imaginäre Sinfonie gemalt wird, vielmehr ist es ein Bild, das eine fiktive Aufführung der Chorphantasie von Ludwig van Beethoven zeigt.

Doch was ist es, was uns veranlaßt, Bilder von Caspar David Friedrich und Kompositionen von Franz Schubert zueinander in Beziehung zu setzen? Sind es subjektive Assoziationen, die in uns beim Hören einer Schubertschen Komposition und beim Betrachten eines Bildes von Friedrich ausgelöst werden und die sich in unserem Bewußtsein so miteinander verknüpfen, daß wir den Eindruck haben, Bild und Musik seien gleichsam in einem beiden gemeinsamen Empfindungsraum angesiedelt? Wohl jeder wird dieser Frage positiv begegnen, ohne indessen im einzelnen sagen zu können, auf welches Bild Friedrichs und auf welche Komposition Schuberts eine derartige Beziehung zutreffen könnte; vielmehr ist es wohl eher ein Gesamteindruck des bildnerischen Schaffens Friedrichs und des musikalischen Schaffens Schuberts, der die meisten von uns veranlaßt, eine solche Beziehung spontan und unreflektiert zu bejahen. Sicherlich lassen sich gewisse zeitliche Parallelen zwischen Schubert und Friedrich festmachen, obwohl Friedrich 23 Jahre älter als Schubert war und ihn um 12 Jahre überlebte; doch solche Zeitparallelen sind zumeist nichts weiter als sogenannte Geschichtskonstrukte, die außer chronologischen Gleichsetzungen kaum etwas aussagen. Was ist es also, was uns bewegt, Friedrichs Bilder und Schuberts Musik in eine wie auch immer geartete Beziehung zu setzen? Unser sehendes und hörendes Empfinden scheint uns den Anlaß dazu zu geben. Von vorneherein sollten wir uns bewußt sein, daß es keine synästhetischen Empfindungen sind, d.h. sogenannte - ausschließlich subjektiv zu verstehende - Doppelempfindungen, wie die Psychologen sagen, die uns zu solchen Gleichsetzungen verleiten, sondern eher eine zutiefst beunruhigende ästhetische Erfahrung im Umgang mit musikalischen und bildnerischen Erscheinungsformen, deren rätselhafte Tiefen unauslotbar zu sein scheinen.

*

Zunächst sind es vermutlich die Bildmotive Friedrichs und die von Schubert vertonten Gedichttexte, die zumindest eine thematische Beziehung zwischen den Bildern und den Liedern nahelegen; denn sowohl die Bildmotive als auch die Mehrzahl der Gedichte konvergieren als Sinnfiguren in dem, was wir heute vordergründig als die Welt der Romantik bezeichnen. Und wohl deshalb kann der Kunsthistoriker Ernst H. Gombrich ohne Umschweif schreiben, daß Friedrichs »*Landschaftsbilder die Stimmung der Dichtung der romantischen Zeit wiedergeben, die uns aus Schuberts Liedern vertraut ist*«.[3] Doch was ist unter der Formulierung: »*die Stimmung der romantischen Dichtung*« zu verstehen? Sind damit jene Naturbilder gemeint, die uns häufig in der Dichtung des ausgehenden 18. und des frühen 19. Jahrhunderts begegnen und die in Friedrichs Bildern thematisiert und in vielen Schubert-Liedern musikalisch gestaltet werden? Oder versuchen wir mit dieser eher allgemeinen Formulierung, bildnerische und musikalische Erscheinungsformen zu begreifen, die aufgrund ihrer spezifischen Struktur in uns Empfindungen auslösen, die wir als romantische Stimmungen identifizieren? Bleiben wir also vorerst bei den Sujets. Unter Friedrichs Bildthemen nehmen vor allem die Landschaftsmotive eine zentrale Stellung ein. Dabei sind es insbesondere Gebirgslandschaften, Meeresküsten und horizontale Fernsichten, die das besondere Interesse Friedrichs gefunden haben. Die Landschaften selbst werden sowohl durch Tages- und Nachtzeiten als auch durch die Jahreszeiten ganz unterschiedlich differenziert. Häufig erwecken Figuren, die innerhalb des Bildes mit dem Rücken zum Betrachter stehen und deren Gesichter wir deshalb nicht erkennen können, den Eindruck einer unendlichen visuellen Einsamkeit und Melancholie. Schließlich ist auf die Wolken, Felsen, Bäume, Ruinen und Mondesschatten hinzuweisen, die wie immer wiederkehrende Kontrapunkte in Friedrichs Bilder eingewoben sind. Doch alle diese Bildthemen, die in ihrer Gesamtheit sehr viel umfangreicher und im Detail differenzierter sind als diese wenigen Hinweise, bedeuten mehr als bloße Abbilder der Natur, sie stehen vielmehr im Kontext einer metaphysischen Konzeption von Kunst, die jenseits der christlich-ikonologischen Tradition allegorische und symbolische Bezüge in einem transzendenten Sinne zu formulieren versucht. Friedrichs Bilder sind, so will es scheinen, in gleicher Weise Naturschilderungen wie Allegorien. Doch in der Tat scheint es nur so, denn eine Naturschilderung, die Allegorie sein will, darf in ihrem Gefüge nicht nur Naturschilderung sein, vielmehr muß sie sich zum Allegorischen hin öffnen, d.h., die von der Natur gegebenen visuellen Vorgaben müssen malerisch so verändert werden, daß sie jene Vieldeutigkeit erlangen, um zugleich Schilderung und Allegorie zu sein. Diese merkwürdige Doppelgesichtigkeit haben zeitgenössische Kritiker Friedrich von Anfang an vorgeworfen, während seine Freunde und Bewunderer gerade in dem untrennbaren Ineinander von Landschaft und Allegorie das Besondere und Neuartige dieser Bilder erkannten.

Lesen wir demgegenüber die Überschriften bzw. die Gedichtanfänge der Schubertschen Liedvertonungen, dann wird man unwillkürlich an Bildthemen und Bildmotive Friedrichs erinnert, wie die folgende willkürliche Auswahl einiger zu Schuberts Lebzeiten veröffentlichter Lieder verdeutlicht: DER WANDERER op. 4/1; ERLAFSEE op. 8/3; DER SCHIFFER op. 21/2; NACHTSTÜCK op. 36/2; AN DIE UNTERGEHENDE SONNE op. 44; DIE BERGE op. 57/2; AN DEN MOND op. 57/3; DER WANDERER AN DEN MOND op. 80/1; IM FREIEN op. 80/3; UM MITTERNACHT op. 88/3; IM WALDE op. 93/1; TODESMUSIK op. 108/2. Selbstverständlich ist auch die WINTERREISE zu erwähnen, jene Todeslandschaft des absoluten Nichts; dann vor allem der nach Schuberts Tod veröffentlichte »Schwanengesang«, dessen Lieder DAS FISCHERMÄDCHEN, DIE STADT und AM MEER nach Gedichten von Heinrich Heine sich auf konkrete Bilder Friedrichs zu beziehen scheinen. Dennoch vermögen alle diese sich anbietenden inhaltlichen Querbezüge nur Allgemeines über die Romantik und deren Weltgefühl auszusagen; zu fragen ist vielmehr, und das soll im folgenden umrißhaft und andeutend versucht werden, ob über die zeitgebundene Thematik hinaus im Gefüge des Kunstgebildes selber, sei es der Komposition oder der Bilder, Momente dingfest zu machen sind, die das zu objektivieren vermögen, was uns als rätselhaft, stimmungsvoll und unauslotbar erscheint.

Wenden wir uns zunächst einigen kritischen Reaktionen der Zeitgenossen im Blick auf Schuberts Musik zu, denn diese Kritiken reagieren, entweder ablehnend oder zustimmend, auf jenes Andersartige und Beunruhigende, das den Kompositionen eigen ist. Schon die ersten Kritiker mokieren sich über die befremdlichen Modulationen innerhalb einer Komposition. Am 14. Juni 1820 wurde im Hofopern-Theater in Wien die Posse DIE ZWILLINGSBRÜDER mit der Musik von Franz Schubert zum ersten Mal aufgeführt. Am 17. Juni 1820 erschien in der Wiener »Allgemeinen Musikalischen Zeitung« eine ausführliche Kritik der Schubertschen Musik. Dort heißt es u.a.: »*Herr Schubert ist an die Einzelheiten des Textes zu sehr gefesselt, was ihn und den Zuhörer rastlos durch Modulationen jagt und keinen Ruhepunkt gestattet; er will die Worte durch Töne ausdrücken, statt den Charakter der g a n z e n Rede durch den Charakter des g a n z e n   S t ü c k e s zu malen, was doch, wie Mozart beweiset, das einzige Mittel ist, der Kunst höchstes Ziel zu erreichen und ihre größte Schwierigkeit zu besiegen, indem man regelrechte, gerüdete Stücke verfaßt und doch durch das Ganze die Empfindung hervorbringt, die man soll. Hierzu hat sich Herr Schubert durch das löbliche Bestreben, seine eigene Bahn zu wandeln, zu weit führen lassen und die gewöhnlichen Endformeln der Stücke zu sehr beseitigt*«.[4] In nahezu allen Rezensionen, die sich zu Schuberts Lebzeiten mit seinen Kompositionen auseinandersetzen, wird das Befremdliche seiner Modulationen, d.h. das scheinbar ziellose Wandern durch die Tonarten, angemerkt. In einer am 1. März 1826 in der Leipziger »Allgemeinen Musikalischen Zeitung« erschienenen Kritik der Klaviersonate Opus 42 von Franz Schubert moniert der Rezensent, »*daß der Verfasser mit den sich ihm zudrängenden, zum Teil seltsamen Harmonien öfters (sogar was die grammatisch richtige Schreibart anbelangt) kaum gewußt hat, wohin? und was dergleichen mehr ist, wobei man nicht unterlassen kann, den Kopf ein wenig zu schütteln*«. Doch dann fährt der Rezensent, der Schubert durchaus wohlgesonnen ist, fort: »*Aber hat man geschüttelt und der Regel durch das Geständnis ihr Recht angetan, daß es zu wünschen wäre, der Verfasser hätte ihr und zugleich der Sache, wie sie nun (notabene im Zusammenhang) klingt, volles Genüge geleistet: dann kann man doch nicht lassen, alles, wie es nun einmal dasteht, mit Vergnügen aufzunehmen und sich an manche Wunderlichkeit für Einsicht, Ohr und Auge einigermaßen zu gewöhnen. Besser ist besser - das ist keine Frage: aber Geist und Seele ist das Beste - das ist auch keine«.*[5]

Der Verfasser der ersten Rezension, der der Schubertschen Musik mehr oder minder positiv gegenübersteht, kritisiert das ständige Modulieren, weil dadurch für ihn - und er denkt und empfindet selbstverständlich traditionell im Sinne der spätklassischen Dur-Moll-tonalen Musik - der Zusammenhang der Komposition, der vor allem durch die Tonart und deren spezifische Charakteristik vorgegeben ist, verloren geht. Er weiß auch - und das ist in jeder Hinsicht bemerkenswert -, daß Schuberts Hang zur Modulation nicht eine individuelle Marotte darstellt, sondern daß sie darauf zurückzuführen ist, daß Schubert *»an die Einzelheiten des Textes zu sehr gefesselt«* ist. Schubert *»will die Worte durch Töne ausdrücken«,* deshalb bedient er sich des Spektrums sämtlicher Tonarten; der Rezensent hätte es für besser gefunden, wenn Schubert sich auf das Ganze des Textes konzentriert hätte und nicht auf den Sinn der einzelnen Wörter und Sprachwendungen. Erst der Rezensent der Leipziger Rezension, der zwar auch den Kopf schüttelt über die umherirrenden Modulationen, findet schließlich doch Vergnügen an diesen Wunderlichkeiten; für ihn ist es keine Frage, daß sie Ausdruck einer geistig-künstlerischen Haltung sind, die es zu erkennen gilt.

Denn Modulieren heißt nicht nur, von einer Tonart in die andere zu wandern, sondern bedeutet vor allem einen ständigen Charakterwechsel von Tonart zu Tonart. Spätestens seit der Musik der Klassik - die Barockmusik möge hier unberücksichtigt bleiben - war es selbstverständlich, daß der spezifische Charakter einer Komposition in der Tonart sein ergänzendes und zugleich bestimmendes Äquivalent fand. Die erweiternden Modulationen innerhalb einer Komposition dienten ausschließlich zur Befestigung und Intensivierung der zugrunde liegen-

142

den Tonart. Die Kompositionen Schuberts sind zwar durchweg
in einer das Ganze der Komposition bestimmenden Tonart angesiedelt, d.h., Anfang und Schluß, um es verkürzt zu sagen,
stehen in derselben Tonart, doch im Verlauf der Komposition
wird die zugrunde liegende Tonart häufig in die extremsten
tonartlichen Entfernungen erweitert, so daß der Hörer, was die
Grundtonart betrifft, in den Zustand der Orientierungslosigkeit
gerät; der Hörer verliert gewissermaßen den gesicherten Boden
unter seinen Füßen.

Es wäre nun im einzelnen zu zeigen, was im Rahmen dieser
kleinen Studie nicht möglich ist, welche musikalisch-kompositorischen Mittel Schubert benutzt, um zwischen den Tonarten
zu modulieren. Gleichwohl soll zumindest ein Prinzip, das
Schubert häufig anwendet, wenigstens umrißhaft angedeutet
werden, nämlich das Prinzip der Akkord- bzw. Klangumdeu-
tung im Sinne eines abrupten Tonartwechsels. Damit ist gemeint, daß Schubert gern Klänge verwendet (z.B. sogenannte
verminderte Septimakkorde), die keinen eindeutigen tonalen
Bezug haben, sondern sich einem ganzen Spektrum von Tonarten zuordnen lassen; derartige Klänge haben gewissermaßen
die Funktion von Weichenstellungen im Spektrum der Tonarten.
Während in der traditionellen klassischen Musik Modulationen
den syntaktisch-diskursiven Verlauf einer Komposition, d.h.
deren sprachlichen Duktus, nuancieren, führen Schuberts Modulationen zumeist zu einer unmittelbaren Tonartverwandlung,
vergleichbar einem Licht- oder Farbwechsel. Verständlich wird
Schuberts »*Modulationsmanie*«, wie zeitgenössische Kritiker sag-
ten, erst im Kontext seiner Kompositionen. Was beabsichtigt
Schubert, so müssen wir fragen, mit dieser Manie? Der Wiener
Kritiker aus dem Jahre 1820 hat mit untrüglichem Instinkt erkannt, daß Schubert »*die Worte durch Töne ausdrücken*« will; es
sind also die Worte, deren Sinngefüge Schubert veranlaßt, die
Tonarten zu verändern. Als Beispiel sei der Beginn des sieben-

ten Liedes der WINTERREISE »Auf dem Flusse« genannt. Das
Lied steht in der Tonart e-Moll. Nach einem viertaktigen Vorspiel beginnt die Gesangsstimme mit den Versen: »*Der du so lustig
rauschtest, du heller, wilder Fluß*«. Melodisch sind die beiden
Verse als Wiederholungen komponiert, die sich je in die Dominante (H-Dur) öffnen. Die korrespondierenden Verse: »*wie still
bist du geworden, gibst keinen Scheidegruß*« wenden sich jedoch
bei dem Wort »still« aufgrund eines chromatischen und deshalb
modulierenden Schrittes in die Tonart dis-Moll; d.h., sie stehen
einen halben Ton tiefer als die beiden Verse zu Beginn. Eine solche Wendung ist im Bereich der klassischen Musik, die sich
nach tonalen Korrespondenzen syntaktisch gliedert, undenkbar.
Die beiden Verspaare werden von Schubert gleichsam in zwei
verschiedenen Beleuchtungen, die sich wie kontrastierende
Komplementärfarben zueinander verhalten, komponiert.

Man kann Ähnliches in vielen Kompositionen Schuberts,
auch und vor allem in den Instrumentalkompositionen, hörend
sich bewußt machen. Man denke zum Beispiel an die sogenannte »Unvollendete Sinfonie« von Schubert. Nach der Unisono-
Einleitung im ersten Satz komponiert Schubert eine Klangfläche, die thematisch und harmonisch in sich vollkommen geschlossen ist; diese Klangfläche wird im allgemeinen aufgrund
ihrer Thematik als das erste Thema oder der Hauptsatz bezeichnet. Der Übergang zum Seitensatz (bzw. dem zweiten Thema)
geschieht mit einer einfachen Modulation von h-Moll nach G-Dur
(gespielt von den beiden Hörnern und den Fagotten). Obwohl
der Übergang harmonisch unkompliziert ist, so erweckt er dennoch den Eindruck eines Szenenwechsels; Licht und Farbe verändern sich, aus dem Dunkel des h-Moll entfaltet sich in geradezu naiver Unmittelbarkeit das G-Dur des Seitensatzes mit seinem nicht enden wollenden Thema. Der von uns als Szenen-
wechsel bezeichnete Übergang wird dadurch bewirkt, daß
Schubert jene Formteile, die er modulatorisch im Sinne einer
tonartlichen Veränderung aufeinander bezieht, gewissermaßen

Franz Schubert
AUF DEM FLUSSE

Franz Schubert
UNVOLLENDETE SINFONIE

als Klangflächen von vornherein komponiert hat. Dieses, wenn man so sagen darf, flächige und zugleich räumliche Komponieren, das grundsätzlich an Klängen orientiert ist, und das die Tonarten als räumliche Markierungen im Spektrum der Tonarten betrachtet, entzieht sich den tradierten Kategorien der musikalischen Sprache. Auch das haben die Rezensenten der Schubertschen Musik schon früh erkannt; entweder hat man Schuberts Kunst, Klang und Bewegung in eins zu setzen, als fremdartig empfunden, oder aber man hat - und das haben erstaunlicherweise die meisten Rezensenten hervorgehoben - in der spezifischen Klanglichkeit dieser Musik Momente des Malerischen, wie es heißt, wahrgenommen; Schubert *»versteht es, mit Tönen zu malen«.*[6] In einer Rezension in der Wiener »Allgemeinen Musikalischen Zeitung« vom 19. Januar 1822 wird das Malerische der Musik als eine musikalische Form der Nachahmung bezeichnet und schließlich sogar mit dem Helldunkel Rembrandtscher Gemälde verglichen. *»Nicht leicht wurde einem Kompositeur die Gabe, des Dichters Gebilde in dem Gemüte des empfänglichen Zuhörers zur tief ergreifenden Anschauung zu bringen, in so hohem Maße zuteil. Vorzüglich bewährt sich diese bei Gretchens Liede am Spinnrade von Goethe, wo die malerische Nachbildung des Geräuschs eines Spinnrads, der aus der innersten Tiefe eines weiblichen, bald in düstere Bilder der Gegenwart und Zukunft, bald in wehmütig süße Erinnerungen der Vergangenheit versunkenen Gemütes genommenen Schilderung zum höchst charakteristischen, in Rembrandtischem Helldunkel gehaltenen Hintergrund dient«.*[7] Schuberts Musik wurde nicht nur zu seiner Zeit als spezifisch malerisch im Sinne eines farbig bewegten Gemäldes beschrieben und empfunden, vielmehr gilt bis heute mehr oder weniger diese Einschätzung. Diese Einschätzung ist nicht zufällig; die musikalisch-kompositorische Struktur der Schubert'schen Musik ist so beschaffen, daß die Kompositionen sich zum »Malerischen« hin öffnen. Entscheidend ist, sich bewußt zu machen, daß Schuberts Musik sich von der tradierten klassischen Musiksprache, deren syntaktischer Zielgerichtetheit sowie deren Diskursivität nicht nur entfernt, sondern sie hinter sich läßt. Schuberts Musik kennt trotz ihres Eingebundenseins in die Tonalität recht eigentlich kein Ziel; sie bewegt sich z.B. häufig so im Zirkel der Tonarten, daß nur aufgrund einer enharmonischen Veränderung der Notation das Ende einer Komposition als Rückkehr zum Anfang suggeriert wird; in Wahrheit endet die Komposition in einem enharmonischen Niemandsland. Von Schubert sind einige Klaviersonaten überliefert, in deren ersten Sätzen die Reprise fehlt. Zumeist wird dieses Fehlen mit Schuberts Desinteresse an der Reprisenwiederholung nach der Durchführung erklärt. Eine solche mechanistische Erklärung dürfte jedoch zu vordergründig sein. Der junge Schubert war sich vielmehr, so läßt sich aus nahezu allen Fragmenten herauslesen, des Zieles der Komposition nicht mehr sicher. Er wußte nicht, wohin die Komposition hinauslief; aber eines wußte er genau, daß sie nämlich nicht mehr zum Anfang zurückkehren konnte.

*

C.D. Friedrichs Malerei wurde, wie wir bereits erwähnten, von Freunden und Zeitgenossen durchaus bewundert, sie fand aber auch Kritik und heftige Ablehnung. Man warf Friedrich vor allem vor, daß er in seinen Landschaften - und die Mehrzahl seiner Bilder sind Landschaften - die Tradition der bildnerischen Landschaftsgestaltung gleichsam auf den Kopf stellte. In einer 1809 veröffentlichten Kritik des sogenannten »Tetschener Altars« von C.D. Friedrich, die der in Dresden lebende und sich ästhetischen Fragen widmende F.W.B. von Ramdohr verfaßt hatte, werden zunächst die tradierten und ästhetisch verbindlichen Kategorien der Landschaftsmalerei dargestellt und verteidigt, d.h., es werden jene Erwartungen als Vorgaben zur Sprache gebracht, die der Betrachter eines Landschaftsbildes an das Bild stellt. Dort heißt es: »*Die Landschaftsmalerei legt eine Fläche vor mir nieder, auf der sie mir eine Menge von Gegenständen, die man, wenigstens in der Malersprache, nicht einmal alle Körper*

149

nennen kann, schichtenweise, szenenartig hintereinander herreiht, die sie mir stets in einiger Entfernung zeigt. ... Mannigfaltigkeit ist hier das erste, was ich suche, und wenn ich gleich zu meiner Befriedung Abteilung und Zusammenhang verlange, so will ich doch, daß diese eher versteckt als auffallend sei, daß sich die Massen ungefähr gegeneinander balancieren, daß sich die Umrisse der einzelnen Erdplane kadenzieren. ... Harmonie muß hier vorhanden sein, wenn ich mich so ausdrücken darf«.[8]

Eine Landschaft war also eine in sich geschlossene und gleichsam bühnenhaft eingerahmte Szene mit belebenden Figuren oder Figurengruppen. Die Farbe einer Landschaft orientierte sich an einer visuellen Umwandlung der Lokalfarben, genauer gesagt, an einem Farbton, der im visuellen Sinne das Ganze eines Landschaftsbildes zu bestimmen hatte. Hinzu kamen die sogenannten Linienperspektiven, die zusammen mit den Luftperspektiven, d.h. den perspektivischen Farbschattierungen, den imaginären Tiefenraum eines Landschaftsbildes bestimmen. *»Die Wohlgestalt der Linienperspektive ist der Landschaft vorzüglich eigen; vorzüglich eigen ist ihr der Reiz des allgemeinen Tones des Bildes und der Luftperspektive in Farbe und Licht, und nur ihr stehen die pikantesten Wirkungen des Lichts in freier Luft vollständig zu Gebote«.*[9] Ein Landschaftsbild, das nach diesen Gesichtspunkten »wohlgeordnet« gestaltet war, selbst wenn die Landschaftsszene einen Ort des Schreckens oder der Vernichtung darstellte, galt als sinnvoll und verständlich; deshalb ließ sich das Bild auch im Sinne des Ästhetischen bewerten.

Friedrichs Landschaftsbilder haben mit dieser Kunstanschauung nicht nur nichts zu tun, vielmehr stehen sie zu ihr in einem äußerst krassen Gegensatz; gerade aufgrund dieser Gegenposition fordern sie die traditionelle Kunstanschauung und damit die traditionelle Landschaftsmalerei in einem geradezu programmatischen Sinne heraus. Auf Friedrichs Bildern sind so gut wie keine Staffagen zu sehen. Seine Bilder gleiten, ohne daß das

Caspar David Friedrich
Abtei im Eichwald
1809/1810

betrachtende Auge einen Halt findet, ins Unbestimmbare; häufig erwecken sie den Eindruck, als ob sie Ausschnitte aus unendlich sich fortsetzenden Horizonten sind. Die Figuren, die wir in den Bildern erkennnen, kehren uns zumeist den Rücken zu; sie sind, wie schon erwähnt, für uns Bildbetrachter gesichtslos. Diese gesichtslosen Figuren, die vor unseren Augen in die Tiefen des Bildes schauen, geben dem Betrachter des Bildes, der in den Farbübergängen und den endlosen Raumtiefen des Bildes keinen Halt findet, so etwas wie einen optischen Ruhepunkt. Der Betrachter erkennt in diesen gemalten Rückenfiguren sozusagen unbewußt sein zweites Ich, das ihn zum Sehen auffordert, indem dieses Ich bereits als eine schauende, in Betrachtung versunkene Figur im Bild gegenwärtig ist. Dabei sind es vor allem die farbig höchst komplizierten Übergänge, durch die das Auge des Betrachters in einen unaufhaltsamen Sog gerät. Friedrich selbst hat in seiner ÄUSSERUNG BEI BETRACHTUNG EINER SAMMLUNG VON GEMÄLDEN ein fiktives Bild beschrieben, das mit Sicherheit ein Friedrich-Bild vorstellt; dort heißt es:»*Auf den ersten Blick stellt dieses Bild die Trümmer eines verfallenen Klosters als eine Erinnerung einer düsteren Vergangenheit dar. Die Gegenwart erhellet die Vorzeit. In dem anbrechenden Tag erkennt man noch die weichende Nacht. Das Auge wird im Bilde geleitet vom Lichte in die Dämmerung, von der Dämmerung weiter in die Dunkelheit, von der Dunkelheit noch weiter in die Finsternis*«.[10] Das Auge wird also vom Licht, das in den Farben seinen Abglanz findet, wie Goethe es formulierte, geleitet, und zwar geleitet bis in die Finsternis, in die Finsternis des nicht mehr Sichtbaren. Das nicht mehr Sichtbare wird dem Betrachter überlassen, sei es als das Unverständliche oder als das nicht Darstellbare.

Um Wirkungen der Raumtiefe, des Grenzenlosen, des über den Bildrahmen Hinausgehenden zu erreichen, mußte Friedrich die wohlgeordnete Gesetze der Landschaftsmalerei, die das, was der Wirklichkeit zu entsprechen schien, in die Szenerie des Bildes staffierten, nicht nur verändern, sondern weitgehend außer Kraft setzen. Friedrichs Dresdener Kritiker hat das genauestens erkannt und dem Maler diese Veränderungen als grobe Fehler angelastet. Friedrich hat z.B. häufig in seinen Bildern, um eine imaginäre, d.h. unauslotbare Raumtiefe zu erreichen, die Licht- und Perspektivverhältnisse so verändern müssen, daß sie nicht mehr in einer eindeutigen Beziehung zum Betrachter stehen. Man weiß z.B. nicht, wo die Quelle des Lichtes ist, das die Farben leuchten oder in Dunkelheit verschwinden läßt; dadurch erhalten die Bilder jene merkwürdige Ambivalenz von Nähe und Ferne, von Wirklichkeit und Imagination, von Sinnfülle und zugleich Sinnleere. Das alles mochte der Dresdener Kritiker nicht gelten lassen, und er rechnet Friedrich vor, welche Fehler er in seinem *»Tetschener Altarbild«* gemacht hat. *»Der Maler hat«,* so F.W.B. von Ramdohr, *»gar keinen Standpunkt angenommen oder auch annehmen können, um dasjenige auszudrücken, was er ausdrücken wollte. Um den Berg zugleich mit dem Himmel in dieser Ausdehnung zu sehen, hätte Herr Friedrich mehrere tausend Schritte in gleicher Höhe mit dem Berge und so stehen müssen, daß die Horizontallinie mit dem Berge gleichlief. Aus dieser Distanz konnte er gerade gar kein Detail innerhalb der Umrisse des Berges sehen. Keine Felsblöcke, kein Moos, keine Bäume, welche die vordere Seite des Berges umschlossen«.*[11] Gleichwohl weiß auch der Dresdener Kritiker, daß diese Fehler nicht auf malerischen Unzulänglichkeiten beruhen, sondern daß in dieser gegenüber den traditionellen Kriterien so andersartigen Malerei eine Absicht, um nicht zu sagen, ein Sinnanspruch verborgen ist, dem er nicht zustimmen kann; es ist der Anspruch des Religiösen, das, wie er meint, in den kryptischen Landschaftsdarstellungen, die die Wirklichkeit der Natur über die Sichtgrenzen des Horizontes zum Unendlichen hin erweitern und damit die Natur ins Unverständliche und Unnatürliche verändern, zum Ausdruck kommt. Dem Kritiker liegt es indessen fern, das Religiöse als Möglichkeit der malerischen Darstellung abzustreiten, vielmehr ist er der Überzeugung, daß Themen des Religiösen, wie es für ihn die Tradition sinnvoll dokumentiert, ausschließlich der figürlichen Malerei, d.h. jener

Malerei, die konkrete Figuren aus dem Bereich des Religiösen bildnerisch und erzählend in Szene setzt, vorbehalten ist; er hält es jedoch für eine *»wahre Anmaßung, wenn die Landschaftsmalerei sich in die Kirchen schleichen und auf die Altäre kriechen will«.*[12] Figurenmalerei kann immer allegorisieren, denn das Prinzip der gemalten Figur wird dadurch nicht verletzt; doch der Ausdruck der Landschaft läßt sich nicht in Allegorien umsetzen. *»Nie wird man in einer gut zusammengesetzten Landschaft allegorisieren können«.*[13]

Man sollte diese Kritik nicht achtlos beiseite schieben; sie ist in jeder Hinsicht ernst zu nehmen, denn sie bezeichnet unmißverständlich jene künstlerisch-existentielle Krise, die seit dem frühen 19. Jahrhundert, also seit der Romantik, die Kunst bestimmt. Auf der einen Seite wird am Religiösen im Sinne des Figürlichen festgehalten, das im 19. Jahrhundert, wie die Geschichte lehrt, schließlich im Nazarenertum und synkretistischen Historismus erstarrt, auf der anderen Seite wird der nicht-figürlichen und der nicht-erzählenden Malerei jeglicher metaphysischer Sinn abgesprochen; sie gilt ausschließlich als ästhetisch schön und deshalb dem Kenner angenehm. C.D. Friedrich ist nicht der einzige Künstler, der gegen diese Anschauung polemisierte und wohl auch polemisieren mußte; religiös zu verstehende Symbole und Allegorien, die wie Chiffren einsetzbar und deshalb auch austauschbar sind, hat er, von wenigen Ausnahmen abgesehen, in seinen Bildern grundsätzlich vermieden. Doch eine Kunst, die nicht ihren Grund im Metaphysischen fand bzw. die nicht eine transzendentale oder imaginäre Welt vorstellte, die über die Wirklichkeit hinauswies, indem sie sich selbst als Wirklichkeit setzte, war für Friedrich undenkbar, deshalb konnte der in seinen Landschaftsbildern formulierte Anspruch von vielen Zeitgenossen wohl nicht verstanden werden. Für ihn war Kunst nicht die Bestätigung ästhetischer Regelsysteme und Kategorien, sondern ein Denken ins Unbekannte, ins Unvorhergesehene und Unvorhersehbare. Um das zu verwirklichen, erfand Friedrich eine malerische Symbolsprache, die in ihrer Symbolik sich selbst zum Symbol wird, d.h. die keinen Verweischarakter hat. Und so schreibt Friedrich in einem fiktiven Antwortbrief an den Dresdener Kritiker: »*Wäre das Bild des Malers Friedrich nach den durch Jahrhunderte geheiligten und anerkannten Regeln der Kunst verfertigt, das heißt mit anderen Worten: hätte Friedrich sich der Krücken der Kunst bedient, und nicht die Vermessenheit gehabt, auf eigenen Füßen gehen zu wollen, wahrlich der Herr Kammerherr von Ramdohr hätte sich nimmer aus seiner Ruhe stören lassen. Wäre Friedrich auf der einmal gebahnten Straße einhergegangen, wo jeder Esel seinen Sack trägt, wo Hund und Katz der Sicherheit wegen wandelt, weil die berühmten Künstler der Vorzeit als Muster und Vorbilder für Jahrtausende da aufgestellt worden, wahrlich der Kammerherr von Ramdohr hätte geschwiegen*«.[14]

Wenn wir die von uns zitierten zeitgenössischen Reaktionen auf Schuberts Musik und auf Friedrichs Bilder einander gegenüberstellen, dann fallen uns gewisse Berührungspunkte, um nicht zu sagen, Gemeinsamkeiten auf, die mehr sind als bloße assoziativ sich einstellende Analogien, die sich aufgrund der Schubertschen Liedtexte und der Friedrichschen Bildthemen unwillkürlich aufdrängen. Die zeitliche Parallelität, das gemeinsame Erleben eines aufbrechenden und doch bereits zerbrechenden Jahrhunderts, das subjektive und individuelle Regungen zunächst durch staatliche Zensur, dann jedoch durch gesellschaftliche Zwänge unterdrückt, ein Lebensgefühl, das in sich selbst zurückgeworfen ist und dem einzig in der Kunst die Dunkelheit und Sinnverworrenheit der Welt zur metaphysischen Gewißheit wird, alles das verbindet Schubert und Friedrich, aber es verbindet auch Schubert und Friedrich mit vielen anderen Zeitgenossen, ob sie nun künstlerisch tätig waren oder nicht. Schubert und Friedrich haben indessen in ihren Kunstschöpfungen Ausdrucksformen gefunden, in denen zwar ihre Zeit, ihr Lebensgefühl, ihre Biographie etc. etc. spurenhaft eingeschrieben sind, und die man durchaus entziffern kann, die aber als solche die Zeitgebundenheit hinter sich lassen. Es ist einerseits merkwürdig, andererseits jedoch wieder nicht, wenn man sich dessen bewußt ist, daß weder Schubert als Komponist noch Friedrich als Maler in einem gesellschaftlich-funktionalen Sinne, d.h. bestimmt von den Wünschen und Forderungen von Auftraggebern, künstlerisch tätig waren; von den wenigen Ausnahmen in ihrem künstlerischen Schaffen können wir in der Tat absehen. Beide haben versucht, Kunst nicht nur jenseits gesellschaftlicher Vorgaben und Normen, sondern auch unabhängig von ihnen zu denken; zugleich aber haben sie versucht, in der subjektiven Aussage ihrer Werke eine Stringenz zu finden, in der das Subjektive zum objektiv Verbindlichen aufzugehen vermochte. Deshalb mußten sie Wege gehen, die ungebahnt waren, und die nichts zu tun hatten mit jenen gebahnten Straßen, wo, wie Friedrich es sarkastisch formuliert, jeder Esel seinen Sack trägt, wo Hund und Katze der Sicherheit wegen wandeln. Es ist wohl die immanente Stringenz ihrer Kunstschöpfungen, die, so allgemein und unverbindlich diese Formulierung auch zu sein scheint, die Werke aus ihrer Zeitgebundenheit heraushebt.

Schuberts Kritiker haben die Modulationsmanie in seinen Werken moniert; sie haben diese Manie zwar nicht grundsätzlich abgelehnt, doch der musikalische Sinn blieb ihnen weitgehend fremd. Das Wandern durch die Tonarten, das sich Öffnen einer Komposition über den Rahmen der zugrunde liegenden Tonart hinaus beunruhigte sie; eine solche Komposition konnte zwar interessant sein, doch sie war unverständlich. Sind die Kritikpunkte, die der Dresdener Kritiker gegenüber Friedrichs Bildern anführt, nicht ähnlich? Er wirft Friedrich vor, daß er die Gesetze der Perspektive nicht beachtet. Selbstverständlich genügt Friedrich nicht die standortgebundene Perspektive, also die eindimensional fixierte Perspektive; sein Perspektivsystem ist sehr viel komplizierter, wenn er z.B. in seinen Bildern verschiedene Perspektivpunkte konstruiert, um dem Bild jene Uneindeutigkeit und Ziellosigkeit zu geben, die den vorurteilsfreien

Betrachter so irritiert und verunsichert. Doch diese Irritationen
sind beabsichtigt; als wesentlicher Teil des Bildgedankens sind
sie Ergebnis eingehender malerischer Reflexionen und Bildana-
lysen. Auch das dürfte der Dresdener Kritiker gespürt und ihn
zu seinen durchaus aggressiven Reaktionen veranlaßt haben.
Dieses Neue und Andersartige mochte und konnte er nicht gelten lassen, denn es hätte seine ästhetische Anschauung und
damit wohl auch seine Welt, die er sich zurecht gelegt hatte und
in der er lebte, grundsätzlich in Frage gestellt. Auch dem Komponisten Schubert genügte nicht die Eindimensionalität einer
Tonart mit ihren dominantischen Verzweigungen. Er setzt in
seinen Kompositionen vielmehr unterschiedliche Tonarten wie
Klangräume gegeneinander, so daß das übliche, eindimensional
gerichtete Hören unmöglich wird. Aber dieses mehrdimensio-
nale, in jeder Hinsicht offene Hören im Spektrum der Tonalität,
das Schuberts Werke fordern, ist heute ebenso abhanden gekommen wie das mehrperspektivische Sehen von Bildern. Statt-
dessen konzentriert man sich bei dem Versuch, Schuberts Musik
und Friedrichs Bilder zu interpretieren, auf jene allegorisch und
symbolisch zu verstehenden Konfigurationen, die vermeintlich
den tieferen Sinn der Musik und der Bilder aufschließen. Damit
soll nicht geleugnet werden, daß in der Musik und in den Bildern nicht eine Fülle von symbolisch zu verstehenden Konfigurationen präsent sind. Wolken, Berge, Bäume, Schiffe, Eulen, in
Betrachtung versunkene Menschen, Winter etc. gehören, wie
gesagt, zum Bildrepertoire Friedrichs; da sie als Bildkonfigura-
tionen wiederum in einer ikonologischen Tradition stehen, lassen sie sich zugleich als Bedeutungsfiguren interpretieren. So ist
z.B. ein Baum, um es vereinfacht zu sagen, nicht nur gemaltes
Abbild eines Baumes oder eine ausschließlich bildhafte Figur,
sondern er verweist als Zeichen auf etwas außer ihm Liegendes,
nämlich auf eine transzendental zu verstehende Welt, die im
Sinne des Religiösen oder des Geistigen schlechthin die gemalten Figurationen als Bedeutungsfiguren definiert. Die Figurationen haben zwar als gemalte Figuren ihren bildnerischen Sinn,

doch ihren eigentlichen Sinn erfahren sie gewissermaßen von außen; und so läßt sich, wie es die ikonologische Methode vorgibt, der übergeordnete Sinn eines Bildes mehr oder weniger entschlüsseln. Da Friedrich in seinen Bildern mit allegorischen und symbolischen Konfigurationen arbeitet, was niemand abstreitet, haben sich seine Bilder dieser Methode - und zwar bis heute - geradezu angeboten. Während einige seiner Zeitgenossen Friedrichs Konfigurationen als zu unbestimmt und nicht genau definierbar kritisierten, ist es in unserem Jahrhundert umgekehrt; gerade aufgrund ihrer Unbestimmbarkeit scheinen Friedrichs Bilder zu ständig neuen ikonologischen und interpretatorischen Phantasien herauszufordern.

Auch in Schuberts Kompositionen finden wir eine Fülle von musikalisch-kompositorischen Konfigurationen, die als musikalische Topoi durchaus eine allegorische bzw. symbolische Bedeutung haben können; diese Bedeutung ist ihnen aufgrund einer langen Tradition, die bis ins Frühbarock zurückreicht und vor allem im Bereich der Textvertonung sich ausbildete, zugewachsen. Auffallend ist, daß sich Schubert in seinen Kompositionen zunehmend solcher Topoi bedient, während seine komponierenden Zeitgenossen und insbesondere die Komponisten der musikalischen Klassik derartige Topoi nur periphär in ihre Werke einbezogen haben. Auch das hat damit zu tun, wir erwähnten es bereits, daß Schubert sich in seiner Musik von der syntaktischen Zielgerichtetheit und der Diskursivität der klassischen Musiksprache entfernt. Die musikalischen Topoi reagieren vor allem auf die vorgegebenen Texte, so komponiert Schubert Fragewendungen immer im Sinn der rhetorischen Interrogatio; auch pathopoetische Figuren (Chromatik, Querstände etc.) finden wir in seiner Musik, z.B. im »Wegweiser« der WINTERREISE. Es wäre nun zu zeigen, wie Schubert solche Konfigurationen als Topoi in seinen Kompositionen einsetzt und welchen semantischen Sinn sie haben. Entscheidend ist für unsere Beobachtungen, daß Schubert den syntaktischen Rahmen der musikalischen Sprache verläßt und damit der Musik eine raumhafte und zugleich ziellose Dimension gibt. Die musikalischen Topoi bilden darin gewissermaßen Bedeutungsketten, deren Zusammenhang häufig nur auf Allusionen zu beruhen scheint. Ähnlich wie in der Rezeptionsgeschichte der Friedrichschen Bilder haben auch und gerade in Schuberts Musik die Topoi und Sinnfiguren das Interesse der Hermeneuten gefunden und man hat geglaubt, die Sinntiefe der Musik so entschlüsseln zu können. Doch auch die Topoi sind aufgrund ihrer scheinbar lexikalischen Benennbarkeit nur eindimensional; im Kontext der Kompositionen erscheinen sie als unbestimmt, nur schwer zu definieren und deshalb offen für Assoziationen und Allusionen. Und so fordert Schuberts Musik, ähnlich wie die Bilder Friedrichs, zu einer ständigen interpretatorischen Auseinandersetzung heraus; schließlich glaubt man zu wissen, was der Sinn der Musik ist, die man hörend als unmittelbare Gegenwart erlebt. Doch dieses Wissen verflüchtigt sich in ein seltsam Unbestimmbares, schließlich ins Unbenennbare und Rätselhafte.

Die allegorischen und symbolischen Entschlüsselungen der Musik Schuberts und der Bilder Friedrichs führen recht eigentlich ins Nichts; sie führen in metaphysische Leerräume. Als solche weisen sie nicht aus den Kunstschöpfungen heraus, sondern sie verweisen ins Bild und in die Musik zurück. Allegorie und Symbol verfallen als malerische oder musikalische Konfigurationen der Tautologie, da sie sich selbst setzen, künden sie von der Leere, der Kälte, dem absoluten Nichts. Indem Schubert seine Musik und Friedrich seine Bilder mit Bedeutungsfiguren durchsetzen, die scheinbar benennbar sind, werden Musik und Bild zum Namenlosen hin geöffnet. In dem Maße, wie man als Hörer oder Betrachter den Sinn der Klänge und Zeichen zu verstehen meint, wird diesem Verstehen der Boden, auf dem man zu stehen glaubt, entzogen. Man wird als Hörer oder Betrachter ins Namenlose geworfen. Da der Sinn nicht mehr vorgegeben ist, wird als Sinn schließlich das erfahren, was wir beim Hören und Betrachten denken oder empfinden. Das Namenlose ist also auszuhalten.

Heinrich von Kleist hat im Herbst 1810 in den »Berliner Abendblättern« eine Besprechung des Friedrichschen Gemäldes DER MÖNCH AM MEER verfaßt. Die Erfahrung, die er in seiner Besprechung zum Ausdruck bringt, ist die Erfahrung des Namenlosen, des Nicht-Benennbaren. Das Betrachten des Bildes wird also zur existentiellen Erfahrung. Verhält es sich nicht ähnlich oder sogar gleich beim Hören von Schuberts Musik? Doch lassen wir die Frage offen, lassen wir Heinrich von Kleist sprechen: *»Nichts kann trauriger und unbehaglicher sein als diese Stellung in der Welt: der einzige Lebensfunke im weiten Reich des Todes, der einsame Mittelpunkt im einsamen Kreis. Das Bild liegt mit seinen zwei oder drei geheimnisvollen Gegenständen wie die Apokalypse da, als ob es Youngs Nachtgedanken hätte und, da es in seiner Einförmigkeit und Uferlosigkeit nichts als den Rahmen zum Vordergrund hat, als wenn einem die Augenlider weggeschnitten wären«.*[15]

Caspar David Friedrich
Der Mönch am Meer
1808 - 1810

Elmar Budde

Anmerkungen

1 C.D. FRIEDRICH IN BRIEFEN UND BEKENNTNISSEN, hg. von S. Hinz, Berlin, 1968, S. 89.

2 SCHUBERT, DIE DOKUMENTE SEINES LEBENS, gesammelt und erläutert von O.E. Deutsch, Kassel 1964, S. 44.

3 E. H. Gombrich, DIE GESCHICHTE DER KUNST, Frankfurt am Main[16] 1996, S. 497.

4 SCHUBERT, DIE DOKUMENTE SEINES LEBENS, a.a.O., S. 93.

5 SCHUBERT, DIE DOKUMENTE SEINES LEBENS, a.a.O., S. 349.

6 SCHUBERT, DIE DOKUMENTE SEINES LEBENS, a.a.O., S. 112.

7 SCHUBERT, DIE DOKUMENTE SEINES LEBENS, a.a.O., S. 145.

8 F. W. B. v. Ramdohr, ÜBER EIN ZUM ALTARBILD BESTIMMTES LANDSCHAFTSGEMÄLDE VON HERRN FRIEDRICH IN DRESDEN, UND ÜBER LANDSCHAFTMALEREI, ALLEGORIE UND MYSTIZISMUS ÜBERHAUPT, in: CASPAR DAVID FRIEDRICH IN BRIEFEN UND BEKENNTNISSEN, a.a.O., S. 143.

9 F.W. B. v. Ramdohr, a.a.O., S. 145.

10 C. D. FRIEDRICH IN BRIEFEN UND BEKENNTNISSEN, a.a.O., S. 106.

11 F.W. B. v. Ramdohr, a.a.O., S. 146.

12 F.W. B. v. Ramdohr, a.a.O., S. 155.

13 Ebenda, S. 153.

14 C. D. FRIEDRICH IN BRIEFEN UND BEKENNTNISSEN, a.a.O., S. 157.

15 Heinrich von Kleist, SÄMTLICHE WERKE UND BRIEFE, Bd. 2, München 1984, 327.

Matthias Strässner

SOKRATES UND ERLKÖNIG

Play-Back der Romantik - Das Tableau vivant
zur Zeit Franz Schuberts

Kulturgeschichte gleicht einem Gebirgspanorama. Wir
schauen zuerst auf Kunstgipfel, deren Schroffheiten und Ein-
samkeiten sich uns zur besseren Orientierung aufdrängen. Von
den Tälern, den ehemals bewohnten zumal, wollen wir viel weniger wissen. Wäre es anders, würde sich unser Blick häufiger
dem allgemeinen, »flachen« Kunstgeschmack zuwenden. Wäre
es anders, eine Kulturgeschichte des 19. Jahrhunderts wäre in
besonderem Maße eine Geschichte der sog. »Lebenden Bilder«
bzw. der »Tableaux vivants«. Denn diese waren im letzten Jahrhundert Objekt besonderen und ausgewählten Kunstgenusses.
Da 1997 auch die Entstehungs- und Aufführungsgeschichte der
Werke Franz Schuberts immer wieder zur Sprache kommen
wird, ist es im Einzelfall sicher angebracht, den Kontext der
tatsächlichen Aufführungen genauer darzulegen. Zumindest
bei einigen wichtigen Programmen fällt dabei die Erwähnung
sog. »Tableaus« auf. Auch sind die detaillierten Programme
manchmal durchaus noch vorhanden und können - dank der
Mithilfe mehrerer Wiener Institutionen: des Österreichischen
Theatermuseums, der Österreichischen Galerie Belvedere und
der Graphischen Sammlung Albertina - im Einzelfall dokumentiert und abgebildet werden. Wir können also über die bekannten
Angaben bei Otto Erich Deutsch hinausgehen, wenn wir uns hier
mit zwei konkreten Konzert-Aufführungen mit Werken Schuberts befassen (IV), einer »*großen musikalischen Akademie*« vom
7. März 1821 und einer »*Abendunterhaltung*« vom 22. April 1821.
Dazu werfen wir zuvor einen Blick auf die Geschichte der Tableaus
und Attituden (I), skizzieren kurz die musikgeschichtliche Bedeutung der Tableaus (II) und geben schließlich die Sicht frei
auf die besondere Pflege, welche diese Kunstform gerade in
Wien erfahren hat (III).

I. Definition und Geschichte der Tableaus

Der Begriff des »Tableau«, zunächst noch ohne das schmückende und spezifizierende Adjektiv »vivant«, wurde wohl zuerst von Denis Diderot in die kunstwissenschaftliche Diskussion eingeführt. In der ersten seiner UNTERREDUNGEN ÜBER DEN ›NATÜRLICHEN SOHN‹, von Lessing ins Deutsche übersetzt, wirbt Diderot für ein neues Theater und eine neue Dramaturgie des Bildes. Er meint damit aber nicht das Bühnen-Bild, sondern malerisch angeordnete Menschengruppen, die sich aus der Stellung der Schauspieler auf der Bühne ergeben. »*Ich meinesteils glaube, die Bühne müßte dem Zuschauer, wenn ein dramatisches Werk gut gemacht und gut aufgeführt würde, ebenso viel wirkliche Gemälde darstellen, als brauchbare Augenblicke für den Maler in der Handlung vorkommen.*« Und so definiert Diderot denn auch, was ein »*Tableau*« ist: »*Eine Stellung dieser Personen auf der Bühne, die so natürlich und so wahr ist, daß sie mir in einer getreuen Nachahmung des Malers auf der Leinwand gefallen würde*«. Beispiele werden angeführt: Iphigeniens Mutter, deren Tochter geopfert werden soll, oder - in der 2. Unterredung - eine Bäurin, die am Bett ihres erschlagenen Mannes sitzt. Diderot kommt vor der (standes- und klassenunabhängigen) Wirkung solcher dramatischer Gemälde geradezu ins Schwärmen. Und der Theatermann Diderot diktiert es dem Sozialphilosophen aufs Papier: wo die Gefühle die gleichen sind, ist auch die Wirkung der dramatischen Bilder die gleiche. Bürgerliche Emanzipation ist bei Diderot Teil einer Videokratie: im Betrachten werden die Gegenstände gleich. Ein Ansatz, der gerade in der Medienwelt des ausgehenden 20. Jahrhunderts wieder seine Berechtigung hat.

Dabei war Diderot freilich klar, daß solch malerische Zielsetzungen im Theater die Bedeutung von Deklamation und Pantomime stärken müssen, und in der Tat sind die UNTERREDUNGEN voll von solchen Erwägungen und voll von Hinweisen auf den zeitgenössischen Tanz. Aber Jean Georges Noverre, auf dessen neuartiges »*pantomimisches Ballett*« sich die meisten Anmerkungen Diderots zum zeitgenössischen Tanztheater fast propagandistisch beziehen, formuliert gleichwohl eine differenzierte Bild-Dramaturgie, die sich von Diderot auf bezeichnende Weise abhebt: wo Diderot sich ein »*Tableau*« wünscht, das auch in der Darstellung eines Malers gefallen könnte (die Formulierung im Konjunktiv ist bedeutungsvoll!), nimmt Noverre Bilder, die es schon gibt, um sie auf der Bühne nachzustellen - für die stumme Handlung seiner Tanzdramen keine geringe Verständnishilfe. Was diese bekannten Bilder ihm bedeuten, offenbart der Ballettreformator Jean Georges Noverre unverhohlen im 9. seiner BRIEFE ÜBER DIE TANZKUNST: »*Die historischen Gemählde des berühmten Vanloo sind das Bild des heroischen Tanzes; die von dem galanten unnachahmlichen Boucher des Demi-Caracters; und die von dem unvergleichlichen Teniers des komischen Tanzes*«. Noverre benennt mit bekannten Bildern die klassische Poetik mit ihren normierten hierarchischen Höhenlagen und etikettiert sie sozusagen neu mit Beispielen aus der Malerei. Wo vorher die Werke Vergils (die sog. »Rota Vergilii«) als rhetorische Anhaltspunkte der Poetik galten, werden jetzt Werke der Malerei zur Orientierung benutzt. Bilder lösen die Dichtung als Norm ab. Wo für Diderot das dramatische Bild ein Grund ist, die Schranken zwischen den dramatischen Gattungen niederzureissen, löst Noverre die rhetorische Poetik durch eine neue Poetik der Bilder ab und baut die Schranken neu auf. Wo Diderots Bild-Dramaturgie einer égalité des Betrachtens huldigt, die letztlich zur Auflösung der dramatischen Gattungen führt, nutzt Noverre bekannte Bilder, um mit deren versteckter Heraldik das genau abgestufte Anspruchsniveau seiner neuen Ballette zu kennzeichnen.

Die Modekultur der Tableaux vivants, die Ende des 18. Jahrhunderts zu einer ungewöhnlichen Blüte findet, folgt bezeichnenderweise eher Noverre als Diderot. Und beabsichtigt oder nicht: Die im positiven Sinn egalisierende Kraft des dramatischen Bilds, wie es Diderot beschreibt, wird im »Tableau vivant« eher wieder zurückgedreht. Denn bevor diese Bilder wieder lebendig werden können, dienen sie erst einmal als Gedenksteine des kulturellen Gedächtnisses. »Tableaux vivants« sind weniger »lebendige« als verlebendigte Bilder, Bilder nach Vorlagen, und damit nicht zu vergleichen mit den Bildwirkungen eines Dramas, dessen Gruppen-Wirkungen sich immer wieder in der aktuellen Handlung neu ergeben.

Aber ob Diderot oder Noverre: die Zunahme und spätere Beliebtheit von Tableaux vivants im 18. Jahrhundert zeigt, daß Literatur und Tanz in der zweiten Hälfte des 18. Jahrhunderts auf prinzipielle Weise bereit sind, sich dem ästhetischen und poetologischen Diktat der Malerei zu unterwerfen. Ein ganzes Jahrhundert lernt offenbar neu sehen: es war die Zeit, als der Philosoph Lichtenberg über den Kupferstichen von Hogarth und Chodowiecki brütete, Winckelmann aus Italien die Deutschen lehrte, wie das Prinzip der »*edlen Einfalt, stillen Größe*« aus dem Betrachten antiker Plastiken zu gewinnen sei, und als sich eine literarische Diskussion am Faltenwurf auf den Gemälden alter Meister entzünden konnte (Lessing Laokoon). Die »malende Dichtung« gibt in der Literatur des 18. Jahrhunderts das horazische Motto »*ut pictura poesis*« aus. Die Schweizer Schule von Bodmer und Breitinger und - in Frankreich - die Ästhetik Diderots sorgen für neue Sicht. Goethe popularisiert Diderot weiter. Er fügt dem Begriff des Tableau den Zwillingsbegriff der Attitude hinzu: »*Überhaupt bedeutet Attitüde, in der französischen akademischen Kunstsprache, eine Stellung, die eine Handlung oder Gesinnung ausdrückt, und insofern bedeutend ist*« (Goethe in Diderots Versuch über die Malerei). Seither sind »Tableau« und »Attitude« einander ergänzende Begriffe, je nach dem, ob von einer dargestellten Gruppe oder von einer Einzelperson die Rede ist.

Eine erste historische Annäherung an die Kunst der Attituden und Tableaux vivants wird man denn auch heute noch weniger über Musik und Literatur, denn über die Malerei versuchen. Zu erwähnen sind der Maler George Romney, Wilhelm Tischbein, oder auch Angelika Kauffmann, Johann Gottfried Schadow und Elisabeth Louise Vigée le Brun. Die größten Attituden-Darstellerinnen wurden von Malern in Serien und Zyklen konterfeit: die Genlis von Romney, die Hamilton von Friedrich Rehberg, Romney und Tischbein, die Hendel-Schütz von Joseph Nicolaus Peroux. Solche Mal-Ateliers wurden dann zu literarischen Orten: so hat Wieland in seinem Roman AGATHON mit der biographischen Entwicklung von einem weiblichen Modell im Mal-Atelier bis hin zur pantomimischen Priesterin einen Muster-Roman geschrieben, der von Attituden-Darstellerinnen wie der preussischen Königin Luise mit größtem Interesse gelesen wurde.

Aber es gibt noch andere Gründe für den Erfolg der Tableaus: die neue Position des Bürgers in der Gesellschaft und in der Kunst fordert eine neue Art der Selbstdarstellung. Der emanzipierte Bürger will verstärkt eine bedeutende gesellschaftliche Rolle spielen, und dies bedeutet eine in dieser Form unbekannte, neue Lust an repräsentativer Selbstdarstellung und am Posieren! Der selbstbewußte Bürger sucht Halt in der Haltung. Goethes malerische Selbststilisierung durch den Maler Wilhelm Tischbein ist da nur die konsequente Anwendung der von dem Dichter selbst aufgestellten *»Regeln für Schauspieler«*, die dem Schauspieler auch außerhalb der Bühne, im gewöhnlichen Leben, besondere Aufführung abverlangt: *»Da man auf der Bühne nicht nur alles wahr, sondern auch schön dargestellt haben will, da das Auge des Zuschauers auch durch anmutige Gruppierungen und Attitüden gereizt sein will, so soll der Schauspieler auch außer der Bühne trachten, selbe zu erhalten.«* Das Bürgerportrait erhält eine neue *»Beredsamkeit des Leibes«* (Kemp) und die bürgerliche Emanzipation wird in Theater-Begriffen erlebt: der Bürger lernt sich gut *»aufführen«*.

Das gilt - wenn auch unter anderen Vorzeichen - besonders für die Frau, die - im wahrsten Sinn des Wortes - ebenfalls eine neue »Rolle« zu spielen beginnt. Die gesellschaftliche Erziehung der Frau wird zum Thema zeitgenössischer Pädagogik, und die Präsentation der Frau in Tanz, Ballett und Salon wird zu einem Topos auch der zeitgenössischen Literatur (zum Beispiel Sophie von LaRoches FRÄULEIN V. STERNHEIM). Das Tableau findet sich so aus dem Medium des Theaters in das Medium des adligen bzw. großbürgerlichen Salons übertragen. Weit bekannter als männliche Darsteller wie Gustav Anton Freiherr von Seckendorff oder François-Joseph Talma sind deswegen auch die Darstellerinnen geworden: Ida Brun, Henriette Hendel-Schütz, Elise Bürger und Sophie Schröder.

Die schon erwähnte Comtesse de Genlis (1746-1830) ist hier einzuführen, deren Erziehungstheater für junge Frauenzimmer weithin Beachtung findet und deren Schriften ein wichtiger Grund sind für die Verbreitung der Attitüden und Tableaux vivants im europäischen Adel, wie an Lebens-Beschreibungen z.B. der preussischen Königin Luise oder auch des Wiener Adels unschwer abzulesen ist. Einer der ersten Kunst-Fotografen, Roger Fenton, hat 1854 die Kinder des englischen Königshauses als Tableau mit orientalischer Atmosphäre abgelichtet!

Dabei stammen die Prinzipien des erzieherischen Bewegungstheaters für höhere Töchter und Damen durchaus noch aus den Zeiten vor den Ballettreformen Noverres, wie schon ein Ballett der Genlis aus dem Jahr 1767 nach Gardel nahelegt. Was nichts an ihrer Bedeutung ändert, die noch aus den Gesprächen zwischen Johann Peter Eckermann mit Goethe vom 15. Oktober 1825 hervorleuchtet: *»Frau von Genlis hat daher vollkommen Recht, wenn sie sich gegen die Freiheiten und Frechheiten von Voltaire auflegte. Denn im Grunde, so geistreich alles sein mag, ist der Welt doch nichts damit gedient; es läßt sich nichts darauf gründen. Ja es kann sogar von der größten Schädlichkeit sein, indem es die Menschen ver-*

wirrt und ihnen den nötigen Halt nimmt.« Dabei fussten die anti-aufklärerischen Prinzipien der Comtesse aber durchaus nicht auf dem, was die Zeitgenossen einen einwandfreien Lebens-wandel genannt hätten. Entsprechend zwiespältig fällt das Ur-teil über die Genlis etwa bei Marcel Proust aus: »*Choderlos de Laclos, ein Ehrenmann wie nur irgendeiner, dazu der beste Gatte von der Welt, (hat) das sittenloseste aller Bücher geschrieben*«, wohinge-gen »*Madame de Genlis, die moralische Erzählungen schrieb ... sich nicht damit begnügte, die Herzogin von Orléans zu betrügen, sondern ihr auch noch die Hölle auf Erden bereitete, indem sie ihr ihre Kinder entfremdete.*« (Proust AUF DER SUCHE NACH DER VERLORENEN ZEIT). Es handelte sich bei dem sog. Klassizismus der Attitüden und Tableaus tatsächlich nicht nur um eine gegen-, sondern teil-weise sogar noch um eine vor-aufklärerische Bewegung! Was am Erfolg der Darbietungen freilich nichts änderte: Der Kompo-nist Johann Friedrich Reichardt berichtet 1809 in seinen VER-TRAUTEN BRIEFEN aus Wien, wie junge Kinder der Wiener Ge-sellschaft »*ein paar kleine Stücke aus dem Théâtre d'éducation der Frau von Genlis allerliebst*« aufführen. »*Man hätte die kleinen, fei-nen Leute für geübte Schauspieler halten sollen, so frei und unbefan-gen spielten sie; und doch war es erst das zweitemal, daß sie diese Übung machten. Nachher wurden auch Tableaus von lebenden Perso-nen mit Kunst und Glück gegeben ...*« (27. Brief). Kinder wurden nur zu gern in die Tableaus miteinbezogen: auch der junge Rich-ard Wagner hatte als Amor in einem Tableau nach Tischbein / Hamilton zu posieren - und war damals noch mit einer Zucker-brezel als Honorar zufrieden. Das Kind, in der Selbstdarstellung noch wenig skrupulös, wird den erwachsenen Darstellern sogar nicht selten zum Vorbild.

Die Kunst entgleitet dabei nur zu häufig dem pädagogi-schen Konzept, wie an der Figur der Ottilie in Goethes WAHL-VERWANDTSCHAFTEN zu sehen ist. Eigentlich als Instrument einer restriktiven und exklusiven Erziehung gedacht, werden diese Tableaus überraschend zu einem Mittel, sich im Nachstel-

len eines interessanten historischen Bildes aus eben dieser Re-
striktion zu befreien. Das Motiv der »heiligen Sünderin« durch-
weht die Attituden ihrer literarischen und historischen Darsteller (Genlis, Hamilton). Pietät und Peepshow gehören in den Tableaus manchmal enger als vermutet zusammen, wie auch am
Beispiel von Gutzkows Jugendroman WALLY, DIE ZWEIFLERIN
aus dem Jahr 1835 gezeigt werden kann: »*das Anstößige wird ...
im Zitat ... nicht aufgehoben, sondern geadelt.*«(Miller)

Am bekanntesten sind die Attituden und Tableaux vivants
aber durch Lady Hamilton geworden, deren literarische Beschreibungen von Goethes ITALIENISCHER REISE bis zur Gegenwart reichen, man denke nur an Susan Sontags VULCANO LOVER.
Die Lady, Begleiterin und spätere Gattin des englischen Gesandten in Neapel, Lord William Hamilton, pflegte, angetan mit
einem griechischen Gewand und diversen Shawls, eben dieses
spezifische Genre der Attituden. Der Lady Lebensbild - so
nannte man bis zu Beginn unseres Jahrhunderts allgemein Bio-
graphien! - glich zuletzt selbst einer literarischen Vorlage: Als
Campaspe des 18. Jahrhunderts fand sie in William Hamilton
ihren Ehemann und in Lord Nelson ihren Alexander. Ihre Kunst
fand begeisterten Zuspruch und wird von Goethe 1787 folgendermaßen geschildert: »*... dazu löst sie ihre Haare auf, nimmt ein
paar Shawls und macht eine Abwechslung von Stellungen, Gebärden,
Mienen etc., dass man zuletzt wirklich meint, man träume. Man
schaut, was so viele tausend Künstler gerne geleistet hätten, hier ganz
fertig, in Bewegung und überraschender Abwechslung. Stehend, knie-
end, sitzend, liegend, ernst, traurig, neckisch, ausschweifend, bußfer-
tig, lockend, drohend, ängstlich etc., eins folgt aufs andere und aus
dem anderen. Sie weiss zu jedem Ausdruck die Falten des Schleiers zu
wählen, zu wechseln und macht sich hundert Arten von Kopfputz mit
den selben Tüchern. Der alte Ritter hält das Licht dazu ...*«.

Goethe beschreibt hier aber nicht nur eine ihm ansonsten
fremde Kunstform. Seine eigene Dichtung belegt, wie sehr ihm

die szenischen Effekte der Attitude am Herz lagen: seine Sing-
spiele (z.B. LILA, DER TRIUMPH DER EMPFINDSAMKEIT mit PRO-
SERPINA, sowie SCHERZ, LIST UND RACHE) zeigen Goethes besondere Sensibilität für dieses Thema.

Ein letzter Grund für die prinzipielle Popularität der Tableaux vivants ist aber noch anzuführen: das Tableau vivant
war ein geschlossenes Kunstwerk von eingegrenzter Dauer in
einem ansonsten offenen Kontext. Alle Arten von Ergänzungen
waren möglich: von der Meditation bis zur Parodie, von der
wissenschaftlichen Einführung bis zur musikalischen Umrah-
mung. Die Programme mit Werken Schuberts sind ein Beispiel.

II. Musik und Tableau

Was aber haben und hatten die Tableaux vivants mit Musik
und der Aufführungspraxis der damaligen Zeit zu tun? Als
Felix Mendelssohn Bartholdy am 11. März 1829 die MATTHÄUS-
PASSION von Johann Sebastian Bach aufführte, muß dem romantischen Publikum das Ende des ersten Teils wie ein Tableau
ohne Bild vorgekommen sein. Nach einer an El Greco erinnern-
den Szenerie: Golgatha von Blitz und Donner durchleuchtet,
kommt der kontemplative Schluß-Choral, der ausklingt, indem
im Baß ein Ton ganz alleine länger liegenbleibt. Die barocke
Musik scheint das stehende Bild (als inneres, geistiges Tableau)
zu kennen, und der Eingangschor macht die Wichtigkeit des Bildes mit der von zwei Chören gesteigerten Aufforderung: »Sehet!
Wen?...« mehr als plastisch! Das dramatische Geschehen der
Passion findet sich am Ende des ersten Passionsteils musikalisch einer bewußt gedehnten Fermate »zugetrieben«, was das
Schlußbild und die Besinnung besonders eindringlich macht.
Was das barocke Konzert, was Passion und Oratorium prinzi-
piell schon kannten, scheint das Theater erst mühsam gelernt zu
haben: Das Drama des 18. Jahrhunderts, und vor allem auch das
Musikdrama als Oper oder Tanzdrama, muß sich die Extreme

des Bühnentempos in einer Art von Theaterrevolution neu an-
eignen: in der stummen Kunst des dramatischen Tanzes wird
das dramatische Geschehen, was die Darstellung anlangt, einerseits viel schneller, andererseits werden manche Szenen als Bilder ausgekostet und langsamer. Das Zeitspektrum wird an beiden Enden gedehnt. Das dramatische Spiel strebt den beiden
Polen Fuge und Fermate zu: die pantomimische »rapidité« (gut
zu sehen bei Dorat und Beaumarchais) und das pantomimisch
stillstehende »Bild« in Monodram, Melodram, Attitude und Tableau profilieren sich als Gegensatz. So sind Attituden und Tableaux vivants nicht ohne den musikgeschichtlichen Hintergrund denkbar, und umgekehrt wird die Musik der Zeit durch
diese Bühnenkunst neu beleuchtet. Christian Gottfried Körner
schildert in einem Bericht am 3. Mai 1805 an Schiller, wie das
Spiel der Madame Paer die Fermate braucht: »*Sie benutzte hier
die Fermaten der Musik sehr gut zu einem Erstarren ihrer ganzen Gestalt für das höchste leidenschaftliche Moment*«.

Aufführungen von Attituden und Tableaus waren in der
Regel - wie bei Langen nachzulesen ist - mit Musik verbunden:
Lady Hamilton sang, wenn auch schlecht, die Hendel-Schütz
war von Benda selbst ausgebildet worden, Gustav Anton Freiherr von Seckendorff, der unter dem Künstlername Patrik Peale
auftrat, begleitete sich selbst. Häufig wurden Aufführungen
aber auch musikalisch begleitet (z.B. mit einem Harmonichord
bei Hendel-Schütz), so daß die Attituden-Aufführungen in etwa
vergleichbar sind mit der Musikbegleitung zu Beginn des
Stummfilms.

Man darf sich die Lust an Attituden und Tableaux vivants
aber nicht nur dekorativ und oberflächlich vorstellen. Die Entwicklung dieser Kunstform findet immerhin zu einer Zeit statt,
da Bühnenstatuen zu Leben erwachen und dann wieder erstarren: man denke an die »lebenden Statuen« in Mozarts DON GIO-
VANNI und IDOMENEO oder an Glucks SEMIRAMIS. Man denke an

172

die vielen Metamorphosen-Motive: z.B. Daphne, die vor
Bacchus flieht und sich in einen Lorbeerbaum verwandelt, oder
an Pygmalion und seine Statuen. Das Spiel zwischen Leben und
Statue wird für den Zuschauer zu einem Vexierspiel. Das irisie-
rende Spiel zwischen Leblosigkeit und Verlebendigung, das bis
zur Unkenntlichkeit des Übergangs getriebene Annähern von
lebloser Statue und lebendem Modell, ist gerade auch ein Stil-
zug des ballet d'action, der musikalisch umgesetzt wird. Das Tableau kultiviert hier ein Phänomen, das in anderen Kunstarten
bereits vorhanden ist.

III. Wien

Wer die Geschichte der Attituden und Tableaus schreibt,
kommt aber gerade an Wien nicht vorbei, an dieser tanzbesesse-
nen Stadt, deren Tanzwut - Otto Erich Deutsch gibt genauere
Auskunft in seinen Schubert-Büchern - dazu führte, daß »z.B.
am Donnerstag vor dem Faschings-Sonntag 1821 in einer Nacht 1600
Bälle stattfanden«. Wien war in der 2. Hälfte des 18. Jahrhunderts
aber auch zur Hauptstadt des europäischen Bühnen-Tanzes geworden, auf deren Fahne insbesondere der Begriff des sog.
»pantomimischen Balletts« stand. Die für die endgültige Ausbil-
dung des dramatischen Balletts entscheidende Periode hatte
hier schon 1754 mit dem Amtsantritt des Grafen Durazzo in
Wien begonnen und sie reichte bis zum öffentlichen Streit der
beiden größten Choreographen der damaligen Zeit, Noverre
und Angiolini. Die Theaterleitung des genuesischen Diploma-
ten Giacomo Conte Durazzo (1717-1794) hatte während der
Jahre 1754 bis 1764 den Wiener Theatern vor allem durch die
Bindung Glucks an Wien einen entscheidenden künstlerischen
Auf- und Umschwung gebracht, dessen Opernreform auch der
Ballettreform ihre letzte Prägung gibt. Die Kette der drei Cho-
reographen Hilverding-Angiolioni-Noverre sorgte in Wien fast
lückenlos für eine neue Dramaturgie des sog. pantomimischen
Theaters: sie umfaßt die Zeit von 1742, als Hilverding für das

Ballett des Kärtnertor-Theater verantwortlich wurde, bis 1774, als Noverre Wien verläßt, um nach Mailand zu gehen.

Die Tradition des pantomimischen Balletts lebt auch in den Tableaus und Attituden noch fort. Denn diese Bilder sind eigentlich nicht statisch, sondern nur angehaltene Bewegung. Freilich bekommen innovative und provokative Theatererscheinungen nach der Jahrhundertwende deutlich den Charakter des Modehaften und Arrivierten, laufen Tableaux vivants Gefahr, zum beweglichen Bildermuseum zu werden.

Attituden und Tableaus prägen das Wiener Kulturleben: so weist beispielsweise der Schubert-Forscher Otto Erich Deutsch in seinen MUSIKALISCHEN KUCKUCKSEIERN auf einen Wien-Besuch von Admiral Nelson und seiner Freundin Lady Hamilton hin. Deren Aufenthalt in Wien im Jahr 1800 ist heute wenig bekannt, erweckte aber damals beträchtliches Aufsehen, war doch Neapel mit Wien auch durch eine der habsburgischen Heiraten verbunden.

Nelson war damals so sehr in Mode, daß die Frauen ihre Hauben »à la Nelson« trugen, andere wiederum Ohrgehänge in Form eines Ankers. Wie um die Gesellschaft Wiens, die über das Dreiecksverhältnis von Nelson, Sir William Hamilton und Lady Hamilton einiges zu tuscheln wußte, mit Gesprächsstoff zu beliefern, stieg man im *»Gasthof aller Biedermänner«* ab. Es fielen auch ein paar Vasen und Scherben aus Hamiltons reichem Schatz für Wiener Museen ab. Ein Ausflug nach Eisenstadt zu Fürst Nikolaus IV. Esterházy stand gleichfalls auf dem Programm, wo Lady Hamilton selbst aus Haydns Nelson-Messe eine Arie gesungen haben soll. Hier soll sie, wie Deutsch vermerkt, auch ihre berühmten Attituden gezeigt haben.

Aber die Tableaux vivants und die Attituden waren nicht allein an Lady Hamilton gebunden: Karoline Jagemann war just mit Lady Hamilton in Wien, und Auftritte von Elise Bürger und Frau Hendel in Wien sind für das Jahr 1809 verbürgt. Der schon erwähnte Komponist Johann Friedrich Reichardt hat die Attitüden der Hendel gesehen und ihre Wirkung auf die Frauen Wiens beschrieben: »*Die Aufmerksamkeit und Rührung der schönsten Frauen Wiens, die da vor ihr saßen und kein Auge von ihr verwandten, war bei diesem gedämpften, milden Lichte ein zweites, ebenso interessantes Schauspiel für mich. Auch hatte Madame Hendel ihre Darstellungen durch Tableaus und Gruppen bereichert, zu welchen ihr Demoiselle Milder mit vieler Liebe und glücklicher Wirkung, und ebenso die Kinder einer Künstlerfamilie vom Theater sehr guten Beistand leisteten*« (26. Brief). Und nicht nur Madame de Genlis ist in Wien in aller Munde, auch ihre uneheliche Tochter Pamela Genlis-Fitzgerald sorgt für einiges Aufsehen, wie Wiener Polizeiberichten der damaligen Zeit zu entnehmen ist.

Der Aufwand, der bei diesen Tableaus getrieben wurde, kann nicht groß genug vorgestellt werden: »*Eine Sinfonie von Hörnern und Harfen ging dem Aufziehen des Vorhanges vorher: man löschte die Kerzen im Saale, um der auf die Bühne fallenden Beleuchtung mehr Wirkung zu geben*«, so berichtet der französische Gesandte Auguste-Louis-Charles de la Garde in seinem GEMÄLDE DES WIENER KONGRESSES 1814-1815. Und er fährt fort: »*Die durch die berühmten Personen des Hofes dargestellten Bilder, die prächtigen Kostüme, die ausgezeichnete Beleuchtung, dies Ganze der künstlerischen Anordnung rief bei der Versammlung lebhafte Bewunderung hervor; es ist unmöglich, sich den Zauber einer solchen Vorstellung zu denken, wenn man nicht selbst Zuschauer gewesen ist. Die Unbeweglichkeit der Darsteller machte die Wirkung überraschend; indesssen waren mehrere Stellungen so ermüdend, daß man von ihnen die Haltung nicht länger als einige Minuten verlangen konnte.*« (I,234).

Wie sehr Tableaux vivants als Gesellschaftsspiel gerade in Wien in Mode blieben, beschreibt Hilde Spiel in ihrem Buch GLANZ UND UNTERGANG. WIEN 1866-1938. Zur Feier der Silbernen Hochzeit des Kaiserpaares arrangierte der Maler Hans Makart 1879 einen maskierten Festzug um den gesamten Wiener Ring. Die feine Wiener Gesellschaft war dabei: Konditor Demel, Juwelier Johannes Köchert und Kunsthändler Heinrich Artaria posierten da im Renaissance-Kostüm. Der Festzug endete dann mit Tableaux vivants, die »*den multinationalen Aspekt der Monarchie betonten*«. Tableaux vivants waren hier eine Form der Salon-Unterhaltung, national und konservativ-bewahrend. Im Palais Todesco, wo zu Beginn der achtziger Jahre ein lebendes Bild DAS ALPENLIED UNSRER HEIMAT (Abb. bei Hilde Spiel) dargestellt wurde, las auch der junge Hofmannsthal aus seinen lyrischen Dramen, deren bewußt kurzes dramatisches Leben tatsächlich aus einem Tableau aufzuflackern scheint. Der Einakter, das lyrische Drama und Monodram, die ja gerade um die Jahrhundertwende wieder zu innovativer und experimenteller Form finden (Maeterlinck, Rilke), bewahren immer eine gewisse Nähe zu Tableau und Attitude.

IV. Das Tableau vivant und Franz Schubert

Wenden wir uns aber nun zwei Programmen zu, auf die Otto Erich Deutsch in seinen Schubert-Dokumenten aufmerksam gemacht hat und auf die hier der Tableaus wegen, die neben Werken von Franz Schubert aufgeführt werden, vollständiger und ausführlicher eingegangen werden soll.

Man schreibt das Datum: Aschermittwoch 7. März 1821. »*Im k.k. Hoftheater nächst dem Kärthnerthore*« wird »*eine große musikalische Akademie mit Declamation und Gemählde-Darstellungen*« gegeben. Dabei werden folgende Tableaus genannt (die Original-Schreibweise ist im folgenden jeweils beibehalten): unter Punkt 2 des Programms das Tableau »*Die von Abraham verstoßene Hagar, nach Vandyck, dargestellt von Dlle. Hruschka, k.k. Hofschauspielerinn, Mad. Vogel, k.k. Hofoperistinn, Hrn. Vogl, k.k. Hofoperisten,*

Dlle. Kraft d. ält., Dlle. Pichler, Herren Pfeiffer, Segatta, Rossi und anderen Mitgliedern des Balletcorps.«

Nach einer Arie von Mozart, einem Satz aus einem Violinkonzert von Spohr und einem Gedichtvortrag, wird unter Punkt 6 von Franz Schubert das Vokalquartett DAS DÖRFCHEN aufgeführt. Auf eine Klaviervariation folgt unter Punkt 8 das zweite Tableau des Abends: *»Sokrates vor seinen Richtern, nach Füger, dargestellt von dem Hrn. Aichinger Vater und Sohn, Reiperger d. ält., Destefani, Rossi, Jos. Kohlnberg, Pfeiffer, Wiesenbeck, Segatta und anderen Mitgliedern des Balletcorps.«*

Der zweite Teil des Abends, der mit einer Boïeldieu-Ouvertüre beginnt, und neben einer Mozart-Arie, einem Gedicht- bzw. Cello-Vortrag nebst einem Rossini-Duett auch Franz Schuberts ERLKÖNIG und DER GESANG DER GEISTER ÜBER DEN WASSERN bringt, folgt zum Schluß das dritte Tableau: *»Aurora, nach Guido Reni, dargestellt von Hr. Taglioni, erstem Tänzer der k.k. Hoftheater, und den Dlles. Neuwirth, Mayer, Krepatz, Kreiner, Wittwer, Eisele, Pichler, Kraft d. ält., Fanny Eßler und anderen Mitgliedern des Balletcorps.«*

Weitere Hinweise folgen: daß *»Herr Philipp von Stubenrauch die Anordnung der Tableaux übernommen«* habe, und daß *»Die Einnahme von der Gesellschaft adeliger Frauen zur Beförderung ihrer wohlthätigen Zwecke verwendet«* werde. Auch hier ist also die Klientel der Comtesse de Genlis tätig: die *»Gesellschaft adliger Frauen zur Beförderung des Guten und Nützlichen«* hat eingeladen.

Um den Überblick über die Tableaus zu vervollständigen, sei hier gleich noch ein weiteres Tableau erwähnt, das auf einer anderen Veranstaltung nur wenige Wochen später, am Ostersonntag, den 22. April 1821 am nämlichen Orte, stattfindet. Es handelt sich um das einzige Tableau des Abends, das aber auch wieder das Finale des gesamten Programms bildet:

177

Morgen Mittwoch den 7. März 1821
wird
in dem k. k. Hoftheater nächst dem Kärnthnerthore
mit hoher Bewilligung,

eine große musikalische Akademie

mit Declamation und Gemählde-Darstellungen

verbunden, gegeben werden.
Die einzelnen Gegenstände sind folgende:

Erste Abtheilung:

1. Die Ouverture des Schauspiels: Die Templer auf Cypern.
2. Ein Tableau: Die von Abraham verstoßene Hagar, nach Vandyck, dargestellt von Dlle. Hruschka, k. k. Hofschauspielerinn, Mad. Vogel, k. k. Hofopernstinn, Hrn. Vogl, k. k. Hofoperisten, Dlle. Kraft d. ält., Dlle. Pichler, Herren Pfeiffer, Segatta, Rossi und anderen Mitgliedern des Balletcorps.
3. Eine Arie von Mozart, gesungen von Dlle. Wilh. Schröder.
4. Der erste Satz des zweyten Violinconcertes von L. Spohr, gespielt von Hrn. Leon de St. Lubin, dermaligem Schüler des Hrn. Professors der Violine, Joseph Böhm.
5. Der kleine Gernegroß, ein Gedicht von Langbein, vorgetragen von Mad. Wilhelmine Korn, k. k. Hofschauspielerinn.
6. Das Dörfchen, ein Gedicht von Bürger, für zwey Tenor- und zwey Baßstimmen gesetzt von Hrn Franz Schubert, vorgetragen von den Herren Götz und Barth, in Diensten Sr. Durchlaucht des regierenden Herrn Fürsten von Schwarzenberg, und den Herren Nejebse und Umlauf.
7. Variationen für das Pianoforte, componirt von Hrn. Hugo Worzizek, auf zwey Instrumenten gespielt von den zwey Dlles Schadt.
8. Ein Tableau: Sokrates vor seinen Richtern, nach Jüger, dargestellt von dem Hrn. Aichinger Vater und Sohn, Reiperger d. ält., Destefani, Rossi, Jos Kohlberg, Pfeiffer, Wiesenbeck, Segatta und anderen Mitgliedern des Balletcorps.

Zweyte Abtheilung:

9. Die Ouverture der Oper die Zauberglocke (la Clochette), von Boieldieu.
10. Eine Arie von Mozart: Da ich einsam vor dir stehe, gesungen von Dlle. Unger, k. k. Hofoperistinn.
11. Die Gräfinn Spastara im Erdbeben von Messina, 1785, ein Gedicht, vorgetragen von Mad. Sophie Schröder, k. k. Hofschauspielerinn.
12. Der Erlkönig, Gedicht von Göthe, in Musik gesetzt von Franz Schubert, vorgetragen von Hrn. Vogl, k. k. Hofoperisten, auf dem Pianoforte begleitet von Hrn. Anselm Hüttenbrenner.
13. Adagio und Rondo für das Violoncell von Bernhard Romberg, gespielt von Hrn. Pechaczek.
14. Duett aus der Oper: Riccardo e Zoraide, von Rossini (Invan tu fingi, ingrata), gesungen von den Dlles. Schröder und Unger.
15. Der Gesang der Geister über den Wassern, Gedicht von Göthe, für vier Tenor- und vier Baßstimmen gesetzt von Hrn Franz Schubert, vorgetragen von den Herren Götz, Barth, Nejebse, Umlauf, Weinkopf, Frühwald und zwey Chorsängern.
16. Ein Tableau: Aurora, nach Guido Reni, dargestellt von Hrn. Taglioni, erstem Tänzer der k. k. Hoftheater, und den Dlles. Neuwirth, Mayer, Krevaß, Kreiner, Wittmer, Eisele, Pichler, Kraft d. ält., Fanny Eßler und anderen Mitgliedern des Balletcorps.

Herr Kapellmeister Gyrowetz hat die Leitung dieser Akademie, und Herr Philipp von Stubenrauch die Anordnung der Tableaux übernommen.

Die Einnahme wird von der Gesellschaft adeliger Frauen zur Beförderung ihrer wohlthätigen Zwecke verwendet.

Sämmtlichen Personen, welche mit der menschenfreundlichsten Bereitwilligkeit ihre Talente und Bemühungen gewidmet haben, wird hiermit der verbindlichste Dank abgestattet.

Die Eintrittspreise sind wie gewöhnlich. Die Freybilletten sind ohne Ausnahme ungültig.
Die gesperrten Sitze sind an der k. k. Hoftheater-Casse, die Logen aber bey der Frau Therese Landgräfinn von Fürstenberg, geb. Fürstinn von Schwarzenberg, in der Himmelpfortgaß. im Fürstenbergischen Hause Nro. 952. im 2. Stock zu haben.

Der Anfang ist um 7 Uhr.

Programm
Aschermittwoch, 7. März 1821

Abendunterhaltung,

die Ostersonntag den 22. April 1821, in dem k. k. Hoftheater nächst dem Kärnthnerthore,
zum Vortheile der öffentlichen Wohlthätigkeits-Anstalten,
gegeben wird.

Erste Abtheilung.

1. Ouverture der Oper: Medea, von Cherubini.

2.

Die Laune des Verliebten,

ein Schäferspiel in Versen und einem Acte,

von Göthe.

Personen:

Egle	Mad. Löwe.	Eidon	Hr. Kettel.
Amine	Dlle. Weber.	Lamon	Hr. Wothe.

3. Scene und Arie mit Chor der Bacchanten, von Generali, gesungen von Dlle. Chatarina Canzi.

4. Andante und Boleros aus dem fünften Concert für die Violine, von Lafont, vorgetragen von Hrn. Georg Hellmesberger.

5. Terzett mit Chor, aus der Oper: Riccardo e Zoraide, von Rossini, gesungen von der k. k. Hof- und Hofopern-Sängerinn Mad. Grünbaum, und der k. k. Hofopern-Sängerinn Mad. Waldmüller, und dem k. k. Hofopern-Sänger Hrn. Forti.

Zweyte Abtheilung.

1. Ouverture der Oper: Les voitures versées. von Boieldieu.

2. Arie, von Pär, gesungen von der k. k. Hof- und Hofopern-Sängerinn Mad. Grünbaum.

3. Variationen für den ungarischen Czakan (Flûte douce), mit Begleitung des Orchesters, componirt und vorgetragen von dem Oboisten des k. k. Hoftheaters, Hrn. Ernst Krähmer.

4. Die Nachtigall, ein Gedicht von C. Unger, eigens für diesen Abend in Vocal-Musik gesetzt, von Hrn. Franz Schubert und vorgetragen von dem Sänger der k. k. Hofkapelle, Hrn. Barth, dann den Herren Götz, Umlauf und Nejebse.

5. Tableau (bewegliches) nach D. Teniers, dargestellt durch Dlle. Milliere, Mad. Rozier, ersten Tänzerinnen des k. k. Hoftheaters, — Dlle. Therese Heberle, ersten Tänzerinn des k. k. priv. Theaters an der Wien, von dem Hrn. Balletmeister der k. k. Hoftheater, Mr. Taglioni, und dem ersten Tänzer Mr. Rozier, — ferner durch die Mad. Sedini, Dlles. Eisele, F. Nuttia, Mazzarelli, den Herren Kichinger Vater, Destefani, Kohlnberg, Kichinger Sohn, Minetti, Pirrut und mehreren andern Ballet-Individuen.

Aus diesem Tableau werden nach einer neuen Composition des Hrn. Balletmeisters der k. k. Hoftheater, Mr. Taglioni, — die Dlles. Milliere, Therese Heberle, und Mr. Taglioni, ein Pas de trois, — dann Mad. und Mr. Rozier, ein Pas de deux, nach der Composition des Balletmeisters der k. Akademie der Musik in Paris, Hrn. Aumer, tanzen. — Die Musik der Tanzstücke ist von Romani.

Das Arrangement des Tableau und die Angabe des Costums zu dem neuen Stücke, ist von dem k. k. Hoftheater-Costume- und Decorations-Director, Herrn Philipp von Stubenrauch, gütigst besorgt worden.

Der k. k. Hofopern-Kapellmeister und Operndirector, Herr Joseph Weigl, hat die Leitung am Clavier, der k. k. Hofopern-Orchester-Director und Mitglied der k. k. Hofkapelle, Herr Johann Kleczinsky, die Direction des Orchesters, und der k. k. Hofopern-Orchester-Directors-Adjunct, Herr Kafer, die Direction der während dem Tableau vorkommenden Musikstücke, gefälligst übernommen.

Alle genannten Künstler haben sich zur Mitwirkung, in der menschenfreundlichen Absicht, den wohlthätigen Zweck zu fördern, mit der größten Bereitwilligkeit herbeygelassen.

Die gesperrten Sitze sind am Tage der Vorstellung bey der k. k. Hoftheater-Casse in den gewöhnlichen Amtsstunden, die Logen aber nur von halb 11 bis 12 Uhr zu bekommen, wo auch über die eingehenden höheren Beträge besondere Bestätigungen auf Verlangen ausgefertiget werden.

Die Eintrittspreise sind wie gewöhnlich, — die Freybillette aber ungültig.

Anfang ist um halb acht Uhr.

Programm
Ostersonntag, 22. April 1821

»Tableau (bewegliches), nach D. Teniers, dargestellt durch Dlle. Milliere, Mad. Rozier, ersten Tänzerinnen des k.k. Hoftheaters, - Dlle Therese Heberle, ersten Tänzerinn des k.k. priv. Theaters an der Wien, dann dem Hrn Balletmeister der k.k. Hoftheater, Mr. Taglioni, und dem ersten Tänzer Mr. Rozier, - ferner durch ... und mehreren andern Ballet-Individuen.

Aus diesem Tableau werden nach einer neuen Composition des Hrn. Balletmeisters der k.k. Hoftheater, Mr. Taglioni, - die Dlles. Milliere, Therese Heberle, und Mr. Taglioni, ein Pas de trois, - dann Mad. und Mr. Rozier, ein Pas de deux, nach der Composition des Balletmeisters der k. Akademie der Musik in Paris, Herrn Aumer, tanzen. - Die Musik ist von Romani.«

Wieder werden *»das Arrangement des Tableau und die Angabe der Costums«* von Philipp von Stubenrauch *»gütigst besorgt«*. Dieses Programm führt nur ein Stück von Schubert auf: DIE NACHTIGALL.

Vergleicht man die hier aufgeführten Tableaus mit literarisch bekannten, z.B. denen in Goethes WAHLVERWANDTSCHAFTEN, oder dem Tableau in Eichendorffs Roman AHNUNG UND GEGENWART (II,12), so ist zunächst einmal anzumerken, daß diese Tableaus hier von professionellen Tänzern gegeben wurden, die sogar von den verschiedenen Bühnen Wiens stammten. Das mußte nicht so sein, zeichnete aber diese Aufführung sicher aus: Filippo Taglioni (1777-1871) wird auf diesem Programm ausdrücklich erwähnt! Auch der Hinweis auf den Ballettmeister der königlichen Akademie der Musik in Paris, durfte 1821 - also nach den Kriegen gegen das napoleonische Frankreich! - so wenig fehlen wie zu Zeiten Durazzos. Dann ist anzumerken, daß der Übergang von den stehenden Bildern zu leicht bewegten Bildern - es heißt im Programm am 22. April 1821 ausdrücklich: *»bewegliches Tableau«* - sogar von den führenden Choreographen des damaligen Wien (und Taglioni gehört zweifellos dazu!) für kunstwürdig angesehen wurde.

Einige der ausgesuchten Maler und Bilder sind auf den ersten Blick bekannt: Das Fresko AURORA, mit dem Guido Reni den Palast Scipione Borgheses in Rom ausgemalt hat, gehörte zu den am meisten reproduzierten Bildern der damaligen Zeit überhaupt, das auch noch im Roman DER IMPROVISATOR des Märchen-Autors Hans Christian Andersen eine besondere Rolle spielt: Apollo durchmisst mit seinem Sonnenwagen das Firmament, geführt von Aurora, Göttin der Morgenröte. Apollo und Aurora werden begleitet von sieben tanzenden Horen und einem Putto, der den Morgenstern darstellen soll. Ein choreographisches Element (ähnlich den Grazien Botticellis) ist diesem Bild durchaus eigen!

Und welche besondere Rolle die Genre-Bilder Teniers für das pantomimische Ballett Noverres spielten, wurde schon oben dargelegt. Werke nach Art Teniers findet man ja auch in Goethes WAHLVERWANDTSCHAFTEN, wo »kleine Nachtstücke« erwähnt sind, »wozu man niederländische Wirtshaus- und Jahrmarktszenen gewählt hatte«.

Allerdings geben die Bilder auch Rätsel auf:
So gern man an ein HAGAR-Tableau nach Anton van Dyck (1599-1641) glauben würde, schließlich finden wir einen BELISAR von van Dyck in Goethes WAHLVERWANDTSCHAFTEN, kein Katalog und Lexikon christlicher Ikonographie führt ein solches Bild Anton van Dycks auf! Wenn schon ein »van Dyck« gemeint ist, und nicht eine Hagar-Darstellung von Veronese, Lorrain, Rembrandt oder Guido Reni, dann muß es sich um Philip van Dyck (1680-1753) handeln, von dem es gleich zwei Hagar-Darstellungen gibt: SARAH PRÉSENTANT AGAR À ABRAHAM und ABRAHAM RENVOYANT AGAR ET ISMAËL. Beide Bilder hängen heute im Pariser Louvre. Diese Vorlagen wären dann auch ein Beleg zum einen für die Beliebtheit gerade niederländischer Malerei bei den Tableaus, aber auch für das doppelsinnige Spiel mit Nacktheit, zu dem sich die Wiener Gesellschaft im Zitat offen-

181

sichtlich bereit fand. Was freilich das Interesse gerade für eines dieser Bilder geweckt hat, muß ebenso Spekulation bleiben wie die Frage, ob die Veranstalter vielleicht wußten, daß Schuberts erste erhaltene Gesangskomposition eben HAGARS KLAGE war, die er 1811 nach einer Vorlage von J.R.Zumsteeg komponiert hatte, oder ob sie wußten, daß Goethes Gedicht GESANG DER GEISTER in einer frühen Fassung GESANG DER LIEBLICHEN GEISTER IN DER WÜSTE lautete?

Bleibt noch das Tableau SOKRATES VOR SEINEN RICHTERN von Heinrich Füger, das, gerade weil es das heute unbekannteste ist, vielleicht das interessanteste ist. Wer war Heinrich Füger?

Heinrich Füger wurde 1751 in Heilbronn bei Stuttgart geboren und starb am 5. November 1818 in Wien, also etwa 30 Monate vor unserem Konzert. In der Biographie von Alfred Stix (Leipzig 1925) lesen wir zu Fügers Kindheit: »*Fügers Taufpate, Friedrich Beck, war Waisenpfarrer in Ludwigsburg, dem damaligen Zentrum der Kunstbestrebungen Herzog Karl Eugens von Württemberg. Seiner Überredung gelang es, den Vater zum Nachgeben zu bewegen und so den jungen Heinrich Friedrich als Schüler zu dem Hofmaler des Herzogs, Guibal, zu bringen.*« Schließlich studierte Füger aber dann doch Jura, ohne die Malerei aufzugeben. Auf mannigfachen Umwegen, u.a. über Leipzig (als Schüler von Oeser), Rom und Neapel, kam er 1784 nach Wien, wurde dort zuerst Vizedirektor der Akademie, Hofmaler und später Direktor der Gemäldegalerie des Belvedere. Berühmt waren vor allem seine Miniaturen, die sich bewußt von den Physiognomien Lavaters abheben. Interessant auch seine Verbindung zu Christoph Martin Wieland, dessen ARISTIPP und GRAZIEN er illustrierte. (Wielands GRAZIEN waren 1769 in einer Choreographie Noverres in Wien uraufgeführt worden!). Füger hatte freilich unter den napoleonischen Kriegen zu leiden: nicht weniger als dreimal hatte er die gesamten Sammlungen des Belvedere ein- und wieder auszupacken! Fügers Ruf wurde aber immerhin mit der Zeit so

Philip van Dyck

SARAH PRÉSENTANT AGAR À ABRAHAM

SARAH FÜHRT HAGAR ZU ABRAHAM

ABRAHAM RENVOYANT AGAR ET ISMAËL

ABRAHAM TREIBT HAGAR UND ISMAEL AUS

groß, daß während des Wiener Kongresses ausländische Poten-
taten sich bei ihm die Klinke in die Hand gegeben haben. In diesem Zusammenhang ist auch verbürgt, daß die Wiener van
Dyck-Sammlung im Belvedere sehenswert gewesen sein muß:
»Der Inspektor Füger, ein ausgezeichneter Geschichts- und Porträt-
maler, hatte uns gern selbst geführt. Vorzüglich richtete er unsere Auf-
merksamkeit auf verschiedene Werke von Tizian und Rubens, deren
Anzahl so bedeutend ist, daß sie allein zwei Säle füllen. Ebenfalls er-
blickten wir dort mehrere Meisterwerke von Van Dyck.« (la Garde II,
345f). Daß Füger sich selbst für Attituden interessiert hat, ist
wiederum durch den schon erwähnten Reichardt verbürgt. Der
schreibt nämlich in seinen VERTRAUTEN BRIEFEN von 1809, daß
bei einer Attituden-Aufführung der Hendel *»mehrere Zeichner,*
unter denen selbst Füger war«, im Hintergrund damit beschäftigt
waren, *»einige ihrer Attitüden zu zeichnen, wofür sie ihnen denn*
auch freundliche Winke und Grüße von der Höhe zuwarf.« (26. Brief)
Das Bild SOKRATES VOR SEINEN RICHTERN ist darüberhinaus
auch von dem zeitgenössischen Kupferstecher Vinzenz Kininger als Schabkunstblatt nachgeschaffen worden, so daß für eine
weitere Verbreitung des Bildes gerade in Wien gesorgt war.
Dem Betrachter des Bildes fällt freilich auf, daß es ausschließlich
männliche Darsteller braucht, und daß - wie schon bei Renis
AURORA - mehr als 10 Personen an einem solchen Tableau beteiligt gewesen sein müssen!

Die Wahl eines Bildes von Füger als Tableau-Vorlage zeigt
wie die der anderen Bilder, daß die Tableaus Teil eines restau-
rativen Kunstverständnisses waren, das vor allem arrivierte
Künstler und Kunstwerke gelten ließ und auch Personen des
Wiener Kulturlebens in den Mittelpunkt stellte. Die Aufführung in der sog. Fastenzeit legt darüberhinaus nahe, daß
Tableaus für wenig anstößig galten. Bei allen Tableaus handelt
es sich um für die damalige Zeit »kanonisierte« Bilder, deren
Darstellung nichts Improvisiertes hatte. Bildungsgut, ambitio-
niert und idealisiert dargeboten. Selbst reproduzierend als Form

Heinrich Füger

Sokrates vor seinen Richtern

eines romantischen »Play-Back«, eines sich Zurück-Spielens in die Vergangenheit im wörtlichen Sinne, korrespondieren die Tableaus mit anderen Formen der popularisierenden Reproduktion: mit dem Kupferstich und später auch mit der frühen Fotografie. Und soweit bevorzugt Kinder eingesetzt wurden, haben wir hier die frühen Vorläufer unserer Mini-Playback-Shows! Ebenso zeigt sich, daß die literarischen Tableaus bei Goethe und Eichendorff sehr genau die Realität der Salons abbilden, wie sie etwa unsere beiden Programme von 1821 belegen. Eichendorffs Roman AHNUNG UND GEGENWART, 1815 in Wien entstanden, könnte geradezu Programm unseres Schubert-Abends sein: auf die Tableaus folgt der Auftritt einer Bajadere. Eichendorffs Roman stellt das (positiv gezeichnete) Tableau der nachfolgenden (negativen) Tanz-Dressur eines kleinen Mädchens gegenüber. Nur daß diese Bajadere im Falle unseres Programms die junge Fanny Elßler war, deren Name freilich falsch geschrieben ist! Man ahnt, aus welchen Quellen sich Hugo v. Hofmannsthal im Wien der Jahrhundertwende ein Eichendorff-Ballett zusammengestellt dachte!

Aber wo immer sich die Literatur nach Goethe und Eichendorff dieses Themas annimmt - also von Heinse, Gutzkow, E.T.A. Hoffmann, Mörike, Johanna Schopenhauer, Gottfried Keller bis Günter Grass - das von den Romanfiguren nachgestellte Fontane-Denkmal Max Wieses in Neuruppin ist im Roman EIN WEITES FELD ein literarisches Tableau ersten Ranges!-, oder von den Final-Tableaus bei Gogol bis zu den Madonnen- und Maria-Attituden bei Rilke - immer gehen die literarischen Tableaus über die reine Mode hinaus: das literarische Tableau geht nicht im »Nachstellen« des Vorgefundenen auf. Dem Nachstellen folgt das Vorstellen, dem Vorstellen folgt das Deuten, dem Deuten das Vorbedeutende. Das in den Rahmen Gestellte fällt somit nachträglich »aus dem Rahmen«, das dargestellte Bild bekommt eine Vorbedeutung für das restliche Romangeschehen. Bei Eichendorff und Goethe ist es insbesondere die Natur selbst, die in die Tableaus einbricht: »*Man sah nämlich sehr überraschend ins Freie, überschaute statt eines Theaters die große, wunderbare Bühne der Nacht selber, die vom Monde beleuchtet draußen ruhte*«, heißt es bei Eichendorff. Und Goethes Roman WAHLVERWANDTSCHAFTEN beginnt mit Naturausschnitten im Passepartout: »*An der Türe empfing Charlotte ihren Gemahl und ließ ihn dergestalt niedersitzen, daß er durch Tür und Fenster die verschiedenen Bilder, welche die Landschaft gleichsam im Rahmen zeigten, auf einen Blick übersehen konnte.*«

Die Konkurrenz von Natur-Bild und Menschen-Tableau, und der Effekt des Aus-dem-Rahmen-Fallens kommt in den Programmen von 1821 gewollt oder ungewollt den Werken Schuberts zu. Das mag auch den eingeschränkten Erfolg des Abends erklären: denn während Schuberts Quartett DAS DÖRFCHEN noch gut ankam, war die Reaktion des Publikums beim GESANG DER GEISTER mehr als verhalten. »*Es blieb kalt, keine Hand rührte sich, und die Sänger, welche durchdrungen von der erhabenen Schönheit dieses Tonwerkes, den größten Erfolg erwartet hatten, zogen sich wie von einem kalten Sturzbad getroffen zurück*« (Deutsch: Schubert-Erinnerungen). So erzählt es uns jedenfalls Viktor Umlauff von Frankwell, dessen Vater bei diesem Quartett mitgesungen hatte. Aus den Schubert-Dokumenten wissen wir auch, daß Schubert zu scheu war, um selbst auf dem neuen Graf-Flügel zu begleiten. Schubert saß als Umblätterer bzw. »Blatt-Laus« abseits. Er hat sich vor so viel »High Society« und »guter Gesellschaft« ganz einfach versteckt. Wundern muß uns dies nicht: zu direkt dringt im ERLKÖNIG und in den GEISTERN die Natur ins Passepartout. Während die Tableaus »overcrowded« und extrem personenreich sind, pflegen Schuberts Werke die prometheische Naturlyrik des jungen Goethe. Wie sollte das schroff Gezackte der Lyrik, von Schubert doch kongenial und wagemutig umgesetzt, in Verbindung mit dem idealisierten Konzept der Tableaus Erfolg haben können? Nackter Granit und Fels gegen Leinwand und klassizistisches Kostüm?

Schuberts Affinität zu den Tableaus, die seine Werke hier umrahmten, braucht also nicht überbewertet werden. Schubert ist musikalischer Zeichner außer Konkurrenz: mal ist es ein Tableau-Thema wie der Hirt auf dem Felsen, mal ist es nur eine Wetterfahne, die als »objet trouvé« für ein musikalisches Psychogramm dient, oder ein Leiermann, der nun gar nicht in einen Salon paßt. Schubert trifft sich mit dem von ihm vertonten (jungen) Goethe gerade da, wo er nicht aufgeführt wurde. Nicht im Salon, sondern außerhalb: in der Natur. Dort, wo Metamorphose keine Frage eines historischen Kostüms ist, sondern aktuelle Begegnung mit der Natur!

Wenn uns im Schubert-Jahr 1997 Gelegenheit gegeben ist, die Werke Franz Schuberts geradezu enzyklopädisch anhören zu können, dann sollten wir darüber nicht vergessen, in welch (für uns heute eher fremdem) Rahmen viele der Schubertschen Lieder und Vokalwerke tatsächlich zum erstenmal erklungen sind. Sie waren häufig nicht mehr als kleine musikalische Farbtupfer auf dem großen und aufwendigen Gemälde einer Abendunterhaltung in Wien.

Der Autor dankt Elisabeth Hackenbracht für wichtige Anregungen. Er dankt dem Österreichischen Theatermuseum Wien für die freundliche Zurverfügungstellung und Abbildung der Originalprogramme, Dr. Michael Krapf (Österreichische Galerie Belvedere) für viele sachdienliche Auskünfte und der Graphischen Sammlung Albertina, aus deren Beständen V. Kiningers Stich nach H. Füger Sokrates vor seinen Richtern stammt. Weiterer Dank gilt dem Musée du Louvre, Dr. Rainer Wilhelm und Rudolf Henning (Württembergische Landesbibliothek Stuttgart).

Aus der umfangreichen Sekundärliteratur zum Thema »Tableau vivant« seien stellvertretend drei Aufsätze genannt:

August Langen: ATTITÜDE UND TABLEAU IN DER GOETHEZEIT, in: Jahrbuch der Deutschen Schillergesellschaft 12. 1968, 194-258.

Wolfgang Kemp: DIE BEREDSAMKEIT DES LEIBES. Körpersprache als künstlerisches und gesellschaftliches Problem der bürgerlichen Emanzipation, in: Städel-Jahrbuch 1975, 111-134.

Norbert Miller: MUTMASSUNGEN ÜBER LEBENDE BILDER. Attitüde und »tableau vivant« als Anschauungsform des 19. Jahrhunderts, in: Helga de LaMotte-Haber, (hg): DAS TRIVIALE IN DER LITERATUR, Musik und Bildender Kunst, Frankfurt 1972,106-130.

Für zeitgenössische Beschreibungen Wiens wurde vor allem auf die folgenden Monographien zurückgegriffen:

Johann Friedrich Reichardt: VERTRAUTE BRIEFE, geschrieben auf einer Reise nach Wien und den Österreichischen Staaten zu Ende des Jahres 1808 und zu Anfang 1809. Eingel. und erl. von Gustav Gugitz, 2 Bde München 1915.

Auguste-Louis-Charles de la Garde: GEMÄLDE DES WIENER KONGRESSES 1814-1815. Erinnerungen, Feste-Schilderungen, Anekdoten (mit einem Vorwort und zahlreichen Anmerkungen neu herausgegeben von Gustav Gugitz), Bd. I / II München 1912.

Dazu die einschlägigen Werke von Otto Erich Deutsch zu Franz Schubert und Hilde Spiels Buch GLANZ UND UNTERGANG. Wien 1866-1938, München 1987.

Zum Kontext »Literatur und Tanz« vgl. auch Matthias Strässner: TANZMEISTER UND DICHTER, Berlin 1994 mit weiterer Literatur.

Elisabeth Hackenbracht

»DER VOLLMOND STRAHLT
AUF BERGESHÖHN«

Eine Landschaft für Schuberts »Rosamunde«

»Man lag vor Myrrha, einer länglichen, ausgedehnten Insel, die eben jetzt zum Mittelpunkt der Ägäis aufrückte, vermöge keines absonderlicheren Umstandes, als daß eine heiratsfähige Erbprinzessin die Blicke der Nachbarn auf sich zog.«
W. v. Niebelschütz

Als Helmina v. Chézy im Herbst 1823, nach eigenen Aussagen, in fünf Tagen ihre *»Rosamunde, Fürstinn von Cypern«* schrieb, muß sie sich vom Ort der Handlung, den sie für ihr Schauspiel wählte, einen besonderen Effekt versprochen haben. Die zahlreichen einer Rosamunde gewidmeten dramatischen und erzählerischen Werke, die schon existierten und die vielleicht auch Helmina v. Chézy bekannt waren, spielen an anderen, ganz verschiedenen Orten, nicht auf Zypern; es gibt, wie wir lesen, eine *»Rosmonda d'Inhilterra«,*[1] die als opera seria von Donizetti komponiert wurde, es gibt eine spanische Rosamundenlegende und eine Rosamunde, die die Tochter eines Herzogs von Toskana ist; nur mit einem um 1800 skizzierten Dramenentwurf Schillers hat Helminas ROSAMUNDE den Schauplatz *»Cypern«*, wenn auch sonst nichts, gemeinsam.

Abgesehen davon scheint im frühen neunzehnten Jahrhundert die Insel im ägäischen Meer durchaus ein Ort von poetischer Faszination gewesen zu sein. Dieser Eindruck drängt sich auf, wenn man die Titel jener dramatischen Dichtungen überfliegt, deren Handlung auf Zypern spielt. Unter ihnen erscheint aus dem Jahr 1841 eine Oper von Schuberts Freund Franz Lachner mit dem Titel CATHARINA CORNARO; und der Italienreisende erinnert sich, daß ihm diese Caterina Cornaro im Veneto begegnet, genau gesagt in Ásolo, einem kleinen, auf einem Hügel vor dem Gebirge gelegenen Städtchen, das seinen Charme vor allem jener Regina di Cipria verdankt, die im 15. Jahrhundert

dort Hof hielt. Vieles erinnert in dem kleinen Ort an diese bedeutende Frau. Unvermeidlich kommt man auf dem Weg zum
Friedhof von St. Anna[2] über die Via Regina Cornaro und an der
Villa Cipriani vorbei, einem von einem mediterranen Terrassen-
garten umgebenen Hotel, das seine Anziehungskraft nicht zuletzt aus der Atmosphäre bezieht, die sich das herrschaftliche
Haus aus dem 15. Jahrhundert über all die Jahrhunderte hinweg
erhalten hat dank der Erinnerungen an den glänzenden Hof der
jungen Königin im nahegelegene Castell. »Il periodo più splendido
della storia di Ásolo« seien die Jahrzehnte gewesen, als Caterina
sich dorthin zurückgezogen hatte, liest man im Fremdenführer.
16 Jahre lang hatte sie für ihren unmündigen Sohn die Regierung auf Zypern geführt, dann aber zugunsten von Venedig, sie
selbst stammte aus einer alten venezianischen Familie, auf die
Insel verzichtet und als Gegengabe das Castell von Ásolo erhalten, mit einer großzügigen Apanage, die ihr eine glänzende
Hofhaltung ermöglichte und ihr erlaubte, die bedeutendsten
Künstler und Literaten ihrer Epoche um sich zu sammeln. Franz
Lachners CATHARINA CORNARO ist auf der Opernbühne nicht so
lebendig geblieben wie die Regina Caterina der Asolaner; aber
noch die großartigste musikalische Dedikation an Zypern, Giu-
seppe Verdis OTELLO, zehrt von der historischen Bedeutsamkeit,
den politischen Konsequenzen, die das Arrangement Caterinas
mit Venedig hatte. Im Briefwechsel zwischen Verdi und Arrigo
Boïto, der, selbst ein bedeutender Komponist, auf Grund von
Shakespeares Tragödie das Libretto für Verdis Oper dichtete,
findet sich ein Vorschlag Boïtos für den möglichen zeitlichen
Rahmen der Opernhandlung, »ein Zeitabschnitt, der nicht über
1520-25 hinausgehen kann«, und er begründet diese Festlegung
mit dem Hinweis, ein Gefecht zwischen Venezianern und Tür-
ken (die Exposition der Tragödie) sei in jenen Jahren durchaus
möglich gewesen: »das Königreich Zypern (das heißt die Erbschaft
der Caterina Cornaro) war bereits in den Besitz der Venezianischen
Republik übergegangen«.[3]

Helmina von Chézy hat sich diese dramatisch attraktiven historischen Zusammenhänge nicht zunutze gemacht; ja, sie scheint sich überhaupt keine konkrete Beglaubigung für die Handlung ihrer »*Rosamunde, Fürstinn von Cypern*« besorgt zu haben. Zwar mögen bei dieser gebildeten und in verschiedenen europäischen und außereuropäischen Literaturen belesenen Frau sehr weitgehende Assoziationen bei der Wahl des Umfelds für ihre Dichtung eine Rolle gespielt haben, aber in erster Linie hat sie wohl für ihr Schauspiel eine Art von heroisch-idyllischem Hintergrund gesucht. »*Cypern*« so erfährt man in Brockhaus' Konversationslexikon von 1894, »*am östlichen Rande des Mittelmeers, südlich von Kleinasien in wichtiger Lage zum Suez-kanal und zu Ägypten gelegen*«, war Anfang des 19. Jahrhunderts, zu Schuberts Zeiten also, türkisch, es war »*nach der tapfersten Gegenwehr des Marco Antonio Bragadino*« 1571 in den »*Besitz der Pforte*« gekommen. Zu Schuberts Lebzeiten änderte sich an den Souveränitätsverhältnissen auf Zypern nichts. Helmina allerdings könnte später mitbekommen haben, daß es vorübergehend zu Ägypten gehörte, das, nach kriegerischen Auseinandersetzungen, zwischen 1832 und 1840 »*vom Sultan förmlich belehnt*« wurde mit der Insel. Ein exotischer Ort, aber auch ein strategischer, immer wieder heftig umstritten und damit eine Szenerie, die für die Dichterin auch ohne Rückgriff auf konkrete Ereignisse eine vage dramatische Disposition bereithielt.

Aber das ist nur das eine, was Zypern an Atmosphärischem zu bieten hat; »*die mächtige archaische Gebirgskette des Olymp mit reizenden Thälern, prachtvoller Waldvegetation und zahlreichen, einige Monate mit Schnee bedeckten domförmigen Kuppen*«, »*zwischen den beiden Hauptgebirgsketten … die tertiäre und alluviale Central-ebene*« (so der Brockhaus) - hier ist eine Landschaft entworfen, in der sich das Idyll aus dem Schatten einer großartigen, ja monumentalen Kulisse öffnet.

Bis vor kurzem wären wir auf die vagen Hinweise in den Première-Besprechungen der zeitgenössischen Presse angewiesen gewesen, wollten wir uns eine Vorstellung machen von dem, was sich Franz Schubert an Szenerie vorzustellen hatte, als er daran ging, die Musik zu Helminas Schauspiel zu komponieren; denn der Text des Schauspiels, wie es am 19. Dezember 1823 in Wien uraufgeführt wurde, ist verloren gegangen. - Offensichtlich hatte auch Schubert nur wenige Tage Zeit für die Komposition. Es ist bekannt, daß er sich die Arbeit an einer Ouvertüre für ROSAMUNDE sparte und dafür diejenige verwendete, die ursprünglich für seine Oper ALFONSO UND ESTRELLA gedacht war. Für die Stücke, die er eigens für ROSAMUNDE geschrieben hat, »Gesänge« und Orchesterstücke, muß es aber - trotz der immer wieder bezweifelten Qualität der Textvorlage des Schauspiels - einen spontanen, fruchtbaren Impuls gegeben haben.

Nun liegt seit kurzem der Neudruck eines aus dem Archiv des Stuttgarter Hoftheaters erhaltenen Kopistenmanuskript des ROSAMUNDE-Schauspiels vor; Helmina v. Chézy hatte den Text vermutlich zusammen mit Schuberts Musik dem Stuttgarter Hoftheater angetragen. Nach der Trennung von ihrem Mann, besonders aber nach dessen Tod war sie auf die Einkünfte aus ihrer Schriftstellerei angewiesen, und so war dies einer ihrer vielen Versuche, eines ihrer Stücke an einer Bühne unterzubringen - ein Umstand, dem wir es verdanken, daß wir nun über einen ROSAMUNDE -Text verfügen.

Obwohl es sich bei dem wiederaufgefundenen Manuskript nicht um eine Abschrift der ersten Fassung handelt, die der Uraufführung zugrundelag, das Original zu dieser Kopie vielmehr eine spätere Bearbeitung sein muß, mag es uns als Quelle dienen; denn es ist anzunehmen, daß Helmina, da sie nicht den Schauplatz änderte, die Hinweise für die Kulisse beibehalten hat.

Schauen wir also in den von Till Gerrit Waidelich edierten Text der ROSAMUNDE, so hebt sich der Vorhang zum ersten Akt über einer »*mit Felsen und Waldungen bedeckten Landschaft*«[4] und »*man erblickt das mondbeglänzte Meer*«. Rosamunde sehnt sich, sie spricht es aus in einem 6-strophigen Monolog, nach »*blauen Klippen*«. Für die zweite Szene ist »*eine Schlucht am Meeresstrande*« vorgesehen. Die vierte Szene zeigt »*eine andre Stelle am Ufer. Mehr als die der zweiten Scene von hohen Klippen umgeben und dunkel*«. Der zweite Akt bringt »*im Hintergrunde Waldung am Meer*«. Der dritte Akt bietet uns ein eher feudales, fürstliches Ambiente: »*Schöner Sommerabend, der Garten eines Lustschlosses. Uiberm Meer die Abendröthe*«, das in der zehnten Szene sich noch einmal verwandelt in »*Das Meeresufer am Lustwald, Gebüsch, Waldung, tiefes Dunkel.*« Soweit die Szenerie der ersten drei Akte.

Es versteht sich, daß uns nicht interessiert, wie diese Szenenanweisungen für eine Aufführung konkret umzusetzen seien. Sie selbst genügen uns für unsere Frage nach Helminas Vorstellung, bzw. nach dem, was Schubert an sprachlich vermittelten Bildern zur Verfügung hatte, worauf er reagieren konnte mit eigenen inneren Bildern, die den Stücken, die er für das Schauspiel Helminas komponierte, ihren musikalischen Charakter geben.

Um eine Vorstellung zu gewinnen, was sich Schuberts Zeitgenossen (nur in den seltensten Fällen mit großen eigenen Reiseerfahrungen) bei der Lektüre solcher Landschaftsdefinitionen gedacht, was ihre Phantasie beeinflußt haben könnte, blättern wir, mit den Anweisungen fürs Bühnenbild im Sinn, eine Sammlung zeitgenössischer Handzeichnungen[5] durch; dabei fällt ein Sujet ins Auge, das sich überraschend buchstäblich in doppelter Hinsicht im Zusammenhang mit Schubert als interessant entpuppt: eine schöne, ausdrucksvolle Rötelzeichnung Ferdinand Oliviers. Sie hat zwar weder mit Zypern noch mit Helminas Schauspiel etwas zu tun - sie ist erst Jahre nach Schuberts Komposition entstanden und trägt den Titel »*Italienisches*

Gebirge« -, und kann dennoch ohne weiteres für einen Szenen-
entwurf zu Helminas Schauspiel herangezogen werden.

Olivier, der in Dresden die Bekanntschaft C.D. Friedrichs
machte und dessen Haus während seines Wiener Aufenthalts,
mit Unterbrechungen von 1812 bis 1830, ein Treffpunkt für
Künstler und Gelehrte war, war ein Freund Moritz v. Schwinds
und Landschaftsmaler - bei O.E. Deutsch wird er *»einer der fein-
sten Vertreter der romantischen Schule«*[6] genannt. Olivier, der den
Umkreis um Schubert zumindest streifte (das geht aus einer bei
O.E. Deutsch abgedruckten Briefnotiz M. v. Schwinds hervor),
hatte die auf seinem Blatt abgebildete *»italienische«* Landschaft
schon einmal gezeichnet. 1838, offensichtlich unter dem Eindruck einer, wahrscheinlich sogar zurückliegenden Reiseerfah-
rung, entwirft er eine *»Gebirgslandschaft im Salzburgischen«*, die
er genau lokalisiert: *»Untersberg und hoher Göll von Puch bei Hallein aus gesehen«.*[7] Noch im selben Jahr - fast möchte man sagen -
wiederholt er die Zeichnung unter dem schon genannten Titel:
»Italienisches Gebirge«.[8] Daß er es mit solcher Gleichsetzung
ernstmeinte, belegt eine Bemerkung in einem Brief von 1817 an
Julius Schnorr von Carolsfeld, die in der Edition der Handzeichnungen den Blättern Oliviers beigegeben ist: *»... schon bevor wir
nach Neumark kamen, heiterte es sich auf, so daß wir des Anblicks herrlich aufsteigenden Salzburger Gebirges teilhaftig wurden. ... Frommel,
welcher an eine Ähnlichkeit mit Italien nicht recht hatte glauben wollen, bekannte nun auch, nie etwas Schöneres gesehen zu haben.«*[9] Ein
Landschaftstopos also, eine Vorstellung von südlichem Gebirge,
in welcher ästhetisch geprägte Erwartungen, Erfahrungen
näherliegender Landschaften und Erinnerungen an Landschaftsbilder früherer Reisen ineinandergleiten. Die leichten Modulationen, die aus dem Salzburgischen Italienisches machen, sind
atmosphärischer Art, berühren nicht die Struktur der Landschaft: *»die mächtige archaische Gebirgskette«*, *»reizende Thäler«*,
»prachtvolle Waldvegetation« »domförmige Kuppen«, die *»Ebene«*.
Diese anverwandelte Szenerie hat gegenüber dem natürlichen

Ferdinand Olivier
GEBIRGSLANDSCHAFT IM SALZBURGISCHEN.
UNTERSBERG UND HOHER GÖLL VON PUCH
BEI HALLEIN AUS GESEHEN.
1838

Ferdinand Olivier
Italienisches Gebirge
1838

Urbild den Vorzug, daß bereits ästhetisch definierte Bezugspunkte eingetragen sind; sie hat vor der »echten« Salzburger
Landschaft bzw. einer entsprechenden italienischen gleichzeitig
eine großräumigere Deutungsmöglichkeit wie eine größere
Dichte voraus. Sie ist gleichsam reduziert auf spezielle Charakte-
ristika, die etwas Allgemeineres definieren: das Mediterrane.

Schubert kannte diesen österreichischen Landstrich, der in
Oliviers Zeichnung eine Metamorphose ins Italienische erfährt.
In einem ausführlichen, die Landschaft wunderbar schildern-
den Brief löst er das Versprechen an den Bruder Ferdinand ein,
*»eine ausführliche Beschreibung unserer Reise nach Salzburg und Ga-
stein [zu] machen«*, die er zusammen mit dem Sänger *»Hr. v. Vogl«*
im September 1825 unternahm; *»allein Du weißt wie wenig ich
zum Erzählen und Beschreiben geeignet bin; da ich indessen bei meiner Zurückkunft nach Wien auf jeden Fall erzählen müßte, so will ich
es doch lieber jetzt schriftlich als dann mündlich wagen, ein schwaches
Bild all dieser außerordentlichen Schönheiten zu entwerfen, indem ich
jenes doch besser als dieses zu treffen hoffe«*[10]; so hatte er am 12. September einen viele Seiten langen Brief aus Gmunden begonnen,
und, um in einem zweiten Brief vom 21. September seine *»Reise-
beschreibung (die mich leider schon reuet, weil sie mir zu lange dau-
ert) fortzusetzen, folgt wie folget Folgendes: Der folgende Morgen war
nämlich der schönste Tag von der Welt und in der Welt. Der Untersberg, oder eigentlich der Oberste glänzte und blitzte mit seinem Ge-
schwader und dem gemeinen Gesindel der übrigen Berge herrlich in,
oder eigentlich neben der Sonne. Wir fuhren durch das oben beschriebene Thal, wie durch's Elysium, welches aber von jenem Paradies noch
das voraus hat, daß wir in einer scharmanten Kutsche saßen, welche
Bequemlichkeit Adam und Eva nicht hatten.«*[11] Wir wissen zwar,
daß Schubert diese *»anmuthige Gegend«* erst eineinhalb Jahre
nach der Komposition der Rosamunde-Musik gesehen hat, und
so entfällt jede Spekulation, diese Landschaft könne dem Komponisten die Musik der Rosamunde eingegeben haben. Aber
selbst wenn an eine direkte Übertragung einer solchen Erfah-

rung in die Musik nicht gedacht ist, wagen wir die Vermutung, es könne einen tieferliegenden inneren Zusammenhang zwischen der Empfänglichkeit für die »*Lieblichkeit dieses Thals*«, für die »*unaussprechliche Schönheit*« solcher Natur und dem Charakter gewisser Schubertscher Kompositionen dennoch geben.

Hier sei verwiesen auf den interessanten Versuch des Filmemachers Norbert Beilharz, der in einer rhythmisch »komponierten« Bildersequenz eine direkte Übersetzung der musikalischen Motive der Symphonie in C-Dur[12] in Motive der Salzburgischen Gebirgslandschaft versucht und damit umgekehrt auch eine konkrete Anregung von Schuberts musikalischer Phantasie durch die Naturerfahrung nahelegt. Manch einer vermag dieser faszinierenden Interpretation vielleicht gerade ihrer Deutlichkeit wegen nicht ganz zu folgen. Aber das landschaftliche Moment, so vorgeführt und bewußt gemacht, wird sich dem zuschauenden Hörer einprägen, auch wenn er sich vielleicht lieber mit Peter Härtlings zarter metaphorischer Andeutung begnügen möchte, der im Zusammenhang mit Schuberts und Vogls gemeinsamer Reise schreibt, die Gegend breite sich aus, »*um den Reisenden zu gefallen, die hügelige Anmut, dieses strophische Land*«.[13]

Schuberts Kompositionen zu ROSAMUNDE haben von allem Anfang an mehr Anklang gefunden als Helmina von Chézys Schauspiel. Während die Vokalnummern sehr bald in sogenannten »Abendunterhaltungen« zur Aufführung kamen und Konzertaufführungen der Rosamunde-Musik seitdem überall im Programm sind, erlebte das Schauspiel in Wien nur eine einzige Wiederholung und wurde danach, soweit bekannt, nur noch einige Male in München aufgeführt (übrigens nicht mit Schuberts Musik). Bereits bei der Uraufführung bemerkte man, es genüge nur bescheidenen Ansprüchen an Dramatik, wenn es auch kaum dürftiger sei als das übliche »*Maschinenwerk der Melodramendichtungen - worunter dieses Product gehört*«, und sich durch »*eine schöne, mitunter poetische Sprache*« auszeichne[14] - das erfahren wir durch einen zeitgenössischen Rezensenten. Die Musik dagegen wurde selbst von der enttäuschten Textdichterin über alle Maßen gerühmt. In einem offenen Brief, der in der »Wiener Zeitschrift für Kunst« vom 13. Januar 1824 veröffentlicht ist, versucht Helmina von Chézy, die Hintergründe für das Scheitern ihres Schauspiels mehr anzudeuten als darzulegen[15]. Daß sie trotz der vernichtenden und für sie folgenschweren Kritik an ihrem Stück so besonders anerkennende Worte für die Musik Schuberts fand, öffentlich und in privaten Briefen, macht sie sympathisch und beweist ihre künstlerische Feinfühligkeit: *»Das Orchester that Wunder, es hatte S c h u b e r t s herrliche Musik nur zweymal in einer einzigen Probe durchspielen können, und führte die Ouvertüre und die meisten übrigen Nummern mit Präcision und Liebe aus. Ein majestätischer Strom, als süß verklärender Spiegel der Dichtung durch ihre Verschlingungen dahinwallend, großartig, r e i n m e l o d i ö s, innig und unnennbar rührend und tief, riß die Gewalt der Töne alle Gemüther hin.«*[16]

Die Exposition ihres Schauspiels hält Helmina von Chézy, wie gesagt, sehr im allgemeinen, so daß sich eher mythische Parallelen aufdrängen als historische Zusammenhänge: *»Man lag vor Myrrha, einer länglichen, ausgedehnten Insel, die eben jetzt zum Mittelpunkt der Ägäis aufrückte, vermöge keines absonderlicheren Umstandes, als daß eine heiratsfähige Erbprinzessin die Blicke der Nachbarn auf sich zog.«* Ebenso präzis wie offen ist mit dieser Anleihe bei einem viel Späteren die Situation umschrieben - Wolf von Niebelschütz beginnt mit diesen Sätzen seinen Roman DER BLAUE KAMMERHERR[17], und es spielt kaum eine Rolle, daß sich in der zitierten mediterranen Gegend hier nicht wie dort Rosamundes, sondern der mythischen Danae Schicksal erfüllt. *»Einer väterlichen Grille wegen«*, so konnten Schuberts Zeitgenossen im »Sammler« vom 30. Dezember 1823 lesen, *»ward die Fürstin Rosamunde im Hirtenstande erzogen. Nach vollendetem achtzehnten Jahre soll ihre Aja allem Volke ihren Stand entdecken und sie die Regierung antreten. Am 3. Juni ist der Termin um. Manches Wun-*

dersame kettet sich an diese Begebenheit, worunter auch die Ankunft des Prinzen von Candia, (d.i. Kreta) *der, von Kindheit an mit Rosamunde verlobt, nach Empfang eines geheimnisvollen Briefes nach Cypern eilt, aber an der Küste Schiffbruch leidet und sich ganz allein rettet. Fulgentius, der Statthalter von Cypern, hat unterdessen 16 Jahre lang auf Cypern regiert und er ist des Herrschens so wenig müde, daß er die Nachricht von dem Dasein der totgeglaubten Rosamunde gar unliebsam vernimmt. Diese hat bereits den verkleideten Prinzen von Candia gesehen, und beide erkennen sich durch einen geheim-sympa-thetischen Zug der Romantik als das für einander bestimmte Paar.«*
Ausführlich und notgedrungen umständlich ist im weiteren die komplizierte Handlung beschrieben[18], welche durch verwickel-te Mißverständnisse und Intrigen theatralische Spannung zu ge-winnen sucht. Da die Autorin auf konkrete historische Bezüge verzichtet, lasse sich die Handlung des Dramas, so der Heraus-geber des wieder aufgefundenen ROSAMUNDE -Textes, Till Gerrit Waidelich, *»aus den vagen Informationen Chézys auch unter Zuhilfe-nahme neuer geschichtlicher Studienwerke nicht exakt datieren«.*[19]
Auf die zypriotische Situation im allgemeinen gibt es nur weni-ge Verweise, die in der späteren Fassung eher verdeutlicht scheinen; so ist der folgende Satz unter dem Personenregister *»Die Szene ist auf Cypern«*[20] in der revidierten Textfassung er-gänzt durch den Zusatz: *»vor dem Einfall Amuret's«* - ein Name der zumindest erinnert an *»drei Sultane des osmanischen Reiches namens Murad«*; ebenso wird der Bösewicht *»Drogut«*, in der Ur-aufführung *»Haupt der Kosaren«*, nun ausdrücklich ein *»türki-scher Seeräuber«* genannt. Auch hier hat die Autorin den politi-schen Konflikt aber offensichtlich eher fürs szenische Kolorit ge-nutzt als wirklich ausgearbeitet.

Till Gerrit Waidelich macht jedoch auf einen interessanten zeitgeschichtlichen Bezug aufmerksam. Helmina von Chézy habe - zumindest findet sich dies so in der Neufassung - *»eine persönliche Erfahrung in das Werk«* eingebracht. *»Nachdem sie um 1811 im Odenwald erstmals drückende Armut erlebt und aufgrund* *fehlender eigener Mittel nichts dagegen zu unternehmen vermocht hatte, setzte sie sich später durch Petitionen nachhaltig für die Invaliden der napoleonischen Kriege und die Armen des Salzkammergutes ein, die nicht in der Lage waren, Steuern zu entrichten«.*[21] Waidelich bringt diese Aktivität Helmina von Chézys in Verbindung mit einer Gleichniserzählung der Axa über Harun al Raschids Wohltaten an einer armen Witwe; diese schließt mit dem Appell des in die Hütte zu den hungernden Kindern getretenen Kalifen: *»D u allein, / D u hast gefehlt. - Denn Allah nur dort oben / W e i ß alles, dem Chalifen mußt du's k l a g e n , / Kein Herrscher wird sich Menschenfleh'n versagen.«*

Die Kenntnis sozialer Zustände und die Sensibilität für gesellschaftliche Folgen bestimmter Machtstrukturen mag eine Rolle gespielt haben bei der Konzeption der Rosamunde-Figur, dem Gegeneinander ihrer verschiedenen Lebensumstände, das sich aus der Bestimmung als Fürstin und der Erziehung als Hirtin ergibt: In der »Wiener Allgemeinen Theaterzeitung« vom 30. Dezember werden hierzu drei Zeilen zitiert: Um Rosamunde

»Den Klippen stolzer Hoheit zu entzieh'n
Und sie durch Prüfungen im nied'ren Stand
Zu hohen Pflichten sorgsam auszubilden«,

wurde sie *»durch einen geheimen Gang zum Meeresstrande«* gebracht, *»um sie der Sorge einer treuen Fischerin Axa ... zu übergeben«*[22]: Fischer- bzw. Hirtenmilieu - Helmina scheint sich nicht genau zu entscheiden, möchte vielmehr, wiederum wohl aus Gründen des szenischen Kolorits, auf keins von beidem im Umfeld dieser Kindheit verzichten. Das Motiv der persönlichen Bindung an ein karges, natürliches Leben in einer idyllischen mittelmeerischen Insellandschaft - diese Erfahrung hat Rosamunde, in variierter Form, mit der mythischen Danae gemeinsam - wird im späteren Verlauf der Handlung dramaturgisch relevant. Rosamunde nämlich, um sich den Konflikten am Hof zu entziehn, kehrt (vorübergehend) zu ihrer Axa zurück, beschwört dadurch aber eine neuerliche, bedrohliche Komplikation herauf. So führt das idyllisch-elegische Motiv aparterweise zum Kulminationspunkt der Spannung. Da Helmina von Chézy im übrigen leider sehr unvorsichtig mit gewissen theatralischen Motiven umgeht, so kommt diese Konstellation, aus der sie eine ganz eigene, feinsinnige Spannung hätte entwickeln können (wie sie später dem Entwurf Hofmannsthals und schließlich der Oper von Richard Strauss DIE LIEBE DER DANAE zugrunde liegen wird), für das Ganze ihres Schauspiels nicht entscheidend zum Tragen.

Ganz anders wirksam wird das elegische Motiv von der verlassenen Kindheitsidylle für Schuberts Musik. Bei Walther Dürr und Arnold Feil lesen wir, die *»dritte Zwischenaktmusik«* scheine *»Rosamundes Rückkehr aus den Gefährdungen und Intrigen am Hofe zu Zypern in das Land ihrer Kindheit, in ein Märchenland des Friedens und der Harmonie darzustellen«.*[23]

Diese Musik, *»Entreakt nach dem 3. Aufzug«*, ist, wie der Herausgeber des ROSAMUNDE-Textes bemerkt, auch in der Neufassung, in der das Schauspiel in fünf »Acte« statt in vier »Aufzüge« eingeteilt ist, *»ausdrücklich vorgesehen«*, und zwar zwischen dem 4. und dem 5. Akt. Sie soll also, wie es schon für die Uraufführung im Orchestermaterial der »Gesellschaft der Musikfreunde«[24] festgelegt ist, *nach* der Romanze der Axa erklingen; Axa ist Rosamundes Pflegemutter, zu der sie vorübergehend zurückkehrt, um sich den Verwirrungen und den vermeintlich schuldhaften Verstrickungen, in die sie als wiederentdeckte Fürstliche Hoheit geraten ist, zu entziehen. Wenn *»Axa in ihrer Hütte bei Mondlicht«* singt, hebt sich - in der Neufassung - der Vorhang zum 4. Akt; entsprechend muß diese Szene in der Uraufführung zu Beginn des dritten Aufzugs gestanden haben. Rosamunde ist zurückgekehrt *»mit dem festen Entschlusse, nimmer von ihr [Axa] zu scheiden«*[25] und hört die »Romanze«, die, wie schon der zeitgenössische Rezensent vermutet, *»ohne Zweifel in der Gesangeswelt bald allgemein ein Lieblingsstück sein«*[26] wird. Auf der Bühne ist es zwar Axa, die das Lied singt; aber insgeheim repräsentiert die Romanze Rosamunde, die, *»hereinstürzend«*, in dem *»wehmuthsvollen Lied aus jungen Tagen«* den *»ungetrübten Frieden«*[2] ihrer Kindheit wieder spürt und sich nach dem frühen Glück zurücksehnt.

> *Der Vollmond strahlt auf Bergeshöh'n,*
> *Wie hab' ich Dich vermißt,*
> *Du süßes Herz, es ist so schön*
> *Wenn Treu die Treue küßt.*
>
> *Was frommt des Maien holde Zier?*
> *D u warst mein Frühlingsstrahl,*
> *Licht, meiner Nacht, o, lächle mir,*
> *Im Tode noch einmal.*
>
> *Sie trat herein, beim hellen Schein,*
> *Sie blickte himmelwärts,*
> *»Im Leben fern, im Tode dein.«*
> *Und süß brach Herz an Herz.*

Die elegische Idylle, die Schubert zu diesem *»Lied«* im Schauspiel komponiert hat, wird, wenn die Stücke in der im Orchestermaterial notierten Reihenfolge aufgeführt werden, in der Zwischenaktmusik, unmittelbar vor dem handlungsentscheidenden vierten Akt, noch einmal aufgenommen, wobei jenes berühmt gewordene Motiv, das Schubert im langsamen Satz seines Streichquartetts in a-Moll op. 29 wieder verwendet und das diesem den Namen gab, die Trauer um das Verlorene, fast vergessen läßt vor der Beschwörung einer ungemein leichten, schwebenden Harmonie, die in Tönen gleichsam gemalt ist.

Die Zwischenaktmusiken, die Hirtenmelodien, der Hirten- und der Jägerchor, sowie die Romanze, alle Kompositionen, die spontan für ROSAMUNDE geschrieben wurden, stehen in einem atmosphärischen Zusammenhang. Die Glücksmomente, die diese Musik dem Hörer vermittelt, leuchten auf aus einer fraglosen Verbundenheit mit einer schönen Landschaft, einer *»südlichen Waldlandschaft in den Bergen«*, wie sie in der schon erwähnten ägäischen Oper Richard Strauss' wieder auftauchen wird[28]. Da wir außerhalb dieses Motivkreises keine weitere direkt für ROSAMUNDE komponierte Musik kennen, können wir vermuten, Schubert habe sich für den dramatischen Handlungsablauf nicht interessiert, auch nicht für den Märchenschluß, die Hochzeit, die Rückkehr der Rosamunde an den Hof, die Übernahme ihrer königlichen Aufgabe, er habe vielmehr für seinen Teil mit seiner Musik Rosamunde endgültig an die verlorene Idylle gebunden und es offen gelassen, ob sie dahin für immer zurückkehren kann, wie dann viel später Richard Strauss' Danae, die Inselprinzessin, die Hofmannsthal für ihn entworfen und für die der Dichter sich vom Komponisten eine *»leichte, geistreiche Musik«*, für diese *»frühe mythische Antike«* *»als ›milesisches Märchen‹«*[29] gewünscht hatte. Hofmannsthal hat sein Libretto nicht mehr ausführen und nicht mehr hören können, mit welch hinreißend süßer, von Zeus gleichsam gesegneter Melodie Danae zu ihrem Hirten Midas zurückgeführt wird[30]; aber der oben zitierte Wolf von Niebelschütz hat seine Notizen aufgenommen und den Wunsch nach einer *»leichten, geistreichen Musik«* in die Sprache und ins dramaturgische Spiel seines 700 Seiten langen Romans um die mittelmeerische Danae übertragen. Auch diese Danae darf zurückfinden in ein von anderer, wunderbarer Musik entworfenes *»paradiso«*, weil sie gegen alle ihrer königlichen Hoheit angetragenen Verführungen ihre Treue zu sich selbst bewahrt, dort, *»auf dem Felsen am Meer ... die Augen weißblau im nächtigen Himmel«*.[31]

Den wehmütigen Grundton, der die Romanze der Axa weich umspielt - die Klavierfassung, die Schubert kurze Zeit später veröffentlichte, steht in f-Moll -, holt Schuberts Musik sich aus der Sehnsucht nach jenem verlorenen Glück, das seine

Hirtenkompositionen leicht und licht umschreiben. Assoziationen an eine bukolische Szenerie werden allein schon durch die Instrumentierung wachgerufen. *»Hier auf den Fluren«,* obwohl eine Chorkomposition, weckt in der Rhythmik und in der Melodiebewegung Erinnerungen an das kleine Liedchen auf Schlegels Gedicht DER SCHMETTERLING - an duftige, warme sommerliche Bilder, imaginiert Tänze und rhythmische Bewegungen, entwirft weite, helle Landschaftsräume. Man höre auf die Vorschläge, die Akzentuierung des ersten Taktteils, die Wechselschritte und Drehungen provozierenden Synkopen und Melodieschleifen, oft noch mit Echos in einem anderen Instrument, auf die aufsteigenden, in einem Wirbel sich verausgabenden Schlüsse. So fällt uns in den Balletten, den Zwischenaktmusiken, den Chören der Hirten und der Jäger die Identifizierung der geradezu mythischen »amönen Landschaft« nicht schwer. Und bezeichnenderweise ist auch in der Romanze die anschauliche Weite dem Orchestervorspiel anvertraut bzw. in der Liedfassung den einleitenden Takten des Klaviers, die am Ende noch einmal, ganz vorsichtig variiert, erklingen, so wie das Echo über die Berge kommt.

In einem Gespräch mit der Sängerin Mitsuko Shirai machte diese auf die Helligkeit des Vorspiels aufmerksam, darauf, daß das »as« zurückgehalten wird bis zum siebten Takt, d.h., daß das Vorspiel in Dur erklingt und erst der Auftakt der Gesangsmelodie in die Molltonart (in f-Moll) hineinführt. Wenn gleich der Anfang des Stückes in Moll stünde, könnte sich der »Raum« nicht öffnen, so wie es nun ist, daß man die Weite hören kann. Die Sängerin stimmte zu, daß diese Räumlichkeit der Musik etwas mit Landschaft zu tun habe, mit Bewegung, und sie denke sich, daß Schubert - zumal zu seiner Zeit, da schlechten Augen trotz der Brille nicht so gut zu helfen gewesen sei, - vorzüglich über das Gehör sensible Wahrnehmungen gemacht habe. Vielleicht habe er mit seinen kurzsichtigen Augen die Gegend mehr ahnend wahrnehmen können, das hieße dann wohl, daß er mit dem inneren Auge immer auch ein wenig ergänzt hat, was er nur ungefähr erblickte. Räumliche Weite, nach der er sich sehnte und in die er sich nur begrenzt sehend ergehen konnte, erschaffe er sich - wie hier - in Klängen. Mit e i n e m Intervall jedoch (c - as: »der Vollmond ... «) führe er dann mit dem Auftakt der Gesangspartie ganz woanders hin, in einen Innenraum, gleichsam zurück-, nicht mehr hinaus in die Weite, sondern in sich hineinblickend.

Nun läßt sich überraschenderweise Schuberts Interesse an dieser von Mitsuko Shirai beobachteten Wendung nach innen an einem »Fund« bestätigen, zu dem man durch die Publikation eines Faksimiledrucks seit kurzem Zugang hat. Der Solocharakter der Romanze war es Schubert wert gewesen, sie einige Monate nach der Uraufführung als Liedausgabe vorzulegen, »*Bei Sauer und Leidesdorf, Kärtnerstraße Nr. 941, ist soeben erschienen: Romanze der Axa. Aus dem Drama Rosamunde von Wilhelmine v. Chézy. In Musik gesetzt für eine Singstimme und mit Begleitung des Pianoforte eingerichtet von Franz Schubert, 26. Werk ... Preis 1 fl. W.W.*«[32].

Einer kleinen Sensation kam es gleich, als vor einigen Jahren in einem Antiquariat Notenhefte aus dem Besitz Carolines, der Comtesse Esterházy, auftauchten, »*mehrere Liederhefte und darunter vorwiegend Erstausgaben, die jener Schülerin Schuberts gehört hatten, der ›ohnehin alles gewidmet‹ war ...*«.[33] Darunter fand sich - »*ein für die Forschung überraschender Tatbestand - erstmals ein Exemplar einer Erstausgabe ..., das eine Fülle von Änderungen aufweist, die von der Hand des Komponisten stammen*«. Außer der an sich schon anrührenden Tatsache, daß sich im Besitz Carolines die Noten zur »*Ariette*« aus den »*Gesänge(n) zum Drama Rosamunde*« mit persönlichen Eintragungen Schuberts fanden, sind die handschriftlichen Korrekturen, die Schubert hier persönlich angebracht hat, außerordentlich aufschlußreich.

Carolines im Verlag Hans Schneider erschienenes faksimiliertes Heftchen macht es möglich, den korrigierten Notentext mit dem üblichen, den Sängern und Pianisten vorliegenden zu vergleichen.

Die erste Veränderung zeigt sich im siebten Takt: Das im Takt zuvor aufgelöste »as« ist auf der Gesangszeile mit dem vorgesetzten »b« markiert, und, während zudem im Klavierpart das »b« nachträglich noch einmal von Hand eingetragen ist, ist außerdem der Akkord, der das gesungene »as« begleitet, dahin gehend vervollständigt, daß, ebenfalls von Hand, ein »f« zugesetzt und so, wie die Sängerin sagt, der f-Moll-Charakter verstärkt ist - ein Hinweis darauf, daß dem Komponisten daran gelegen war, diesen Einstieg in die dunklere Tonart auffällig zu machen.

Es wurde schon erwähnt, daß mit dem Aufstieg vom »c« zum »as« unter den ersten Worten der Romanze sich der Charakter der Musik ändert. Daß bestimmte Intervalle ganz eigene Ausdruckskraft besitzen, habe sich ihr gerade beim Studium dieses scheinbar schlichten Liedes bestätigt. Jedes Intervall habe eine eigene Körperspannung, und wenn man als Sänger diese aufnehme, ergebe sich der besondere Ausdruckswert wie von alleine. Bei der Wiederholung des Textes *»Du süßes Herz es ist so schön«* bemerkte Mitsuko Shirai zu dem eigenartig aus dem »des« aufgelösten »d«, das die Stimme um einen winzigen Schritt höher führt als erwartet, daß dieses Intervall eine ganz andere Spannung provoziere, als wenn das eben erklungene »c« noch einmal angesungen würde. Die leichte Überhöhung breche die weiche Stimmung um eine kleine Bewegung auf und man könne nun die Sehnsucht hören, die das Wort »schön« eigenartig elegisch färbt. Mitsuko Shirai machte auch auf die vielen Diminuendo-Zeichen aufmerksam, und bei genauem Hinschaun kann man feststellen, daß Schubert noch zusätzlich welche nachgetragen hat. Diese Angaben bedeuten für die Interpretin, daß sie sich beim Singen immer mehr zurücknehmen, in sich selbst zurückkehren müsse, eben in einen Innenraum, der sich so allmählich aufbaue, bis das Ich, das da singt, ganz bei sich selbst sei. Sie machte auch aufmerksam auf die an vielen Stellen auffällige Rhythmisierung: ein punktiertes Sechzehntel mit einem Zweiunddreißigstel auf der zweiten Silbe von »Treue«, das dann wiederkehrt auf »im Tode noch *ein*mal« und in der dritten Strophe auf der zweiten Silbe des zentralen Wortes »im To*de* dein« ebenso wie in der Phrase über »und sanft brach Herz *an* Herz«. Hier sollte man auch beachten, daß das »as« über »an Herz« sowohl beim ersten Mal als auch in der rhythmisierten Fassung bei der Wiederholung aufgehellt sei zum »a«. Diese rhythmischen oder melodischen Irritationen bringen unbemerkt in die schlichte, sanfte Elegie eine leise Beunruhigung. Auffallend ist, daß diese Irritation das letzte ist, was die Sängerin singt und sie so zusammenfällt mit der Ankunft des Gesangs an jenem inneren Ort. Mit fünf von Hand eingetragenen Diminuendozeichen hat Schubert die Musik, die auf der letzten Zeile notiert ist, fast bis zum Verschwinden zurückgenommen und zudem bei der Wiederholung des Vorspiels als Nachspiel an zwei Stellen die Akkorde ergänzt, um den Klang im Sinne des Auspendelns zwischen Dur und Moll-Stimmung schweben zu lassen. Die Sängerin sprach vom Versickern wie Wasser im Moos.

Folgen wir der Vorstellung Mitsuko Shirais, daß diese Musik von einer weiten freien Räumlichkeit in einen Innenraum führt, so ist, die hier singt, wenn sie aus einer hellen Landschaft zu sich selbst kommt, dort angekommen, wo die Trauer aufgehoben, aber auch unwiderruflich ist. Die stille, mit feinen irisierenden Nuancen akzentuierte Rückkehr zu sich selbst ist die endgültige Gemeinsamkeit, aber auch der endgültige Abschied.

So lebt diese »*Ariette*« aus dem Paradoxon, daß die Musik, die die inneren Sinne (das Ohr und das innere Auge) öffnet und eine weite, anschauliche Landschaft evoziert, gleichzeitig nach innen führt und einen Seelenraum schafft. Für diese auffälligen und eigenwilligen Übergänge von landschaftlichen zu seelischen Bewegungen genügt Schubert eine einzige präzise Naturmetapher in einem Gedicht, das ihn im übrigen wenig zu interessieren braucht, wenn es etwa blaß und vielleicht nicht ganz gelungen sein könnte. Dieses fragloses Hinundherwandern zwischen Naturphänomen und seelischer Empfindung ist in der Romanze der Axa auch an kleinen, unauffälligen Details der Abänderung gegenüber dem ursprünglichen Text Helmina von Chézys festzumachen. Die Anrede, die im Gedicht durch den Zeileneinschnitt, durch das Komma und das großgeschriebene Du in der zweiten Verszeile ganz eindeutig der Geliebten gilt, bleibt in der Komposition frei; denn der melodische Bogen ist im Lied über den Zeilensprung hinübergeführt und schließt die beiden Verszeilen zusammen, sodaß auch der Mond angeredet sein könnte. Und der Bezug, den das Gedicht in seiner Schlichtheit eher ungeschickt offen läßt, *»Licht meiner Nacht o lächle mir«*, wird in der Komposition bewußt geöffnet: im Gesang »lächelt« das Mondlicht ebenso wie die erinnerte Liebe lächelt, und ob das eine oder andere im ersten Motiv oder in der Wiederholung des Textes auf dem zweiten, oder ob beide gleichzeitig und wechselnd gemeint sind, das bleibt noch einmal mehr offen.

Ebenso gewichtig ist eine andre kleine sprachliche Variante: Im Lied tritt die Geliebte *»hinein«* (in den Innenraum) und nicht *»herein«* (womit im Gedicht der konkrete Raum abgebildet ist), *»beym Vollmondsschein«* und nicht wie im Gedicht *»beim hellen Schein«*, und auffallend ist auch die Interpretation des von Helmina gesperrt gedruckten *»Du«*, das Schubert umspielt, indem er es statt auf dem »as«, - so wäre es entsprechend den übrigen beiden Strophen auf dem letzten Viertelton des Taktes -, auf einer »as«-»des« - Achtel-Bewegung singen läßt; die metaphorische Gleichsetzung von Mondlicht und Geliebte hält der Komponist in der Schwebe, und die Intensivierung durch Zurück-

nahme ist so offensichtlich, die Einkehr in sich selbst so eindringlich, daß das schöne Bild der Sängerin vom »Versickern
wie Wasser im Moos«, selbst eine Naturmetapher mit einer konkreten Landschaftsevokation, unversehens zu einer Todesmeta-
pher wird: »*Im Leben fern im Tode dein und sanft brach Herz an
Herz*« - auch hier hat Schubert ändernd eingegriffen in den Text
und das helle »*süß*« durch ein sanfter getöntes »*sanft*« ersetzt,
das klanglich sich anlehnt an die Nachbarvokale.

Wie dicht sind Weite, befreiende Heiterkeit und die Ahnung
von Tod und Verlust in Schuberts Musik beieinander! Die fragi-
len Figuren des übers Blumenbeet flatternden SCHMETTERLINGS
in Schuberts Schlegel-Liedchen ähneln der schwebenden Leich-
tigkeit des Mädchens (im Streichquartett in d-Moll), das sich
dem Tod entwinden will und ihm entgegentanzt. Und gleichsam spiegelverkehrt nimmt die tänzerische Geste der Todge-
weihten die Bewegungen auf, die in der Hirtenmusik der ROSA-
MUNDE in solch lebensglückliche Räume führen. Die »*Naturstim-
mung*«, schreibt Friedrich Dieckmann[34] im Bezug auf ein anderes
Lied, DER UNGLÜCKLICHE, fessele und inspiriere Schubert weit
mehr als die rhetorische Anrufung des verlorenen Glücks. Diese
Beobachtung bestätigt die gebotene Vorsicht, Landschaftliches
in Schuberts Musik als Ausdruck von seelischen Stimmungen
mißzuverstehn. Ihm, dem es lebensnotwendig war, sich in der
Natur zu ergehn: »*Den Vormittag drängte es ihn zu komponieren,
am Nachmittag wollte er ruhen und im Sommer in das Freie gehn*«[35],
ist die Empfindung der Gegend ebenso Gegenstand musikalischer Imagination wie seelische Bewegung.

»*Aber seine himmlische Muse mit dem in den Wolken verlorenen
Blick ließ am liebsten die Falten ihres Azurmantels über Äthergefilde,
Wälder und Berge wehen, in denen sie mit launischem Schritt bald
sinnend, bald hüpfend umherirrte, und war der künstlich gewundenen
Pfade unkundig, auf welchen die dramatische Muse vorsichtig zwi-
schen Kulissen und Lampenreihen einherwandelt. Seine geflügelte*

Strophe fühlte ein unheimliches Bangen vor dem Rasseln des Maschinen- und Räderwerks. Er ist eher dem Bergstrome zu vergleichen, der sich losreißt von der Brust schneeiger Gipfel und in jähem, schäumendem Wassersturz mit tausend buntfunkelnden Tropfen den Felsenabhang netzt, als dem majestätischen Fluß, der die Ebenen befeuchtet und der Dome Bild in seinem Spiegel verdoppelt.«[36] So sehr die Arabesken dieses Lisztschen Hymnus' selbst *»launisch«* über unser Leseinteresse *»wehen«*, so berühren diese Sätze doch eine Tiefenschicht, in der, neben anderem und wesentlich Entscheidendem, begründet sein mag, warum Schubert auf der Bühne nicht erfolgreich war. Warum *»sich ihm, trotz immer neuer Anläufe, das Drama entzog, die Oper«*, dafür findet Dieckmann in Schuberts MEIN TRAUM, einem Text, der zu psychoanalytischer Deutung geradezu einlädt, eine bestechende Begründung: *»Gegenüber den patriarchalischen Gewalten fehlte ihm das Konfrontationsbedürfnis und die Konfrontationsfähigkeit, die die Voraussetzung dramatischer Entäußerung sind«*[37]. Ist darüber hinaus denkbar, daß für seine Musik, die die Einbildungskraft mit imaginären landschaftlichen Räumen füllt, die Opern-, die Theaterbühne seiner Zeit nicht der Ort war, sich zu entfalten? Daß Franz Liszts Vergleich mit *»dem Bergstrome«*, *»der sich losreißt von der Brust schneeiger Gipfel und in jähem, schäumendem Wassersturz mit tausend buntfunkelnden Tropfen den Felsenabhang netzt«* bei aller Pathetik etwas Wesentliches trifft, indem er auf den weiten Horizont, auf die Bewegungsfülle hinweist, die diese Musik in sich hat? Hat Schubert nicht mit dem Ausblick in solche imaginären Räume etwas vorweggenommen, was erst viel später *»bühnenreif«* wurde?

Kommen wir noch einmal auf die Szenerie zurück, die Schubert vorfand bei der Lektüre des Schauspiels: *»Die Szene ist auf Cypern«*, und damit auf die eigentliche Zypernoper, Verdis OTELLO, so hat dieses hochdramatische Werk ein Herzstück, in dem die Musik die Szene aufbricht und die mediterrane Nacht als der eigentliche szenische Raum sich weitet: Otellos Duett mit Desdemona, das ausklingt mit dem Untergang des Stern-

bilds der Plejaden, das im Meer versinkt. Mitten in dieser hand-
lungsaktiven Oper ein mit zehn Minuten zeitaufwendiges, die
Zeit aufhebendes Ritardando, ein Ausschweifen unter dem
»*Azurmantel*« eines phantastischen südlichen Nachthimmels.
Auch diese Musik gewinnt ihre unauslotbare Tiefe aus der Ah-
nung um die Verlorenheit des Glücks wie die »*Ariette*« aus den
»*Gesängen zum Drama Rosamunde. Gedichtet von Freyinn Wilhel-
mine v. Chezy; in Musik gesetzt mit Klavierbegleitung von Franz
Schubert*«.

Für Aila Gothóni - 30. Dezember 1996

Anmerkungen

1 Siehe dazu: ROSAMUNDE. Drama in fünf Akten von Helmina von Chézy. Musik von Franz Schubert. Erstveröffentlichung der überarbeiteten Fassung. Mit einer Einleitung und unbekannten Quellen herausgegeben von Till Gerrit Waidelich. Verlegt bei Hans Schneider, Tutzing 1996, S. 57.

2 auf dem Weg zum Grab einer anderen berühmten Frau, Eleonora Duses, die allerdings - fünfeinhalb Jahrhunderte später - im Gegensatz zu ihrer königlichen Vorgängerin die Abgeschiedenheit dieses Ortes geschätzt hat.

3 Verdi-Boïto. BRIEFWECHSEL. Herausgegeben und übersetzt von Hans Busch. Franfurt am Main 1986, S. 277.

4 Für die entsprechenden Zitate s. Waidelich, ROSAMUNDE, S. 81 - 150.

5 DEUTSCHE ROMANTIK, HANDZEICHNUNGEN. Band I und II. Herausgegeben von Marianne Bernhard. Nachwort von Petra Kipphoff. München 1973.

6 SCHUBERT, DIE DOKUMENTE SEINES LEBENS. Gesammelt und erläutert von Otto Erich Deutsch, Kassel 1964, S. 570).

7 Bez.: Malherberg, Bleistift, gewischt, 267 x 476. Wien, Akademie der bildenden Künste. Inv. Nr. 8454, in: DEUTSCHE ROMANTIK, HANDZEICHNUNGEN. Band I, S. 1010.

8 Italienisches Gebirge. Bez.: F O (monogrammiert) 1838. Rötel, 331 x 472. Berlin, Kupferstichkabinett und Sammlung der Zeichnungen. Inv. Nr. 2/11504. DEUTSCHE ROMANTIK, HANDZEICHNUNGEN. Band I, S. 1011.

9 DEUTSCHE ROMANTIK, HANDZEICHNUNGEN. Band I, S. 985.

10 DIE SCHÖNSTEN SCHUBERT-BRIEFE. Herausgegeben von Erich Valentin, München-Wien 1975, S. 89ff, An Bruder Ferdinand. Den 12. Sept. 1825, Gmunden.

11 SCHUBERT-BRIEFE, S. 94ff Den 21. September, Steyer.

12 Es handelt sich um die Große C-Dur Symphonie (D 944), die vermutlich mit der als verschollen gegoltenen Gmunden-Gasteiner identisch ist. S. dazu: Walther Dürr und Arnold Feil, RECLAMS MUSIKFÜHRER. Stuttgart 1991. S. 221.
Norbert Beilharz' Film trägt den Titel: FRANZ SCHUBERT: »MEIN TRAUM«. - Erwähnt sei hier auch ein neues Projekt von N. B., dessen Titel auf eine dem vorliegenden Text verwandte Thematik neugierig macht: ROSAMUNDE - ELEGIE AUF DAS VER-SCHWINDEN DER NATUR IN DER KUNST. Der Film soll am 19. Juli 1997 im Rahmen der Eröffnung der Salzburger Festspiele zur Uraufführung kommen.

13 Peter Härtling, SCHUBERT. ZWÖLF MOMENTS MUSICAUX UND EIN ROMAN. Luchter-hand Literatur Verlag, Hamburg/Zürich 1992.

14 FRANZ SCHUBERT, DOKUMENTE, 1817 - 1830. Erster Band. Texte. Herausgegeben von Till Gerrit Waidelich. Vorarbeiten von Renate Hilmar-Voit und Andreas Mayer. Verlegt bei Hans Schneider, Tutzing 1993, Dok. 231.

15 Zeitmangel ihrerseits, Nachlässigkeit und *»die Eil der ganzen Veranstaltung«* bei der Vorbereitung der Aufführung u.a. - eine gewisse Ängstlichkeit, jemanden vor den Kopf zu stoßen, ist dem Brief deutlich anzuspüren. In ihrer prekären Situation - sie war finanziell auf Tantiemen aus ihren Stücken angewiesen, hatte außerdem nur kurze Zeit zuvor harte Kritik an ihrem Euryanthe-Text einstecken müssen, den auch Karl Maria v. Weber für den Mißerfolg der Oper verantwortlich machte - durfte sie es sich mit niemandem verderben, auf dessen Vermittlung sie später vielleicht angewiesen sein sollte.

16 »*Ja, selbst*«, fährt sie fort, »*wenn sich Mitglieder des Publikums, das seit diesem Herbst an der Wien auf Wölfe und Leoparden Jagd macht, in die R o s a m u n d e hinein verirrt hätten, und selbst wenn ein antimelodiöser Parteygeist sich in die Masse der Zuhö- rer geschlichen, d i e s e r Strom des Wohlauts hätte a l l e s besiegt.*« Aus:»*Erläuterung und Danksagung*« - *Wien, den 4. Jänner 1824. Helmina v. Chezy, geb. v. Klencke.* In: FRANZ SCHUBERT, DOKUMENTE, 1817 - 1830. Erster Band. Texte. Herausgegeben von Till Gerrit Waidelich. Vorarbeiten von Renate Hilmar-Voit und Andreas Mayer. Verlegt bei Hans Schneider, Tutzing 1993, Dok. 237.

17 Wolf von Niebelschütz, DER BLAUE KAMMERHERR. Rev. Fassung. Frankfurt 1949, S. 8.

18 Deutsch, S. 216 f.

19 Waidelich, ROSAMUNDE, S. 151.

20 Deutsch, S. 213.

21 Waidelich, S. 60.

22 Aus der »Wiener Allgemeinen Theaterzeitung« vom 30. Dezember 1823, s. Deutsch, S. 214.

23 Walther Dürr und Arnold Feil, Reclams Musikführer. Stuttgart 1991, S. 191.

24 siehe hierzu: Waidelich, S. 67 -73.

25 Deutsch, S. 215.

26 Aus der »Wiener Zeitschrift für Kunst ...« vom 3. Januar 1824, s. Deutsch, S. 217.

27 Waidelich, ROSAMUNDE, S. 131.

28 Richard Strauss, DIE LIEBE DER DANAE. Berlin-Grunewald 1944, Partitur: Dritter Akt, S. 240, 23/24 ff.

29 Richard Strauss/Hugo von Hofmannsthal, BRIEFWECHSEL. Herausgegeben von Willi Schuh. Zürich 1964, S. 459/60, Hofmannsthal an Strauss, Rodaun, Freitag {30. April 1920}.

30 Strauss gab das Libretto nach Hofmannsthals Tod bei Joseph Gregor in Auftrag.

31 Wolf von Niebelschütz, S. 720.

32 Aus der amtlichen »Wiener Zeitung« vom 24. März 1824« s. Deutsch, S. 231.

33 Franz Schubert, ROMANZE AUS DEM ROMANTISCHEN SCHAUSPIEL »ROSAMUNDE« FÜR SINGSTIMME UND KLAVIER OP. 26 (D 797/3B). Faksimile der vom Komponisten revidierten Erstausgabe von 1824 aus dem Nachlaß von Caroline Esterházy. Her- ausgegeben von Robert O. de Clerq und Ernst Hilmar. Verlegt bei Hans Schneider, Tutzing 1991, S. 9.

34 Friedrich Dieckmann, FRANZ SCHUBERT - EINE ANNÄHERUNG. Frankfurt am Main und Leipzig 1996, S. 166.

35 Joseph v. Spaun, der Freund, im Rückblick, zitiert nach Dieckmann, S. 227.

36 Aus: Franz Liszt, SCHUBERTS ›ALFONSO UND ESTRELLA‹. Aus: Franz Liszt, Ge- sammelte Schriften, Bd. IV, nach der Übersetzung von L. Ramann, hrsg. von Julius Kapp, Leipzig 1910, S. 63 ff. Zitiert nach: MUSIK-KONZEPTE, FRANZ SCHUBERT. Her- ausgegeben von Heinz-Klaus Metzger und Rainer Riehn, edition text und kritik, München 1979, S. 54.

37 Dieckmann, S. 247.

»Er verbeugt sich: Gestatten, mein Name ist Schodl, ich bin der Zensor.
Von Schubert ist nichts mehr zu sehen.
Spaun reißt ein Zündholz an und entzündet die schöne Gegend mit
einer Stichflamme.
Befinden wir uns nun im Freien oder in einem Salon?«

DER TURM VON AGRIMOR

OPER IN ZWEI AKTEN

MUSIK
VON FRANZ SCHUBERT

TEXTNEUFASSUNG DER OPER
»FIERABRAS«
VON FRIEDRICH DIECKMANN

Inhaltsverzeichnis

VORBEMERKUNG

I

Die Oper FIERABRAS* ist wie im Wettlauf mit der in Wien bevor-
stehenden Uraufführung von Webers EURYANTHE entstanden.
Am 25. Mai 1823 begann Schubert mit der Arbeit, am 2. Oktober,
drei Wochen vor der EURYANTHE-Premiere, schloß er die mehr
als tausend Seiten umfassende Partitur mit der Komposition der
Ouvertüre ab. Parallel verlief auch das Schicksal beider Werke;
FIERABRAS geriet in den Sog der Niederlage, die die deutsche
Oper in Wien mit EURYANTHE erlitt. Weber hatte sich, das Libretto betreffend, an eine poetisierende Dame, die Freifrau v. Chézy,
gehalten, der gegenüber Friedrich Kind geradezu als ein Riese
an dramatischer Kraft erscheint. Schubert stützte sich auf Joseph Kupelwieser, den Bruder des ihm ungleich näher stehenden Malers Leopold Kupelwieser, dem wir die schönsten aller
Schubert-Bildnisse verdanken. Joseph Kupelwieser, dem Sekretär der Wiener Hofoper, einem Theaterpraktikus, der von
Haus aus mit den Anforderungen der Zensur vertraut war, verdanken wir eine anhaltende Opernkalamität; aus Motiven des
Volksbuchs von Fierabras (gesprochen Fjérabras, mit dem Ton
auf der ersten Silbe), dem wilden Sarazenen und bekehrten
Heiltumsräuber, aus Calderóns Drama DIE BRÜCKE VON MAN-
TIBLE und aus der deutschen Sage von Emma und Eginhard ver-
fertigte er einen Text, der sich in dem martialischen Gewand äl-
tester Ritterzeit – die Handlung spielt zur Zeit Karls des Großen
– hemmungslos-opportunistisch zum Organ der Depression
machte, die auf der jungen Generation dieser Zeit – der Restau-
rationsepoche nach den Karlsbader Beschlüssen – lastete. Hätte
die Oper, wenn sie nach EURYANTHE im k. k. Hoftheater nächst
dem Kärntnerthor gegeben worden wäre (die Zensur hatte dem

---

* Schreibweise entsprechend dem Werkverzeichnis von Otto Erich Deutsch (D 796),
Neuausgabe 1978.

221

Text im August 1823 ihr Plazet gegeben), gegenüber Weber-
Chézy den Sieg davongetragen? Die Konturlosigkeit der Handlung wie der Figuren macht das nicht sehr wahrscheinlich, aber
es kam gar nicht erst dazu. FIERABRAS, von der Wiener Theaterzeitung 1823 als Projekt mehrfach erwähnt, verschwand sang-
und klanglos aus der nun ganz von der italienischen Oper beherrschten Spielplanung der Hofoper, der der Kaiser alle Sub-
ventionen entzogen hatte. Erst 1897, unter Felix Mottl in Karlsruhe, mit einem von Otto Neitzel revidierten Text, kam das
Werk zur Uraufführung; es war eine folgenlose Erweckung.
Und auch die Aufführung, die die Städtischen Bühnen Augs-
burg im Jahre 1982 veranstalteten (musikalische Leitung H. N.
Bihlmeier, Inszenierung und Ausstattung Filippo Sanjust), erwies mit dem Rang der Musik nur die Unspielbarkeit der Oper
in ihrer überlieferten Textgestalt.*

II

Konstruktion überholt die Analyse; es geht um nichts Geringe-
res als die Rettung von Schuberts umfangreichster Partitur, geschrieben auf der Höhe früherworbener Meisterschaft, zu einer
Zeit, da Hauptwerke wie die h-Moll-Sinfonie, die Wanderer-
Fantasie, die Klaviersonate in a-Moll (D 784) nur wenige Monate zurücklagen. (Unmittelbar auf die FIERABRAS-Partitur folgen
DIE SCHÖNE MÜLLERIN und die ROSAMUNDE-Musik.) Von Rettung darf füglich gesprochen werden, denn konzertante Aufführungen, so wichtig und verdienstvoll sie sind (eine besonders qualifizierte wurde in den siebziger Jahren vom Italienischen Rundfunk unter der Leitung von Gabriel Chmura veran-
staltet), können diese Musik immer nur punktuell zum Leben
erwecken; sie bedarf, um dauerhaft wirksam zu werden, der

---

* Ruth Berghaus unternahm 1988 im Rahmen der Wiener Festwochen eine gleichsam phantasmagorische Ausdeutung des Textes, deren Tonaufnahme die Sprechtexte einfach wegließ (musikalische Leitung Claudio Abbado).

szenisch-dramatischen Anschauung. Auf zwei Wegen ist diese zu gewinnen; beide ziehen (schon Schuberts erster Biograph, Kreißle von Hellborn, der FIERABRAS gründlicher und zuständiger behandelt als alle seine Nachfolger, hat darauf hingewiesen) entscheidenden Vorteil aus der Tatsache, daß die Oper, anders als ALFONSO UND ESTRELLA (D 732), mit gesprochenen Dialogen operiert, daß sie, wie FIDELIO oder DER FREISCHÜTZ, Nummernoper im Sinn der Opéra comique ist.

Der eine Weg hätte das karolingische Gewand der Oper als Kostümierung aufzudecken und sich an das wirkliche und aktuelle Bewußtsein zu halten, das die Figuren und ihr Verhalten bildet: ein biedermeierlich gedrücktes, hoffnungslos eingeschnürtes Bewußtsein, das in Kupelwiesers Text einen auch künstlerisch ohnmächtigen, in Schuberts Musik einen vielfach übersteigenden Ausdruck findet.* Das ist eine Musik, die, so reich sie an lyrischen Schönheiten ist, ihre tiefste Inspiration an Situationen dramatischer Spannung, Momenten des Aufruhrs und Aufbegehrens findet, wie sie sich namentlich an der weiblichen Hauptfigur, Fierabras' Schwester Florinda, ergeben. Kein Zweifel: den Diskrepanzen des Werkes ließe sich eine szenische Form abgewinnen, die die Musik exponieren und zugleich Auskunft über den Komponisten und seinen Kreis, über die Nöte, Pressionen, Hoffnungen, Entschädigungen dieser von einer repressiven Väterwelt umzingelten Jugend geben könnte. Der Film wäre das einer solchen subjektivierenden – das Schöpfer-Subjekt und seine Sphäre freilegenden – Umbildung des Materials angemessene Medium; auf dem Theater müßte dergleichen immer »Dreimäderlhaus« werden. Womit ein keineswegs verächtliches Werk bezeichnet sei, dessen Ebene zu erneuern gleichwohl kein Anlaß besteht. Nur mit einer ganz andersartigen Ästhetik könnte die Supposition des Schöpfer-Ichs unter seine dramatisch-widerdramatische Schöpfung fruchtbar gemacht werden.

* Vgl. Friedrich Dieckmann: »Fidelios Erben / FIERABRAS und das biedermeierliche Bewußtsein«, in: OPER HEUTE, Band 8, Berlin 1985, S. 77-102.

Ein Rettungsversuch, der auf die Bühne als den immanenten ästhetischen Ort dieses Werkes zielt, den einzigen, auf dem es als es selbst bestehen kann, wird das historische Gewand der Oper, so sehr es für deren Urheber Verkleidung war und sein mußte, ernst zu nehmen haben, nicht in einem historistischen Sinn (der lag auch Calderón fern, als er in der BRÜCKE VON MANTIBLE Karl den Großen auftreten ließ), aber in Hinsicht der Fabel, die sich diesem Gewand verknüpft, der Geschichte zweier durch Standes- und Weltanschauungsschranken schier unüberwindlich getrennter Liebespaare, deren Ängste und Sehnsüchte, Hoffnungen und Verzweiflungen unmittelbar verschränkt sind in die militärische Konfrontation zweier nach Religion, Herrschaftsform und Machtanspruch antagonistischer Großreiche. Das ist der Grundriß der Schubertschen Oper, deren Autoren einen solchen historischen Hauptkonflikt als Heranwachsende erlebt hatten und sich seinen Folgen anhaltend ausgeliefert sahen. Von ihm aus die Figuren des Werkes und ihr Handeln, soweit es von dem gesprochenen Wort bestimmt wird, zu kräftigen und zu klären, ist ein Unterfangen, das die Möglichkeit bietet, der Partitur an dem Ort Heimatrecht zu gewinnen, für den sie geschaffen ist und außerhalb dessen sie nicht wirklich existieren kann, der Opernbühne.

III

Die konstitutive Idee der Oper von Schubert und Kupelwieser ist die des Kampfes um Frieden. Aber sie erscheint in Kupelwiesers Text in opportunistischer Perversion: Frieden wird dem zugestanden, der seinen Glauben aufgibt und sich dem Sieger geistig unterwirft. Einzig in diesem Sinn erscheinen Fierabras und Florinda, die Kinder des Maurenfürsten, dem Libretto als musterhaft, und Karl ist ein Friedenskönig, insofern er nicht Land und Leute, sondern nur die Abschwörung Allahs von dem Emir fordert. Die neue Fassung stellt den imperial verstellten Friedensgedanken des alten Textes vom Kopf auf die Füße; sie macht Fierabras und Florinda und auf der andern Seite Roland, den Heerführer Karls, zu Vorkämpfern wirklichen Friedens, der einer aus Toleranz und Versöhnungswillen ist. Die Jungen erkämpfen ihn gegen die Könige, die Väter. Karls Weisheit ist, daß er Roland nachgibt, Fierabras aber muß seinen Vater mit Gewalt zum Frieden zwingen. Sie erkämpfen ihn jeder auf seiner Seite der Front, die die Lager scheidet, und vermögen es, da sie einen Verbündeten gewinnen, der das Gleiche auf seiner Seite tut. Liebe beflügelt oder narrt sie, aber das Traumgesicht, das Fierabras irreführte, war nur mißverstanden; auf diesem Weg erfüllt es sich zuletzt. Daß die Väter ihre Töchter so wenig wie den Krieg hergeben wollen, macht die andere Seite der Geschehnisse aus; sie ist schon bei Kupelwieser ausgebildet.

IV

Aber wie ist die Neufassung, die das musikalische Juwel von dem Eisendraht der ursprünglichen Fassung freizusetzen strebt, zu überschreiben? Darf man die Oper nach einem Helden nennen, der bald nach dem Anfang aus der Handlung herausfällt, um erst am Ende wieder in sie einzutreten? Kann man ihr den Namen einer Heldin geben, die, so tatkräftig sie in das Geschehen eingreift, die Bühne erst in der Mitte der Handlung betritt? »Fierabras und Florinda«, die Konjunktion der dramaturgisch einander ablösenden Geschwister, wäre eine denkbare Benennung und doch keine richtige, denn das *und* suggeriert unmittelbare Verknüpfung; die beiden sehen einander aber erst in der letzten Szene und sprechen auch da kein Wort miteinander. »Imma und Irminhard«* – hier wäre das *und* am Platz, aber ein solcher Titel würde den andern Protagonisten unrecht tun; das Paar bestreitet nur *einen* Strang der Handlung. Zuletzt sind

* Zu der Namensveränderung s. *Erläuterungen*, S. 301.

nicht Einzelfiguren, sondern eine Gruppe die Hauptfigur der Oper; auch DIE MEISTERSINGER VON NÜRNBERG heißen ja nicht nach ihrer entsagend lenkenden Zentralgestalt, sondern nach dem Kollektiv, dem sie zugehört, mit dem sie sich herumschlägt. In Schuberts Oper handelt es sich um ein nach kurzer Wanderung anhaltend festgesetztes Kollektiv; wäre »Die Ritter im Turm« also der rechte Titel? Auf die Lage der Umzingelten mehr als auf ihren Status wäre Gewicht zu legen; »Im Turm«, so scheint es, ist eine zuträgliche Prägung. Aber die Oper ist so kurz, so bündig nicht, wie ein solcher Titel suggeriert; eine gewisse Breite ist ihrer Handlung eigen und hängt mit den mehrfach wechselnden Schauplätzen zusammen. Sie gehören einem entfernten Land an, auf das hinzudeuten dem Titel wohl anstünde, und da keine Einzelperson als ihre berechtigte Titelfigur auszumachen ist, darf zuletzt der Hauptkrisenschauplatz dafür einstehen, jener Ort, an dem sich die Vorgänge mörderisch zuspitzen und explosiv auflösen, ein Druckkessel gewissermaßen, der am Ende zum Heil aller Beteiligten platzt, das Bauwerk, das man lange Zeit von innen und dann auf einmal von außen sieht, ein uneinnehmbares Gebilde mit einer magisch verriegelten Pforte:

Der Turm von Agrimor.

DER TURM VON AGRIMOR

Libretto

Gesangstexte
von Joseph Kupelwieser

Sprechtexte und dramatische Neufassung
von Friedrich Dieckmann

Musik
von Franz Schubert

P e r s o n e n

König Karl		Baß
Imma, seine Tochter		Sopran
Roland		Bariton
Ogier	} fränkische Heerführer	Tenor
Olivier		Tenor
Gui von Burgund	} fränkische Ritter	Baß
Richard von der Normandie		Baß
Irminhard, Ritter an Karls Hof		Tenor
Baligant, Emir der Mauren		Baß
Fjerabras, sein Sohn		Tenor
Florinda, seine Tochter		Sopran
Maragond, ihre Vertraute		Sopran
Brutamonte, maurischer Anführer		Baß
Ein maurischer Hauptmann		Tenor

Fränkische und maurische Ritter und Krieger. Jungfrauen. Volk.

Ort und Zeit: Das nördliche Spanien um das Jahr 780.

Die Gesangs- und Melodramtexte Joseph Kupelwiesers sind in Palatino *gedruckt; kursiv gesetzte Texte bezeichnen innerhalb ihrer Modifikationen der Neufassung. Die – durchweg neuen – Texte der Dialoge stehen, wie auch neugefaßte Melodramabschnitte, in* Akzidenz-Grotesk. *(Siehe auch* Erläuterungen, *S. 301)*
Die Musiknummern beginnen mit einem fettgedruckten Punkt (vor der Ziffernangabe) und enden mit einem Sternchen.

Ouvertüre

ERSTER AKT

Erstes Bild

Heerlager der Franken in den nördlichen Pyrenäen. Frauenzelt.

Erste Szene

Imma und ihre Mädchen beim Spinnen.

• Nr. 1 Introduktion*

Chor der Jungfrauen

Der runde Silberfaden
Läuft sinnig durch die Hand;
Zum Heile, nicht zum Schaden
Füg sich das zarte Band.

Solo

Wie er die Welt begrüßet,
Der Säugling, neu belebt,
Die Hülle ihn umfließet,
Von Spinnerhand gewebt.

Am Tag der höchsten Freude:
Am frohen Hochzeitstag,
Formt schön zum Feierkleide,
Was Spinnerhand vermag.

Chor *(wiederholt die erste Strophe)*

* Numerierung und Bezeichnung der Musikstücke nach: Franz Schubert /
Thematisches Verzeichnis seiner Werke in chronologischer Folge von Otto Erich
Deutsch / Neuausgabe 1978 (D 796).

229

Imma *(spricht*)*

Im Felde sind die Freunde, blutige Schlacht
Umtost sie, bange Sorge füllt das Herz
Den Harrenden. Kämen sie bald! und unversehrt,
Daß unsrer Gabe Sinn sich nicht verkehre.

(singt)

Erschlagenen im Grabe
Als Klag' *um Krieges Fluch*
Webt sich als Spinnergabe
Das Grab- und Tränentuch.

Chor *(wiederholt die erste Strophe)*

*

Zweite Szene

Vorige. Irminhard, staubbedeckt, in voller Rüstung, aber ohne Waffen kommt herein.

Irminhard

Gott war uns gnädig und der Maure wich!
Der König, Euer Vater, bittet Euch,
Das Heer im Lager freundlich zu begrüßen.

Imma

Ich seh Euch lebend und ich preise Gott.
Geht schnell, ihr Mädchen, rüstet den Empfang!

(Mädchen ab)

---

* Sprechtext auch in der Partitur

Dritte Szene

Imma, Irminhard.

Imma *(fliegt Irminhard um den Hals)*

Mein Held! Mein Sieger! Doch du bist verletzt.
(Sie entdeckt einen Verband an seinem Arm.)
Ach, daß das Weib nur lindern kann, nicht schützen!
(Gibt ihm zu trinken)
Erzähl, wie ging's? Und leben alle Freunde?

Irminhard *(während sie den Verband erneuert)*

Anseïs fiel, und Otes ist verwundet;
Noch solch ein Sieg – das Ende wär's! Schon jetzt
War'n wir verloren, hätte Roland nicht
Des Emirs Sohn im Zweikampf überwunden.
Die Mauren sahn den wilden Fjerabras
In unsrer Hand, da wankten ihre Reihen;
Sie zu verfolgen blieb uns keine Kraft.

Imma

Was sagt mein Vater?

Irminhard

          Als ein Gottesurteil
Preist er den Sieg und meint, nun sei's soweit,
Daß diese Heiden endlich Christen würden.
Fern von der Schlacht, einsam im Königszelt
Leicht träumt sich dort der Wunsch als Wirklichkeit.

Imma

Denk seines Alters, denk des großen Plans:
Zum neuen Caesar soll in Rom der Papst
Ihn nach der Heiden Unterwerfung krönen.

231

Irminhard

Eh's dazu kommt, liegt führerlos und wüst
Das Reich der Franken. Doch des Heeres Held,
Roland, will's hindern; er besteht auf Frieden
Nach diesem Sieg, der ganz sein eigen ist.
Zum Emir will er Friedensboten senden,
Und Heid' und Christ bleib jeder, wie er will.

Imma

Das sagt der, der den Fjerabras bezwang?

Irminhard

Er schont' ihn weislich, als er ihn besiegt.
Als Friedenspfand war ihm der Prinz höchst wert.

Imma

Ein Pfand des Friedens und ein Pfand der Liebe!
Florinda heißt das hochgesteckte Ziel.

Irminhard

Du sprichst in Rätseln. Schnell, erkläre dich!

Imma

Liebe sät Krieg auch, doch hier sät sie Frieden.
Hör und bewahr es: Frankreichs hehrer Recke,
Der große Roland, ist in Lieb entbrannt
Zu einer sarazen'schen Amazone,
Florinda, Fjerabras' stürmischer Schwester.
Sie trafen sich, da an des Emirs Hof
Der Held um Frieden diplomatisch warb.
Den fand er nicht, doch fand er die Geliebte;
Entwaffnet schenkt' die Maurin ihm ihr Herz.

Und nun, entwaffnet, ihm zur Seit' der Bruder –
Er wirbt um sie, wenn Fjerabras er schont.

Irminhard

Sei's drum – so hilft er sich und rettet alle!
Und ist ihm hold das Glück, so ist's wohl auch
Den Liebenden, die andre Schranke scheidet.
Der arme Ritter und des Königs Tochter –
Minderes trennt sie als ein Glaubenskrieg.

Imma

Des Vaters Zorn zückt mir ins Eingeweide.

Irminhard

Vertrau der Zeit, und Furcht kehrt sich in Freude.

• Nr. 2 Duett

Imma und Irminhard

O mög auf froher Hoffnung Schwingen
Bald unser Glück der Nacht entziehn!
Zum fernen Ziele laß uns ringen
Mit reiner Sehnsucht heißem Glühn.

Treue Liebe wahrt die Seele
Sorgend in verschwiegner Brust.
Das Geschick, wie es auch quäle,
Lacht noch dem, der treubewußt.

*

Zweites Bild

Vor dem Zelt König Karls.

Vierte Szene

Karl, von seinen Paladinen umgeben, naht in feierlichem Zuge und besteigt einen Thronsessel, während ihm das Volk Huldigungen darbringt. Ritter, Damen, Pagen und Trabanten, die die Trophäen tragen.

● Nr. 3 Marsch und Chor

Männer und Ritter

Zu hohen Ruhmespforten
Klimmt er auf schroffem Gleis;
Nicht frönt er schalen Worten,
Die Tat nur ist sein Preis.

Frauen und Jungfrauen

Den Sieger laßt uns schmücken,
Vom frischen Kranz umlaubt.
Mut strahlet aus den Blicken,
Der Lorbeer um das Haupt.

*

Karl

Des Himmels Segen lenkte unsre Waffen.
Geschlagen ist der Feind, das tapfre Heer
Trat seinem Wüten heldenhaft entgegen.
Der Sieg ist unser, doch zum Zeichen, daß
Kein Raubgelüst uns in dies Land geführt,
Biet ich dem Mauren Frieden. Roland, zieh
Mit fünf Getreuen, Ogier, Richard, Gui,
Mit Olivier und Irminhard dazu –
Zieht als Gesandte in der Mauren Lager!

Dem Emir biet ich Frieden, Freundschaft, Schutz,
Will er des Glaubens Wahrheit mit uns teilen.
Ihr geht im Morgengrauen. Sei zuvor
Des Sieges Beute zwischen euch geteilt!

• Nr. 4 Ensemble

Ogier

Die Beute laß, o Herr, die Krieger teilen,
Uns lohnet deine Gunst.

Roland

Ein andrer Wunsch erfüllet mich;
Möcht ihn mein König hören.

Karl

So sprich, er ist gewährt!

Roland

Wohlan! Ihr Krieger, schnell vor des Königs Thron bringt die
Gefangnen. Mög deine Gnade nicht in Grimm sich wenden.

Karl

Noch faß ich nicht –

Roland

Du sollst, mein König, hören.

Chor

Des Siegers Lohn, der Feinde Zahl
Vor deinem Thron hier nahn sie all!

(Während dieses Chores werden die gefangenen Mauren gebracht und werfen sich dem König zu Füßen. Fjerabras blickt zu Boden.)

Karl

Des Krieges Los hat euch mir übergeben,
Doch bang' euch nicht; im wilden Sturm der Schlacht
Selbst sei'n der Menschheit Rechte nicht vergessen!
Steht auf, steht auf!
Zur Heimat kann ich euch nicht senden,
Doch wandle jeder frei in meinem Staat,
Bis segenvoll der Friede wiederkehrt.

Chor

Dem Fürsten Heil, der Segen
Und milde Eintracht beut!
Es sprießt auf seinen Wegen
Der Lohn der Ewigkeit.

Karl *(zu Fjerabras)*

Wer bist du, dessen tiefgesenkter Blick die Erde sucht? *Erklär mir deine Würde!* Sag an! – *Mit Schweigen strafst du meine Gnade –*

Roland

Verzeih ihm, Herr! Die Scham –

Karl

Macht ihn verwegen; doch soll er Rede stehn. Sag, kühner Fremdling, was bindet deine Sinne? Gib mir Antwort!

Fjerabras

Verdammenswertes Schicksal!

Roland

Laß ihn schweigen, ihn quälet sein Geschick. Am Rand der Eb'ne, wo sich des Heeres ganze Macht entfaltet, drang durch die engen, dicht geschloss'nen Reihen mit hohem Grimm der Tapfre auf mich ein. Tod ist sein Blick, Verderben seine Streiche, rings alles weicht; da beut er mir den Kampf. Die Rache glühet auf des Helden Stirne, die hoher Jugend Anmut auch erfüllt. Lang währt der Streit im Angesicht des Heeres, das staunend teils und fürchtend uns umgibt, bis endlich, übermannt, er mir erliegt. Gefangen steht er hier, gefangen, doch Held.

Karl

Darum ward er besiegt von einem Helden. *(Zu Fjerabras)* Nur Mut! Solch edle Leute fessl' ich nicht.

Roland

O Herr! noch weißt du nicht, wen dieser Arm bezwang.

Karl

Den Helden acht ich nur.

Roland

Wirst du verzeihn?

Karl

An meinem Hof erwarte ihn der Friede.

Roland

Wohlan denn! Fjerabras ist's, den du siehst, des Maurenfürsten Sohn.

Karl *(nach einigem Bedenken)*

Du hast mein Wort, ich stell ihn frei dir in die Siegerarme.

Fünfte Szene

Vorige. Imma mit ihren Jungfrauen.

Imma *(überreicht Karl einen Kranz)*

Der Landestöchter fromme Pflichten
Weihn, Edler, dir die Heldenzier.
Mir ward das Amt, es zu verrichten,
Ich reich für sie den Kranz nun dir.

(Karl schließt Imma zärtlich in die Arme.)

Chor der Jungfrauen

Vaterhuld und milder Sinn
Schmückt den hohen Helden,
Seiner Tugenden Gewinn
Bleibt der Dank der Welten.

Karl

Mir dürft ihr, Gute, diesen Kranz nicht weihn;
Der Held des Tags hat ihn verdient.
Ihm, Roland, ihm, dem Sieger, und dem Heere,
Ihm gebt, ich gönn sie gern, des Sieges Ehre.

(Roland empfängt den Kranz.)

Chor der Jungfrauen

Dir reichen wir mit Wonne
Den Kranz, du starker Held!
Sei unsers Glückes Sonne,
Zum Schutz und Schirm gewählt.

(Während Roland den Kranz empfängt, faßt der neben ihm stehende Fjera-
bras Imma ins Auge und fährt betroffen zurück.)

Roland *(spricht*)*

Was ist dir?

Fjerabras

Sie ist es!

Roland

Karls Tochter, kennst du sie?

Fjerabras

Im Traum sah ich ihr Bild.

Roland

Im Traum? Halt an dich! Deut es später mir.

Ogier und die Ritter *(singen)*

Dem Erfolg vertrauen
Wir des Friedens Glück.
Nach des Kampfes Grauen
Kehrt die Ruh zurück.

Imma und Irminhard

Eine Nacht voll Grauen
Sieht der trübe Blick.
Einmal laß mich schauen
Noch mein fliehend Glück.

---

* Auch in der Partitur (bis zum Einsetzen des Chors).

239

Fjerabras und Roland

Vor der Zukunft grauen
läßt mich das Geschick.
Auf den Zufall bauen
Muß ich all mein Glück.

Irminhard *(zu Imma)*

Vor der Trennungsstunde
Wird im Schutz der Nacht
Dir von meinem Munde
Noch ein Gruß gebracht.

Roland *(zu Fjerabras)*

Schweigen ziemt dem Munde,
Weil Gefahr hier wacht.
Deines Herzens Wunde
Deck des Schweigens Nacht.

Die Vier

O Nacht voll Grauen !

Karl und die Ritter

O Friedensglück!

Männer und Ritter

Zu hohen Ruhmespforten
Klimmt er auf schroffem Gleis;
Nicht frönt er schalen Worten,
Die Tat nur ist sein Preis.

Frauen und Jungfrauen

Den Sieger laßt uns schmücken,
Vom frischen Kranz umlaubt!
Mut strahlet aus den Blicken,
Der Lorbeer um das Haupt.

(Während des Chors alle ab bis auf Roland und Fjerabras.)

*

Sechste Szene

Fjerabras, Roland.

Roland

Was war's, das dich bei Immas Nahn bewegte?
Des Königs Tochter schien dir wohlbekannt.

Fjerabras

Die ich nie sah, sie ist die tief Vertraute;
Zaub'risch hat mich ihr Bild im Schlaf berückt.
Ich sah sie träumend mir die Palme reichen
Und streckt' die Hand sehnsüchtig nach ihr aus,
Da schwand das Bild – war's das, was mir den Arm
Gelähmt, als ich dir heut' zur Beute fiel?
Des Königs Tochter winkte mit dem Zweig.
Sag, ist sie frei noch, ist sie schon versprochen?

Roland

Der Vater hütet grausam diesen Schatz.
Mit Eifersucht, Ungnade, Grimm verfolgt
Er jeden, der das Aug' zu ihr erhebt.
Dem Witwer gilt das Mädchen wie leibeigen,
Und keiner wagte je, um sie zu frein.

241

Fjerabras

So sündigt er an seiner schönen Tochter!

Roland

Sein Wille gibt den Seinen das Gesetz.

Fjerabras

Uns auch will seinen Willen als Gesetz
Des neuen Glaubens krieg'risch er aufzwingen.
Vernahmst du's wohl, des Friedens schönen Preis?
Zu Kreuze soll'n wir kriechen, soll'n abschwören
Der Macht Allahs, sonst gibt er Frieden nicht.

Roland

Er kennt euch nicht und wähnt, ihr seid geschlagen;
Aus fernem Zelt lenkt er ehrgeiz'gen Krieg.
Wer, was er glaubt, nicht teilt, gilt ihm verblendet.
Doch war's bei euch nicht immer ebenso?

Fjerabras

Du hast wohl recht, und nie wird Friede werden,
Läßt einer nicht dem andern seinen Gott.

Roland

Gott ist nur einer – gibt's noch einen andern,
Sind beide nicht; das ist der Grund des Zwists.

Fjerabras

Doch ist nicht euer Gott ein Gott der Liebe?
Allah ist krieg'risch, Christus ist es nicht.

Roland

Mein Freund, du kennst uns besser als wir selbst.
Die Liebe Gottes durch der Menschen Liebe
Kann einzig wenden, was das Schwert verbrach.
Dann wollen in Turnieren wir uns messen;
Der Krieg sei Schauspiel, Friede Wirklichkeit.

Fjerabras

So wirst du meinen Vater nicht bedrängen
Mit Glaubenszwang, wie Karl dir auferlegt?

Roland

Dem König die Gesandtschaft abzutrotzen,
War schwer genug, ihn blendete der Sieg,
Und schwer wird's sein, den Blick ihm ganz zu öffnen.
Doch wag ich's drauf. Sonst weig're ich den Weg.
Wie könnt' vor deinen Vater, deine Schwester
Ich treten, brächt' ich nur des Friedens Schein.

Fjerabras

Du denkst Florindens?

Roland

               Kämpferisch und schön
Malt mir Erinn'rung träumerisch ihr Bild.
Sitzt sie noch immer wie ein Mann zu Pferde?

Fjerabras

Sie tut es reitend, fechtend fast mir gleich,
Und schier verschwenderisch schmückt Phantasie
Das Bild des fremden Ritters ihr, der einst
An unserm Hof von Kampf und Zwietracht ruhte.

243

Roland

Granadas Brunnen, ach, ich hör euch rauschen!

Fjerabras

Zu Agrimor ist meines Vaters Lager,
Granada sei des Friedens süßes Ziel!
Und seiner Schatten, seiner Düfte Rausch
Harrt schon des Helden, der ihm Frieden bringt.

Roland

Dort sei die Reitbahn unsres Kampfes Platz.

Fjerabras

Und Seit an Seit seh uns des Löwen Hatz.

• Nr. 5 Duett

Roland und Fjerabras

Laß uns mutvoll hoffen,
Wandeln auf der Bahn,
Die, dem *Freunde* offen,
Uns sich aufgetan.

In *des Lenzes* Blüten
Prangt des Lebens Kranz;
Nach des Sturmes Wüten
Lacht der Sonne Glanz.

*

Drittes Bild

Wald in der Nähe des fränkischen Lagers. Eine Hütte. Nacht.

Siebente Szene

• Nr. 6 Finale I*

Irminhard *(tritt während des Ritornells auf die Lichtung)*

Der Abend sinkt auf stiller Flur,
Es soll der Treue scheiden.
Ach! erst vernimm der Liebe Schwur,
Muß er sein Glück schon meiden.

Sein Herz erbebt im Schlachtgetos,
Die Träne schwimmt im Blicke,
Sein herb Geschick, es reißt ihn los
Vom kaum gefühlten Glücke.

Achte Szene

Irminhard, Imma.

Imma *(tritt aus der Hütte)*

Doch kehrt er heim im Siegesglanz,
Dann naht der Tag der Weihe.
Der Liebe und des Ruhmes Kranz
Reicht ihm die Hand der Treue.

(Sie gehen hinein.)

---

* Ursprünglich Finale des ersten Aktes; die Bezeichnung wurde hier beibehalten.

Neunte Szene

Fjerabras tritt gedankenversunken aus dem Wald; er verharrt in einiger Entfernung von der Hütte.

Fjerabras

Was quälst du mich, o Mißgeschick!
Will *jener Traum mich denn* nicht fliehen?
Ich saugte Lust aus ihrem Blick –
Hinweg, hinweg! ach mächtig fühl ich's glühen!

In tiefbewegter Brust
Regt sich ein leises Sehnen;
Kaum meiner selbst bewußt,
Darf ich dies Glück nicht wähnen.

O schweig, betrognes Herz!
Verstummt, vergebne Klagen!
Dem Manne ziemt nicht Schmerz,
Er muß mit Fassung tragen.

(Bewegung in der Ferne)

Doch horch! was regt sich *dort* in stiller Nacht? *Des Lagers Wächter in Bewegung. Wähnt man mich entflohen, gilt es andern Feind?*

Männerchor *(in der Ferne)*

Wo ist sie? wo ist sie? Schnell verschwunden ist jede Spur.

Fjerabras

Seltsam Treiben! Was mag das sein? Mit Vorsicht will ich das Ende erwarten. *(Tritt beiseite)*

Männerchor *(näherkommend)*

Ohne Weilen verfolgt die Spuren. Schnell verschwunden ist jede Spur. Wo ist sie? wo ist sie?

Zehnte Szene

Fjerabras. Imma und Irminhard, aus der Hütte tretend.

Imma und Irminhard

Angst und Schrecken tief erfassen,
Dumpf bedecken sie die Brust.
Flucht nur rettet, der verspätet schuldbewußt.

Männerchor *(zugleich)*

Ohn Verweilen verfolgt die Spuren! Schnell verschwunden ist
jede Spur.

(Imma und Irminhard wollen fliehen, Fjerabras tritt hervor.)

Fjerabras

Ha, hier waltet ein Verrat! *(zu Irminhard)* So schnell nicht, als Ihr
wähnet!

Imma und Irminhard

Ha, Fierabras!

Fjerabras *(zu Irminhard)*

Wer Ihr auch seid, *den ich an Immas Seite finde,* zur *Strafe* seht
mich hier bereit!

Imma

O schont, erbarmt!

Fjerabras

Götter! Imma!

Irminhard

O laß *uns* fliehn!

Fjerabras

Liebst du sie? Und findest Liebe?
Weh mir, was muß ich sehn!

Des Zornes Glut ersticket
In mir des Mitleids Drang.
Er ist's, den sie beglücket,
Wie hart ist dieser Zwang!

Imma und Irminhard

Wie er verworren blicket,
Kaum birgt er seinen *Drang*.
Die Schuld, die mich bedrücket,
Erfüllt das Herz so bang.

Imma

Schütze! Rette!

Irminhard (ans Schwert greifend)

Durch deine Brust bahn ich den Weg!

Fjerabras

So flieh, so flieh! *Verglüh* in mir die Rache!
Und brauchst du meinen Arm – *ich* biet *ihn dir.*

Imma und Irminhard

Hab Dank! Du Retter in Gefahr.

Alle Drei

Leb wohl, leb wohl, mög dich des Himmels Schutz bewahren!

(Irminhard flieht.)

Elfte Szene

Imma, Fjerabras.

Fjerabras

Nun fasse Mut! So sehr mein Herz auch bebt,
Ich biet dir Schutz, bring dich in Sicherheit.
Willst du mir folgen, hohe Königstochter,
So führ *ich dich in deines* Vaters *Haus.*

Imma

Nein, nimmermehr!

O schone, ach erbarme!
Daß schnell dein Herz erwarme,
Sieh meiner Tränen Flut!
Laß nichts den Vater wissen,
Den Frevel würd ich büßen
Mit des Geliebten Blut.

Fjerabras

Ja, zähle auf mein Schweigen!
Der Not will ich mich beugen
Mit männlich festem Mut.

Zwölfte Szene

Vorige. König Karl tritt an der Spitze einer Schar Bewaffneter aus dem Wald.

Imma und Fjerabras

Ha!

Karl

Wie? *Imma* hier? an des Barbaren Arm?
So achtest du des Gastrechts heil'ge Sitten?
Verführer!

Fjerabras

Nein, zuviel! So wisset –

Karl

Ich weiß genug, dich zu verachten! *(ruft) Irminhard!*

Imma und Fjerabras

Wie, ihn?

Das Blut fühl ich erstarren
Im Kampf mit Lieb und Pflicht;
Wird er die Schuld gewahren
Trifft uns / sie sein Strafgericht.

Karl

Mit Strenge zu verfahren
Gebeut mir Vaterpflicht.
In Haft muß ich ihn wahren,
Der so *die Ehre* bricht.

Dreizehnte Szene

Vorige. Irminhard.

Karl

Dich rief ich, *Irminhard*, den einzig Treuen,
Der meines Hauses Ehre stets bewacht.
In deine Hände stell ich den Verräter,
Daß er den Frevel büß in Kerkers Nacht.

Irminhard

Was ist geschehn? Weh mir!

Karl

Wohl wirst du staunen.
An *Imma* wagt' der Kühne sich vermessen,
Entführte mit Gewalt sie meinem Arm.

Irminhard

Er nicht, er nicht!

Karl

Mit Grund ist, Edler, dein Entsetzen,
Drum fort mit ihm!

Irminhard *(für sich)*

Vermag ich es?

Karl

Kein Mitleid!
Solch frevle Tat verdienet solchen Lohn.
Du zauderst? Fort!

Irminhard *(zu des Königs Füßen)*

O Herr, vergib!

Imma und Fjerabras

Ha, schweige!

Karl

Ich will es! *(mit einem Wink auf sein Gefolge)*
Ihr haftet mir für ihn.

(Fjerabras wird gefesselt. Ein Trompetenruf in der Ferne.)

Karl

Du hörst dies Zeichen, *Irminhard*, bald *wird* es tagen,
An euer Werk *gemahnt* der frühe Ruf.
Drum eile, dich den Freunden zu gesellen,
Daß ihr die Friedenssendung klug vollbringt.
(Auf Fjerabras deutend) Für meinen Zorn bleib er indes verwahrt.
Was er verbrach an meines Hauses Ehre,
Erheischt, daß es der Strafe Last vermehre.

(Während des folgenden Chors füllt sich bei allmählichem Tagesanbruch die Szene mit Rittern und Kriegern. Die Ritter des Gesandtschaftszuges führen eine weiße Fahne und einen Palmzweig mit sich.)

Chor der Ritter und Krieger

Fort zum Siegesreigen
Auf sein Machtgeheiß!
Eures Ruhmes Zeugen
Bringt des Friedens Preis.

Imma, Fjerabras und Irminhard

Dulden nur und Schweigen
Ziemt um solchen Preis,
Und kein Blick darf zeigen,
Was die Seele weiß.

Karl

Ernst und Strenge zeigen
Ist mir Pflichtgeheiß;
Vor des Frevels Zeugen
Werd der Schmach *ihr* Preis.

(In die Wiederholung des Quartetts fällt der Chor mit seiner Strophe ein.)

*

Viertes Bild

Heerlager der Mauren bei Agrimor. Im Zelt des Emirs.

Vierzehnte Szene

Florinda, Maragond.

Florinda

Von Rolands Hand gefangen: Fjerabras.
Ach, wär ich an des Bruders Stell', geholfen
Wär dann uns beiden. Ich, gefangen, frei,
Und er, der Bruder, nicht gefangen, frei.
Doch anders noch wär's denkbar: Roland in
Fjerabras' Hand – da wollt ich wohl abschwätzen
Dem Sieger seinen unschätzbaren Fang.
Die Waffen streckt' ich vor dem Waffenlosen,
Des Kriegs genäse er in meiner Hut.

Maragond

Was sinnst du, Herrin! Bleibe unbetört
Das Herz dir von dem Gaukelbild des Traums.

Florinda

O schöner Traum, der jäh entferntes Lieben
Als heiter-gegenwärtiges mir malt!
Das schlaffe Leben hängt wie eine Glocke
Aus Traurigkeit hier über meinem Sein.

Maragond

Das sagst du, die in allen Waffenkünsten
Die Edelsten des Heeres oft beschämt?
Die du den Eber jagst mit spitzem Speer
Und mit dem Pfeile hemmst des Falken Flug?

Florinda

Bin doch ein Weib – und einen gab's, des Künste
Ich nie beschämt, er ist so nah, so fern!

Maragond

Der Feind ist's, den du liebst! Und denkt er dein
Denn noch, ist er noch frei? Längst eine Christin
Sein Lager weiß und weich gewiß schon teilt.

Florinda *(einen Dolch auf sie zückend)*

Was weißt von Roland du? Und was von mir?
Des Kämpfers ist die Kämpferin nur wert.
Des braunen Leibs biegsame Festigkeit
Vergißt sich nicht in einer Christin Bett.

Maragond

Nicht kränken wollt ich, Herrin, dich, nur warnen
Die Leidenschaft, die sich mit Blindheit schlägt.
Des Vaters denke, dessen Heer geschlagen
Von jenem, dessen Bild dein Herz bestürmt!

Florinda

Er wolle Frieden, und verbündet neigt sich
Roland ihm zu. Ich bin ihm mehr als Krieg.

Maragond

Des Feindes Sieg frißt an des Mauren Ehre.

Florinda

Der Frieden meinem Herzen Sieg gewähre!

• Nr. 9 Duett*

Florinda

Weit über Glanz und Erdenschimmer
Ragt meiner Wünsche hohes Ziel;
Und jedem Glück entsag ich immer,
Lohnt mich der Liebe süß Gefühl.

Maragond

O mög der Schein dich nicht betören,
Verrat ist der Gedanke schon.

Florinda

Nur seiner Stimme Klang zu hören,
Ist aller Leiden höchster Lohn.

O könnt ich es umfangen,
Das lieblich holde Bild!
Mein glühendes Verlangen
Wird nimmer wohl erfüllt.

Maragond

Von trostlos stillem Bangen
Ist meine Brust erfüllt;
Ach nie wird ihr Verlangen,
Nie ihre Lust gestillt.

*

Maragond

Birg deinen Schmerz, es naht der Vater!

---

* Die Nummern 7 und 8 der Partitur entfallen (s. *Erläuterungen* S. 301f).

Fünfzehnte Szene

Vorige. Der Emir, Brutamonte.

Baligant *(mit Brutamonte schnell herein)*

In Ketten Fjerabras! Karl, der ihn freiließ
Am Tage, ließ zur Nacht ihn schimpflich nehmen
Wieder in Haft. *(zu Brutamonte)* Doch ist die Nachricht wahr?

Brutamonte

Sie ist's mein Fürst, ich bürge dir für sie.
Du sahst den Boten, atemlos vom schnellen
Lauf, vier Stunden braucht' er für den Weg
Durch Waldesgrauen. Vor des Feindes Lager
Harrt' er des Franken, der in unserm Sold;
Der hat ihm dies und andres frisch erzählt.
Es sei'n, so sagt er, auf dem Weg zu uns
Des Königs Boten, eine Ritterschar,
Geführt von Roland, Frieden uns zu bieten.
So hab es Karl verkündet seinem Volk.

Baligant

Und nachts in Eisen Fjerabras gelegt?
Auf welch Bedingnis will er Frieden schließen
Mit dem Besiegten?

Brutamonte

       Deinen Grenzen Schutz
Und Sicherheit will er bestimmt gewähren,
Wenn du mit deinem Volk zu seinem Glauben
Dich wendest, Mohammed mit Christus tauschst.

256

Baligant

O tiefe Schmach! Und Roland bringt die Botschaft?
Wann wird der Franken Schar im Lager sein?

Brutamonte

Wärn sie zu Pferde, wären sie schon hier.
Doch ihre Friedensbotschaft zu bekunden,
Nahn sie zu Fuß. Der Vorsprung unsres Spähers
Mag nicht sehr groß sein –

Sechzehnte Szene

Vorige. Ein maurischer Hauptmann.

Hauptmann *(eilig eintretend, vor dem Emir den Boden küssend)*

        Ruhm und Preis sei Allah!
Zwölf fränkische Ritter, Paladine Karls,
Mit Palmenzweigen statt des Speers in Händen,
Ergriffen sind sie an des Lagers Tor.
Doch dir nur woll'n die Boten sich erklären.

Baligant

Ihr Führer – Roland?

Hauptmann

        Herr, du weißt es schon?

Baligant

Es geht, wie's muß. Was rätst du, Brutamonte?

Brutamonte

Laß sie nicht vor dein Angesicht. Der Wache
Sollen den schlimmen Antrag sie verkünden.
Die schicke mit Verachtung sie zurück.

Baligant

Dein Rat ist edel, aber ist er klug?
Karl bietet Krieg. Er tut's in Friedens Maske.
Und soll ich meinen Vorteil nicht draus ziehn?
Die Ritterschar, die mir Verrat an Allah
Ansinnt, soll ruhig heimwärts wieder ziehn?
Nein! Meiner Truppen angefochtnen Mut
Entfachen will ich mit der Boten Haft.
Die Franken bind ich. Bind sie, wie den Sohn
Sie mir gebunden. Und der feste Turm
Von Agrimor umhülle sie mit Nacht!

Brutamonte

Wie du es sagst, Gebieter, wird's geschehn.

Baligant

Sie solln das Licht des Tages nicht mehr sehn.

• Nr. 10 Quintett

Baligant

Verderben denn und Fluch
Der falschen Frankenbrut!
Hinab in Todesnacht
Send ich der Frevler Scharen,
Von meinem Zorn umwacht
Verschlingen sie Gefahren.

Brutamonte

Auf ihrer Größe Trümmern
Blüht unsers Ruhmes Ziel;
Das Herz entwöhnt sich nimmer
Der Rache blut'gem Spiel.

Hauptmann*

Dem Feinde Schreckensnacht
Droht furchtbar; die Gefahren,
Die Qual, die *er* gebracht,
Er muß sie selbst erfahren.

Florinda

Des Zornes böse Macht –
O wolle er sie sparen!
Doch eine Hoffnung lacht
Mir selbst aus den Gefahren.

Maragond

Des Zornes volle Macht
Wird er verdient erfahren.
Die Qual, die *sie* gebracht,
Sie werden sie erfahren.

*

---

* S. *Erläuterungen*, S. 301

Florinda

Du gönnest, Vater, mir ein fragend Wort?
Hältst du die Franken hier im Lager fest,
Zwingst Karl du, seinen Angriff zu erneun.

Baligant

Sie mögen kommen! Fest ist dieser Platz.
Zum Angriff sie zu reizen tracht ich ja.
Sie sind geschwächt vom Sieg, wir stark von Zorn.
Und jeder weiß dann: Tod gilt's oder Sieg.

Florinda

Doch wird der Drang, die Ihren zu befreien,
Furchtbar beflügeln ihrer Truppen Kraft.

Baligant *(nachdem er sie lange angesehen)*

So falle morgen schon der Christen Haupt!
Dann weiß der Maure, was ihm weichend droht:
An Weibern, Kindern furchtbares Gemetzel.
Verzweiflung wird verdoppeln unsre Kraft,
Des Feindes Ansturm blutig sich dran bricht.

Hauptmann

Soll ich die Zwölf jetzt vor dich führen?

Baligant

                           Andre
Gesandtschaft wartet, gib den Vortritt ihr.
Sie harrten lang, Vertriebene des Kriegs –
Der Franke hat ihr schönes Dorf zerstört.
Ihr Klagen soll des Heeres Zorn mir reizen,
Dann führe Karls Gesandte vor den Thron.

(Hauptmann ab)

260

Brutamonte

Und wenn um Frieden nun die Bauern flehn?

Baligant

So laß ich Fjerabras' Geschick sie sehn.

S i e b z e h n t e   S z e n e

Vorige (ohne den Hauptmann). Baligant setzt sich auf den Thronsessel und winkt der Wache, die die Rückwand des Zeltes öffnet; eine Gruppe Bauern, Männer und Frauen, wird hereingeführt. Hinter ihnen füllt sich der Raum mit maurischen Offizieren.

• **Nr. 11   Chor**

Chor

Laß Friede in die Hallen
Des Fürstensitzes ziehn!
Wenn Jubellieder schallen,
Muß auch die Palme blühn.

Ihr Himmelsmächte sendet
Die Ruhe diesem Land,
Der Gaben höchste spendet,
Der Eintracht heilig Band!

*

Baligant

Der Eintracht heilig Band umschlinge uns
Zu Kampf und Sieg! So wird bald Friede sein.
(zur Wache) Führt mir des Feindes Boten nun herein!

Achtzehnte Szene

Vorige. Die Ritter, unter ihnen Roland und Irminhard.

Roland

Dem edlen Emir Gruß und Waffenstillstand
Beut König Karl. Ich leg's vor deinen Thron.

Baligant

Der Waffen Stillstand käm ihm wohl gelegen,
Mit Nachschub sich gemächlich zu versehn.
Mit frischer Mannschaft frischen Angriff –

Roland

So
Ist's nicht gemeint! Die Waffenruhe soll
Das Tor des Friedens unsern Völkern öffnen.
Ihn zu verhandeln bin ich ausgesandt.
(Er übergibt seine Vollmacht.)

Baligant *(das Pergament ausschlagend)*

Dem Friedensboten steht das Schwert nicht an.

Roland *(nach kurzer Überlegung)*

Wir trugen's für den Weg. Doch hier vor dir
Sei uns das Friedenszeichen einz'ger Schutz.
(Er legt seine Waffe am Thron nieder. Die andern Ritter folgen seinem Beispiel.)

Baligant *(nimmt die Vollmacht)*

Friede ist deine Losung. Und der Preis?

Roland

Karl will um Land und Leute dich nicht schmälern;
Er ehrt des Herrschers angestammtes Recht.

Baligant

Und des Propheten Rechte ehrt er auch?

Roland

Er ehrt sie nicht und wünschte sehr, du würdest
Dich gläubig neigen dem Gekreuzigten.
Doch gilt ihm dies als Preis des Friedens nicht.

Baligant *(höhnisch)*

Wie weise, wie gerecht mit einem Mal!
Um Nachschubs Frist scheint es ihm sehr zu tun.

Roland

Wer Tücke vorgibt, selbst auf Tücke sinnt.
Ich bürge dir für seines Willens Ernst.

Baligant

Und Fjerabras? Wie geht es meinem Sohn?

Roland

Er ist gesund.

Baligant

       In Haft nicht?

Roland

             Freigesetzt
Hat Karl ihn bald.

263

B a l i g a n t

> Und ist er frei?

R o l a n d *(nach kurzem Zögern)*

> Nicht mehr.

Ein Mißverständnis, nachts –

B a l i g a n t

> Ein Mißverständnis?

Mein Sohn in Haft, als wär' er ein Verbrecher!
Ergreift sie, Mauren! Führt sie in den Turm!
(Zu Roland) Es ist vielleicht ein Mißverständnis nur.

R o l a n d

Gesandschaftsrecht willst du mit Füßen treten?

B a l i g a n t

In Ketten magst zu deinem Gott du beten.

• Nr. 12 Terzett mit Chor

B a l i g a n t

Im Tode sollt ihr büßen,
Was Übermut gewagt;
Bald deckt zu meinen Füßen
Euch Nacht, die nimmer tagt.

R o l a n d u n d d i e R i t t e r

Das Leben leicht zu lassen,
Ist frommer Ritter Pflicht;
Doch der ist schwer zu hassen,
Der Wort und Ehre bricht.

Florinda

O schütz ihn vor Gefahren,
Du ew'ge Himmelsmacht!
Muß ich ihn elend schauen,
Zur Rettung treibt's mich an.

Baligant

Ihr sollt es bald erfahren,
Wie euch mein Grimm verlacht.
Fort! In des Kerkers Grauen
Büßt ihr den frevlen Wahn.

Chor der Mauren

Bald sollen sie's erfahren,
Daß seine Rache wacht.
Auf Glück dürft ihr nicht bauen,
Bald ist's um euch getan.

Roland und die Ritter

Mit männlichem Vertrauen
Gehn wir die Todesbahn.

Baligant

Im Kerker wachet für ihr Leben,
Bis sie der Strafe Arm ereilt.

Roland und die Ritter

Des Königs Rache mach dich beben,
Weil er zum Schutz der Freunde eilt.

Florinda

Ach Vater, hab Erbarmen!

Baligant

Dich rührt ihr wohlverdientes Los?

Florinda *(für sich)*

In des Geliebten Armen
Ereilt auch mich das Todeslos.

(Die Ritter werden von maurischen Kriegern umgeben.)

Baligant und die Mauren

Sie sollen erblassen in heimlicher Not;
Die Feinde zu hassen ist Rachegebot.

Florinda, Roland und die Ritter

Das Leben zu lassen in peinlicher Not –
Es heischet sich fassen zum schmählichen Tod.

(Die Ritter werden abgeführt, Volk und Krieger folgen ihnen. Der Emir entfernt sich, ebenso Maragond. Florinda bleibt allein zurück.)

*

Neunzehnte Szene

Florinda allein.

Florinda

O Fluch des Vaters Freveltat! Auf mich,
Ich fühl es, zielt's – fühl's besser, als er's weiß.
Die Flamme des Gefühls mir auszulöschen,
Setzt seine Ehre er, sein Volk aufs Spiel.
Den blut'gen Nebel vom verwirrten Haupt
Ihm wegzublasen – keiner hätte die Kraft.
Ich muß ihn schützen vor so tiefem Falle.
Die Franken rettend, rette ich uns alle!

• Nr. 13 Arie

Florinda

Die Brust, *bedrängt* von Sorgen,
Bestürmt *von* Schmerzes Glut –
Ja tage, wilder Morgen!
Dein Segensgruß ist Blut.

Des Weibes sanfte Sitten
Zerstört der Drang der Not,
Und mit der Furien Wüten
Verbreit ich Schreck und Tod!
(Erste Strophe wiederholt)
(Sie stürzt davon.)

ZWEITER AKT

Fünftes Bild

Im Turm von Agrimor. Ein mit einer Eisentür verschlossener Raum.
Schießscharten im Hintergrund. Nacht.

Erste Szene

Irminhard, Roland, Ogier und die übrigen Ritter.

• Nr. 14 Chor der Ritter

Irminhard, Roland, Ogier und die übrigen

O teures Vaterland! Verlassen
Weilt deiner Söhne treue Schar;
Den soll des Todes Graun erfassen,
Der deines Ruhmes Kämpfer war.
O teures Vaterland!

Ach, fern von heimischen Gefilden
Droht des Verderbens bittre Schmach,
Und bald zerfließt in Luftgebilden
Die Hoffnung, die das Schicksal brach.
O teures Vaterland!

• Nr. 15 Melodram und Ensemble

Richard *(spricht*)*

Ha! Was ist das?

Gui

        Schon nahn des *Emirs* Schergen.

---

* Melodramatisches Sprechen bis einschließlich »Ein Weib!«

Roland

Sie mögen kommen, Männer finden sie.

Ogier

Am Fuß des Turms – ich höre Lärm –
(geht zu einer der schießschartenähnlichen Öffnungen)

Olivier *(an der Tür lauschend)*

Das Tor
Knirscht in den Angeln –

Ogier

Da, ein Maure stürzt
Voll Schrecken fort. Was hat das zu bedeuten?

(Geräusch an der Tür)

Roland

Habt acht!

Richard

Das Schicksal bricht durch diese Pforte.

Zweite Szene

Vorige. Die Tür fliegt auf, Florinda stürzt herein, in einer Hand ein Schwert, in der andern eine Leuchte haltend.

Die Ritter

Ein Weib!

Florinda *(singt)*

Wo ist er? Nicht des Todes Grauen
Hemmt meiner Schitte schnellen Lauf.
Nur ihn, den Teuren, will ich schauen!
Dann *schließ ich euch die Tore auf.*
Ach, mein Roland! *(Sie wird ohnmächtig.)*

Roland

Gerechter *Himmel*, ja sie ist's, ja sie ist's!
Florinda!

Die Ritter

Wie? diese wäre Florinda?

Roland

Am Rand des Grabes muß ich finden
Das Glück, das Mißgunst mir entzog.
Schon fühlt' ich alle Hoffnung schwinden,
Da doch die Liebe mich nicht trog.
(nimmt Florinda in seine Arme)
Schnell, Hilfe schaffet *der Erschöpften,*
Daß *in das Leben* schnell sie wiederkehre.

(Die Ritter holen Wasser. Florinda schlägt die Augen auf.)

Laßt sie, schon ist sie wieder sich bewußt.

Florinda

Wo bin ich?

Roland

In meinem Arm, in deiner Freunde Mitte.
Vernehmt es Brüder! Ich hab sie gefunden,
Es kehrt das Glück. Wie das Geschick auch wüte,
Auf ewig bleibst du mir verbunden.

Selbst an des Grabes Rande
Erwacht das Leben neu;
Vom düstern Todesbande
Macht uns die Liebe frei.

Florinda

Entzücken strömt und Leben
In die gequälte Brust,
Das Herz fühlt Wonnebeben,
Die Seele Himmelslust.

Beide

Wie leicht wird so die Todesstunde,
Da Leben quillt vom teuren Munde.

Die Ritter

Heil ihrer Herzen schönem Bunde,
Er muß gedeihn in solcher Stunde.

*

Florinda

Den Wächter traf mein Dolch, es mußte sein;
Sein Schlüssel schloß uneinnehmbares Tor.
Nun heißt es eilen, Hinrichtung bedroht euch
Von meinem Vater; zum Verzweiflungskampf
Will er die Unsern spornen. Aber sagt:
Ist Fjerabras am Leben? Was geschah?
Ein Späher bracht' dem Vater böse Kunde.

Roland

Es ist ein Rätsel. In der Nacht ward er
Mit unsers Königs Tochter angetroffen,
Die Stunden vorher erstmals er gesehn.
Wir hörten's staunend, keiner weiß den Grund.

Irminhard *(zu Florinda)*

Ich weiß ihn, und ich sage, was ich weiß.
Von Imma nahm ich Abschied in der Nacht,
In einer Hütte, draußen, vor dem Lager;
Da naht sich eine Wache, wir, erschrocken,
Treten heraus – und stehn vor Fjerabras,
Als hätt ein Traumgesicht ihn hergeführt.
Er stutzt, er zürnt – er bietet seinen Arm,
Imma ins Frauenzelt zurückzuführen.
Mich heißt er fliehn, benommen folg' ich, kehr
Geschwind ins Lager – eilig da beruft
Mich Karls Befehl an die verschwiegne Stelle:
Mit Fesseln streng bestraft er dort den Prinzen.
Auskunft verweigern beide, mir verschließen
Schreck und Entsetzen den verstörten Mund.
Nun wißt ihr es – so haltet denn Gericht.

Roland

Unseliger!

Florinda

      Zum Zorn ist keine Zeit.
Vor Karl ist schnell die Wahrheit aufgeklärt.
Früher lagen dort Waffen *(sie öffnet ein Verlies)* – und noch jetzt!
Verseht euch rasch mit Schilden, Schwertern, Spießen!
Schnell aus dem Turm dann. Noch deckt uns die Nacht.

• Nr. 16 Ensemble und Melodram

Die Ritter *(sich waffnend)*

Der Hoffnung Strahl, den du gegeben,
Er leiht uns Mut zu neuem Leben.

Ogier

Nun rasch zur Tat!

Roland

Mög der Erfolg sie krönen.

Chor der Ritter

Vor herber Leiden Qualen,
Aus harter Todesnot
Laß uns zur Freiheit wallen,
O großer ew'ger Gott!

Und süße Labung lege
Ins Herz, wenn Trost gebricht.
Die grauenvollen Wege
Erhell der Hoffnung Licht!

(Getümmel von außen, Trompetensignale, Kriegsmusik)

Florinda *(an eine Maueröffnung tretend, spricht*)*

Wir sind entdeckt! Der andre Wächter floh.
Er kehrt, ihr hört es, nicht allein zurück.

Roland

Was ist zu tun? Wie lange hält die Pforte?

(Schläge, Hämmern, Schreien von außen)

Ogier

Hört, wie sie wüten! Lange hält der Riegel
Dem Sturm nicht stand. Macht euch zum Kampf bereit!
Mit ihren Leibern füll ich diesen Turm.

Florinda

Das Tor ist fest. Ein Magier schuf das Schloß.
Vielfacher Riegel schützt die Eisenwehr.
Und einen Schlüssel gibt es nur *(zeigt den ihren)* – der ist's!
Sie müßten schon die Steine rings aufbrechen.
Im Turme sind wir sicher über Nacht,
Doch dann, bei Tag – der Feinde sind zuviel.

Roland

So heißt's, den Unsern schnelle Nachricht bringen!
Bei Tagesanbruch dann wär Hilfe hier.

---

* Von hier an bis zum Ende von Nr. 16 melodramatisches Sprechen.

Irminhard

Laß mich den Ausbruch wagen! Nachtgedeckt
Dringe ich durch, ihr helft mir aus dem Tor,
Und Mitternacht schon findet mich vor Karl.

Florinda

So könnt es gehn. Ein vorgetäuschter Ausfall.
(zu Irminhard) Im Schutz der Nacht eilt Ihr ins Frankenlager.
(zu den andern) Ihr aber lenkt der Mauren Grimm auf euch
Und zieht euch fechtend in den Turm zurück,
Schließt dann mit einem Griff die Pforte zu.
(Sie gibt Roland den Schlüssel.)
Schnell sei's getan, eh' sich das Heer verstärkt!

Roland *(vorsichtig durch eine der Öffnungen spähend, durch die manch-mal Brandpfeile zischen)*

Der Ring ist dicht. Ich werde mit ihm gehn.
Allein schafft's keiner. Seit' an Seite – so
Brechen wir durch.
(zu den andern Rittern) Ihr deckt und schließt die Pforte.
Zuvor das Schloß besehn wir uns genau.
(zu Florinda, die protestiert)
Kein Wort, so nur gelingt's. Leb wohl, Geliebte!
Des Himmels Segen fleh auf unsern Weg.
(zu den andern) Ihr hört auf Ogier!
(zu diesem) Nach Florindas Weisung
Hast du an meiner Statt hier den Befehl.

*

• Nr. 17 Finale II*

Roland und Irminhard

Uns führt der Vorsicht weise Hand
Für treue Lieb und Vaterland.

Die Ritter

Das Schwert mit Macht zu schwingen
Wenn Recht und Ehre bricht,
Der *Freiheit* Opfer bringen,
Ist heil'ge Ritterpflicht.

Alle

Lebt wohl, lebt wohl!

(Umarmung. Roland, Irminhard und die andern Ritter bewaffnet durch die Treppentür ab.)

Dritte Szene

Florinda allein.

Florinda *(spricht**)*

Schützt ihn, ihr ew'gen Mächte! *(Sie sieht durch eine der Öffnungen.)* Welche Wut! O daß er ihr entginge! Ha, die Tapfern!

Sie fechten wie die Löwen. Die Mauren weichen. Mit blankem Schwert stürzt Roland *durch den Ring – mit Irminhard.* Sie brechen durch – Dank euch, *ihr* Götter! *Da,* neue Scharen – *können sie fliehn?* Rings mäht sein Stahl – *ach, meines Vaters Truppen!* Sie

---

* Ursprünglich Finale des zweiten Aktes; die alte Bezeichnung wurde hier beibehalten.
** Von hier an bis zur Rückkehr der Ritter melodramatisches Sprechen

fallen, er ist frei – *und schon* von neuem im Gedränge. *(Das Kampf-geschrei läßt nach.) Da, sie umzingeln ihn – woll'n sie ihn fangen?* Noch blinkt sein Schwert. So dicht umrungen – *nirgendwo ein Ausweg. Doch wo ist Irminhard? Die Nacht hat ihn verschluckt. Roland im Fackellicht – welch ein Gewirr! Er ist umringt – weh mir! O Höllen-marter! Wo ist er? Da – an jedem Arm fünf Mauren. Er gibt auf – sein Schwert – (Triumphgeschrei von draußen.)*

Die Ritter *(hereinstürzend, singen)*

O Mißgeschick!

Florinda

Gefangen! *(Sie sinkt zu Boden.)*

Die Ritter

Mut und Besinnung schwinden,
Ein düstres Todesgraun
Läßt mich nur Qualen finden,
Zerstört ist mein Vertraun.

*

Sechstes Bild

Heerlager der Franken. Im Zelt des Königs.

Vierte Szene

Karl allein, unruhig über einen mit Karten bedeckten Tisch gebeugt. Es ist noch Nacht. Am Ausgang zwei Wachen.

Karl *(einer Wache winkend)*

Noch immer nichts? Geh, sieh noch einmal nach! *(Wache ab)*
Wo bleibt der Bote? Es war abgemacht,
Mir unverzüglich Nachricht herzusenden.

Fiel, der sie brachte, in des Feindes Hand?
(Wache zurück. Verneinendes Kopfschütteln.)
Oder ging dieser Bote gar nicht ab?
Dann sind die Ritter alle nicht mehr frei.
Dann gilt's – welch unerhörter Bruch des Rechts!
Dann müßt ich schnell – der Truppen volle Zahl –
Hat einen Vorwand Baligant gebraucht?
Wußte er gar – *(zur Wache)* Führ meine Tochter her!
Will dieser Emir mich zum Angriff zwingen
Auf seine Stellung? Ohne General
Bin ich schlecht dran. Was für ein Leichtsinn war's!
O hätte ich auf Roland nie gehört!
Des Heeres Arm schlug mir der Maure ab.
Furchtbare Tücke –

Fünfte Szene

Karl, Imma.

Imma *(eintretend)*

        Hier bin ich, mein Vater.

Karl

Hat mir mein Kind noch immer nichts zu sagen?

Imma

Fjerabras' Unschuld sag ich dir auch heut.

Karl

Du kannst sie nur mit eig'ner Schuld erweisen.

Imma

So schließe *mich* in Ketten und nicht ihn!

Karl

Warst du's, die ihm den Treffpunkt aufgedrungen?

Imma

Ein Zufall war's. Wie sollt er ahnen, daß –

Karl

Daß du dort weiltest, nachts, im Wald allein?

Imma

Allein nicht, Vater, doch nicht er war's, der –

Karl

Wer war es? Nenn den Namen! Einzig so
Kannst du des Mauren Unschuld mir erweisen.

Imma

Mit Irminhard bin lange ich im Bund.
Nicht wagen konnt er, dir sich zu eröffnen.

Karl *(auffahrend)*

Mit Irminhard? Wo war er in der Nacht?

Imma

Wir nahmen Abschied, dort, an jener Hütte,
Als uns der Wache Lärmen überfiel.
Ich hieß ihn fliehn, da Fjerabras den Arm
Mir hilfreich bot. Ein träumerischer Gang
Hatte den Prinzen in den Wald geführt.

279

Karl

Wache, zu mir! Der Maurenprinz sei frei.
Löst ihm die Ketten! Führt ihn gleich zu mir!
(*zu Imma*) Die Sechs, die ich gesandt als Friedenszeugen,
Sind tödlich in Gefahr durch dein Verschweigen.

• Nr. 19* Quartett

Karl

Nun ist es klar, die Tat konnt ich ergründen.
Du hast des Vaters milde Huld verschmäht;
Wohlan! den Richter sollt ihr in mir finden,
Der auf verdientem Lohn besteht.

Imma

Wo werd ich Trost in meinen Leiden finden,
Da mir des Vaters milde Huld entgeht?
Will er der heil'gen Bande sich entbinden,
So hat mein Glück ein wilder Sturm verweht.

Karl

Die Gnade muß weichen,
Der Grimm nur erwacht;
Und soll sie erbleichen,
Ich dring durch die Nacht.

Imma

Die Freuden entweichen,
Der Schreck nur erwacht.
Mich fassen die bleichen
Gestalten der Nacht.

---

* Die Nummer 18 der Partitur entfällt (s. *Erläuterungen*, S. 301)

Sechste Szene

Vorige. Fjerabras, von der Wache hereingeführt.

Karl

An meine Brust, Unschuldiger, Verratner!
(zu Imma) Sieh hier dein Werk und freu dich des Gelingens.

Fjerabras

Du weißt schon, Herr?

Imma

O herbe Schmerzensstunde!

Fjerabras

Ich übte heil'ge Freundschaftspflicht,
Da ich die beiden mußt' gewahren
Im Bann des Schreckens, der Gefahren.
Straf deine Tochter, König, nicht!

Imma

Die Scham bedecket mein Gesicht.

Karl

Noch faß ich deine Worte nicht.

Siebente Szene

Vorige. Irminhard stürzt herein.

Irminhard

Wo ist mein königlicher Herr? *(sieht erstaunt auf Fjerabras)*

Die andern

Ha, Irminhard!

Irminhard

Ich bin's und fleh um deinen Schutz!
Vom Maurenfürst gefangen,
Bezwungen immerdar
Und treulos hintergangen,
Seufzt deiner Treuen Schar.

Karl

Entsetzen bringst du, Unglücksbote,
Ich rufe Wehe über dich!

Irminhard

Die Freunde rette erst vom Tode,
Dann treff des Fluches Fülle mich!
Verworfen ward die Friedenskunde
Und Kerkerschmach ward unser Los;
Dem Tod verfallen trauert Roland,
Und kann ich bald nicht Rettung bringen,
So harrt der andren gleiches Los.

Die andern

Ha, schändlich, schändlich!

Karl

Sprich, was ist zu tun?

Irminhard

Die Mutigsten gib mir heraus
Von deinem tapfern Heere,

Und auf des Sturmes Flügeln
Eil ich zur Rettung hin!
Vertraue mir die Rettungstat,
Vollführen will ich sie und sterben!

Imma

Zu schreckenvoll ist solche Tat
Erliegen muß er dem Verderben.

Karl

Vollbringen mußt du sie, die Tat,
Du wirst im Tode Ruhm erwerben.

Fjerabras

Nach kühn vollbrachter Heldentat
Wirst du des Glückes Gunst erwerben.

*

Fjerabras *(zu Karl)*

Eh' deine Truppen zu tödlichem Ritt
Du sammelst, gib mir eine Frage frei!

Karl

Frag, was du willst, doch frage schnell –

Fjerabras *(zu Irminhard)*

                      Sag mir,
War's eure Botschaft, die den Emir reizte?

Irminhard

Er schenkt' ihr keinen Glauben. Hinterlist
Sah er in Rolands Worten.

283

Fjerabras

> Welchen Worten?

Irminhard

Frieden zu schließen aus dem gleichen Recht
Nach eingetret'ner Waffenruhe.

Fjerabras

> Ohne
Weit're Bedingung?

Irminhard

> Ohne sie! Das Recht
Des andern Glaubens – Roland kränkt' es nicht.
Doch Tücke nur und Trug dünkt's deinen Vater.
Es schien, als wisse er von deiner Haft.

Karl

Genug. Die Truppen samml' ich –

Fjerabras

> Noch ein Wort.
Wie kamst du frei? Wo ist Roland gefangen?

Irminhard

Uns bannt' ein Turm. Florinda schlug den Wächter.
Vom Vater wußt' sie, daß er Tod uns trug.
Sie sprengt die Pforte, zeigt uns Waffen – da:
Belagerungssturm. Ich melde mich zum Ausfall.
Roland folgt mir, er wird gefangen, ich
Komm durch – vier Stunden liegt's zurück.

Fjerabras

Ich weiß
Genug. *(zu Karl)* Willst Hilfe du von mir?

Karl

Von dir?
Willst deinen eig'nen Vater du bekriegen?

Fjerabras

Euch beide will ich retten vor euch selbst.
Du weißt, verschanzt und fest ist unser Lager;
Grausamer Blutzoll nur bahnt dir den Weg
Zu den Gefangnen, die du tot dann findest,
Und im Gemetzel endet fürchterlich
Nicht der Besiegte nur, wer's immer sei,
Nein, auch der Sieger. Haß und Grimm danach
Verpesten auf Jahrhunderte die Luft.

Karl

Du sprichst wahr. Doch was willst du tun? Das Leben
Meiner Gesandten –

Fjerabras

Laß mit Irminhard
Mich an die Spitze deiner Truppen stellen!
Ich führ euch schnellen Weg, die Meinen wird
Mein Anblick lähmen und verwirrn. Nur so
Ist eine Chance, Gesandtenmord zu hindern.

Karl *(nach kurzem Besinnen)*

Die Rettung wär's. Ich seh's. Und die Bedingung?

285

Fjerabras

Daß du, gelingt's, den Platz zu überrennen,
Die Mauren schonst. Und meinen Vater auch.

Karl

Den Sieg soll ich nicht nutzen, der mir fällt?

Fjerabras

Den Sieg, den ich dir schaff', sollst du nicht nutzen
Zu anderm Frieden, als ihn Roland bot.

Karl *(nach einer Pause)*

Des Emirs schonen, wenn ihr siegt, vermag ich.
Ihm Frieden bieten – das vermag ich nicht.

Fjerabras

Auf meine Hilfe dann verzichte –

Karl

                    Halt!
Mein Prinz: des Herrschers Recht, Vertrag zu schließen,
Dein Vater hat für immer es verwirkt.
Den Mauren biet ich Frieden, doch nicht ihm.
Ich biet ihn dir, wenn's dir gelingt zu hindern
Gesandtenmord – der Emir seist dann du!

Fjerabras

Vertrag, den Roland bot, bietest du mir?

Karl *(die Hand ausstreckend)*

Vor Zeugen hier gelob' ich es dir an.

Fjerabras *(schlägt ein)*

Ich wag es drauf. Der Vater hat's in Händen.
Räumt er, besiegt, den Thron, so bist du mir im Wort;
Wir machen Frieden dann ohne Bedingung.
Hält er am Thron fest, bist du frei zu handeln.
Mißbrauchen wirst auch dann du nicht den Sieg.

Karl

So sei's! Gott schütze euch auf euerm Ritt!
Ich gehe rasch, die Truppe aufzurufen.
(zur Wache) Bringt Fjerabras den Mantel, Schild und Schwert!

Irminhard *(zu Karl)*

Tot nur siehst du mich oder siegreich wieder.

Fjerabras

Lebend, so denk ich, *(er nimmt seine Hand)* und bei König Karl
Bitt ich für Irminhard um Immas Hand.

Karl

Das wird sich finden. Folgt mir zu der Mannschaft! *(ab)*

Achte Szene
Vorige ohne Karl.

Fjerabras

Nicht trog das Traumgesicht. Ich deutet's nur
Voreilig. Anders es wahrzumachen, als ich
Vermeint, zieh ich nun aus. Und bitt um deinen Segen!
(Er kniet vor Imma, sie hebt ihn auf.)

287

Imma

Mein Kuß beschirme dich auf schwerem Gang!

Fjerabras *(Irminhards Hand ergreifend)*

Sei nach dem Kampf euch nicht ums Morgen bang.

• **Nr. 20 Terzett**

Fjerabras

Wenn hoch im Wolkensitze
Der Götter Grimm erwacht,
Dann spott ich ihrer Blitze,
Mich ruft's *zu kühner Wacht.*

Um solchen Preis zu ringen,
Spannt meine Kräfte ganz.
Es muß die Tat gelingen,
Es winkt des Friedens Kranz.

Irminhard

Lebt wohl! Im *harten* Kampfe klaget
Mein Herz um das verlorne Glück.

Imma

Dahin, wo all mein Hoffen taget,
Sehnt sich um dich der *bange* Blick.

Fjerabras

Laßt nicht vom Wahne euch betrüben;
Geheim ist uns des Schicksals Lauf.

Irminhard und Imma

Die Seelen, die so treu verbunden,
Sie schweben bald vereint hinauf.

Bald endet die Leiden versöhnend der Tod;
Es heischet zu scheiden sein mächtig Gebot.
Leb wohl!

Fjerabras

Bald endet die Leiden des Siegers Gebot,
Und *künftige* Freuden verscheuchen die Not.

(Fjerabras und Irminhard ab.)

*

Siebentes Bild

Im Turm von Agrimor. Zwei Stunden später.

Neunte Szene

Florinda, Ogier, Olivier, Gui, Richard.

Olivier *(an einer Maueröffnung)*

Die Sonne steigt. In trügerischer Ruh
Liegt rings das Land. Aus fernen Hütten quillt
Des Herdes Rauch, und ach! vergebens späht
Der müde Blick nach einem Hoffnungszeichen.

Gui

Irminhard – kam er durch? Ich wüßt’ es gern.
Des Königs Heer, es wär dann auf dem Weg.

Ogier

Hilft's Roland? Um ihn wär's bei einem Angriff
Geschehen.

Richard

      Und so nicht?

Florinda *(die schlafend schien)*

              Rettung, wo ist sie?
Der Liebste in des Vaters blutiger Hand.
Ich fern von ihm. Wo ist mein Vaterland?

• Nr. 21 a Arie mit Chor

Florinda

Des Jammers herbe Qualen
Erfüllen dieses Herz,
Zum Grabe muß er wallen,
O unnennbarer Schmerz.

In bittrer Todesstunde
Fehlt ihm der Liebe Gruß,
Und nicht von Freundes Munde
Wird ihm der Scheidekuß.

Die Ritter

Laß dein Vertraun nicht schwinden,
Noch leuchtet uns ein Hoffnungsstrahl,
Noch kann sich Rettung finden,
Am Ende flieht der Leiden *Qual.*

Florinda

Mit des Geliebten Leben
Flieht auch das meine hin.

Die Ritter

Vertrauen und Ergeben
Bringt *endlich doch* Gewinn.

Florinda

Und seines Todes Stunde
Bringt mir Verderben auch.

Die Ritter

Des Herzens tiefste Wunde
Heilt froher Hoffnung Hauch.

• Nr. 21 b Marcia funebre

(Düstere Marschmusik dringt herauf.)

Florinda *(spricht)*

Was hat das zu bedeuten?

Olivier *(tritt an eine der Öffnungen, spricht)*

Vom *Lager* naht ein langer Zug, *ich seh Soldaten, Würdenträger, Frauen, ganz vorn reitet der Emir.* Sie nahn dem Turm, jetzt halten sie. *Da – ein Schafott wird eilig aufgeschlagen.* Der Haufen teilt sich, *da –* in ihrer Mitte *– mit gebundnen Händen –* Roland!

• Nr. 21 c Ensemble

Florinda und die Ritter

Ha!

Florinda *(nachdem sie sich durch den Augenschein überzeugt hat)*

Ihr Freunde, rettet ihn! Verlangt mein Leben
Und was ihr wollt – für ihn sei es gegeben!

Die Ritter

Was ist zu tun? *Wie wird* ihm Rettung?

Florinda

Nun gibt's kein Mittel mehr, als *für ihn kämpfen*!

Jetzt schnell ans Tor hinab,
Die Riegel laßt erklirren,
Eh sie zum *frühen* Grab
Den Freund, den teuren, führen.
Hinab! hinab! hinab!

Die Ritter

Ja eilig nun hinab,
Laßt schnell die Riegel klirren,
Fort dann von Tod und Grab
Laßt *schnell den* Freund uns führen.
Hinab! hinab! hinab!

*

Florinda

Hört rasch! Ich trete hinter eine Brustwehr,
Von dort des Vaters Gnade anzuflehn.
Das lenkt sie ab. Reuig will ich mich zeigen,
Des Turmes Übergabe künd ich an.
Auf mich nur sehn sie, nicht auf den Gefang'nen –
Das paßt ihr ab und brecht im Sturm hervor!
Im Handstreich führt ihr schnell ihn in den Turm;
Mißlingt's, so geh ich kämpfend mit euch unter!

Achtes Bild

Vor dem Turm.

Zehnte Szene

Rechts der Turm, der sehr hoch ist. Zur Linken Schafott und Tribüne; an beiden wird noch gearbeitet. Vor der Tribüne des Emirs Thronsessel. Roland von maurischen Kriegern umgeben.

• Nr. 22 Chor der Mauren und Ensemble

Chor der Mauren

Der Rache Opfer fallen,
Vergeblich war ihr Drohn.
Laut wird die Luft erschallen,
Empfangen sie den Lohn.

Zu spät ist nun ihr Flehen,
Hier gilt kein Widerstand.
Sie müssen untergehen
Durch strenge Richterhand.

Florinda *(erscheint in mittlerer Höhe auf einem balkonartigen Mauer-vorsprung hinter einer Brustwehr)*

Erbarmen fleht vor deinen *Spießen*
Die Tochter, um den Freund gebeugt.
Laß deine Gnade mich nicht missen,
Wenn schon des Vaters Liebe schweigt.

Baligant

Verworfene, mit ihnen teile
Der Strafe wohlverdientes Los!
Den Frevler kann kein Bitten retten.

Florinda

Ich lieb ihn, hör es und vergib!
Hier an des Grabes nahem Rande.
Er ist mein schwer erworbnes Gut,
Uns ketten ew'ger Treue Bande,
Um ihn *verließ* ich *deine Hut.*

Baligant

Ich kenne dich nicht mehr, und aufgegeben
Hab ich des Vaters milde Pflicht.
Dem Feinde hat *die Tochter sich* ergeben,
Florinda übt Verrat, ich kenn *sie* nicht!

Die Ritter *(von innen)*

Kann dich ihr Schmerz nicht rühren?
Er schont nicht ihn, nicht sie.

Die Mauren

Ihr Schmerz kann nicht verführen,
Er schonet ihrer nie.

Baligant

Mich kann ihr Schmerz nicht rühren,
Mit *Roland* falle sie.
Ergreift sie!

(Die Mauren legen Leitern an, Florinda hindert es.)

Florinda

Halt ein, halt ein!

Roland

Die Tochter mußt du, Wütrich, schonen!
Soll kein Gefühl in deinem Busen wohnen?

Baligant *(winkt, die Plattform mit Pfeilen zu beschießen)*

Fort, fort, fort!
Zum Tode fort! Den finstren Höllenmächten
Verfallen ist der Franken freche Brut.

Die Ritter *(von innen)*

Zum grausen *Kampf mit* finstern Höllenmächten
Verdammet uns der Feinde tolle Wut.

Die Mauren

Nie soll der Schwache mit dem Glücke rechten,
Denn jede Schuld zahlt er mit seinem Blut.

*

Elfte Szene

Vorige. Brutamonte stürzt herein.

Brutamonte

Der Feind bricht durch! Zu wütend ist der Ansturm.
Die Unsern weichen. Wilder Andrang zielt
Hierher; voran ein Jüngling, Fjerabras
An seiner Seite, er weist ihm den Weg.
Verwirrung seine Spur, erlöschend schon
Jeglicher Widerstand. Herr, rette dich! und schnell!

Baligant

Fjerabras führt sie? Fjerabras' Gespenst!
Betrug des Feindes. Schnell, tut diesen ab.

(Er deutet auf Roland. In diesem Augenblick brechen die Ritter aus dem Turm hervor, sie stürzen sich auf Roland, befreien ihn und ziehen sich mit ihm auf den Turm zurück, in dessen Pforte Florinda, ein Schwert in der Hand, erscheint.)

Zwölfte Szene

Fjerabras und Irminhard an der Spitze fränkischer Soldaten. Handgemenge. Roland ergreift ein Schwert, haut sich durch und zückt die Waffe gegen Baligant; er wird von dem herzueilenden Fjerabras aufgehalten.

• Nr. 23 Finale III*

Fjerabras *(zu Roland)*

Er ist mein Vater, halte ein!

Florinda

Verschone!

* Die ursprüngliche Bezeichnung wurde beibehalten.

(Die Mauren erliegen. Die Ritter umarmen Irminhard.)

Die Ritter *(zu Irminhard)*

Hab Dank, du mutiger Erretter!

Dreizehnte Szene

Vorige. König Karl mit Imma und Gefolge.

Karl

Der Sieg begleitet meine tapfern Heere,
(zu Irminhard und Fjerabras)
Doch euch geziemt des Tages hohe Ehre.
Den Heldenruhm, den ihr erfochten,
Ihm sei auch euer Glück verflochten.
(zu dem Emir) Ihr saht *den Sieg* sich *zweimal zu* uns wenden,
Doch Frieden biet ich – Fjerabras zu Händen!

Baligant *(deutet finster auf den Thronsessel)*

Des Herrschers Macht hat mich der Sohn entbunden.
(zu Fjerabras) Da ist dein Platz – ich geb mich überwunden.

(Fjerabras legt sein Schwert auf den Thron.)

Chor der Mauren und der Ritter

Die Tat ist gelungen,
So sind wir bezwungen. / Das Glück ist errungen.
Aus blutiger Nacht
Der Friede erwacht.

Irminhard *(sein Schwert vor dem König niederlegend)*

Nun naht der Frevler reuig zu des Richters Füßen,
Bereit, in harter Strafe seine Schuld zu büßen.

Karl

Gesündigt hast du frech an meiner Gnade

Imma

O Gott!

Karl

Und irrtest auch vom Freundschaftspfade;
Doch hat dein Mut meinen Zorn versöhnt.
Der schönste Demant aus der Königskrone
Sei dir dafür zum wohlverdienten Lohne.

Imma

Mein Vater!

Irminhard

O mein königlicher Herr!

Chor

Gepriesen sei des Fürsten Huld,
Der so belohnt versöhnte Schuld.

Karl *(zu den Rittern)*
Ihr edle Ritter, meines Reiches Zierde,
Ihr hebt des Thrones hohen Glanz und Würde!

Fjerabras *(zu seinem Vater, nachdem er Rolands Hand gefaßt)*

Tut Ihr ein Gleiches in so schöner Stunde
Und reicht die Hand zu ihrer Herzen Bunde!

Baligant *(sich abwendend)*

Macht hast du! Mag es denn nach Wunsch geschehen.

Roland und Florinda

Wir sind vereint, errungen ist das Ziel.

Karl *(zu Fjerabras)*

Und du, mein Held, der *kühn den Krieg bekrieget,*
Für edles Ziel, fürs Vaterland *gesieget,*
Wo ist ein Lohn, den ich für dich bereite?

Fjerabras

Den Weg des Ruhms zu bahnen,
Von Jugend an gewohnt,
Hiß du des Friedens Fahnen!
So fühl ich mich belohnt.

(Imma hat einige Zweige zu einem Kranz verbunden und tritt auf Fjerabras zu. Er beugt die Knie, sie drückt ihm den Kranz auf die Stirn.)

Die Ritter

Ja, *hiß des Friedens* Fahnen,
An Siegeslust gewohnt!
Wo sie die Wege bahnen,
Ist hoch der Mut belohnt.

Karl

Nun laßt des langersehnten Glücks uns freuen!
Den fernen Schmerz soll keine Macht erneuen.

Vereint durch Bruderbande
Gedeiht nur Menschenglück.
Es weilt im Vaterlande
So gern der Sohne Blick.

Chor

Nach langer Leiden Qualen
Erwacht die reine Lust,
Und Jubellieder schallen
Aus der *befreiten* Brust.

Imma, Florinda, Irminhard, Fjerabras, Roland, Karl

In Nebel zerronnen
Sind Schrecken und Pein.
Das Glück ward gewonnen
Durch Treue allein.

Chor

Nach langer Leiden Qualen
Erwacht die reine Lust,
Und Jubellieder schallen
Aus der *befreiten* Brust.

* * *

ERLÄUTERUNGEN

Die Dialogtexte sind neu; sie nehmen den jambischen Duktus auf, der in Kupelwiesers Dialogen vorgebildet ist, und führen ihn zur konsequenten Anwendung des Blankverses als des wesentlichen Dramenverses der Epoche. Eine solcherart rhythmisierte Dialogsprache ist dazu angetan, den Kontrast zwischen gesungener und gesprochener Sprache zu mildern; sie mag dem Sänger den Übergang vom einen zum andern erleichtern. Die Gesangstexte bewahren so weit als möglich den Wortlaut des Originals; die wenigen Stellen, an denen – unter Beachtung der musikalischen Agogik – in ihn eingegriffen wurde, sind durch kursive Schrift gekennzeichnet. Die Modifikationen erhalten die Endreime und sind fast ausschließlich dramaturgisch motiviert.

Die Oper enthält zwei markante Tenorpartien, eine (Irminhard) mehr lyrisch und eine (Fjerabras) mehr dramatisch disponierte. Von entsprechender Bedeutung sind die Partien der Imma und der Florinda. Imma ist ein lyrischer Sopran, Florinda ein dramatischer Mezzosopran ähnlich Beethovens Leonore (und von vergleichbarem Gewicht innerhalb der Oper). Karl und Baligant sind zwei königliche Baßpartien, Roland ein heldisch gefärbter Bariton. Maragond und Brutamonte sind kleine, Ogier und der Hauptmann Nebenrollen; die beiden letzteren können *einem* Sänger (in verschiedenen Kostümen) übertragen werden. Um der Regie ihr Geschäft nicht unnötig zu erschweren, sollten so wenig Ritter als musikalisch möglich den Chorus der gefangengesetzten Gesandtschaft bilden. Das alte Libretto nennt außer Roland und Eginhard (Irminhard) fünf mit Namen und fügt »und die übrigen Ritter« hinzu. Für den vierstimmigen Satz der Gesänge (erster und zweiter Tenor, erster und zweiter

Baß) sind vier Stimmen (Ogier, Olivier, Gui, Richard) möglicherweise ausreichend.

Einige Namensmodifikationen erwiesen sich als sinnvoll; so wurde die im Deutschen fast zwangsläufig zu einer falschen Aussprache führende Schreibweise Fierabras (Calderón) bzw. Fierrabras (Kupelwieser) zu dem lautgerechten Fjerabras geändert. (Die älteste Überlieferung des Stoffes, der 1829 in Berlin veröffentlichte provenzalische Versroman des Mittelalters, setzt Ferabras.) Schubert komponiert den Namen zweimal, das eine Mal in Nr. 4 mit einem Ton für die Vokale ie, das andere Mal in Nr. 6 mit zwei Tönen. Aus Emma und Eginhard – durch Wilhelm Busch ist das Paar der Aura des Parodistischen anheimgefallen – wurden Imma und Irminhard; das war auch deswegen naheliegend, weil die Opernfigur nicht, wie der Held der Sage, Karls Sekretär und Chronist (alias Einhard), sondern ein Ritter ist. Aus dem Boland des alten Librettos, mit seinem unglücklichen Gleichklang zu Roland, wurde in Anlehnung an Calderón Baligant.

Es würde zu weit führen, auf die inhaltlichen Abweichungen gegenüber Kupelwieser im einzelnen einzugehen. Nur einiges wenige sei angemerkt, so die Änderung der Schauplätze, bei Kupelwieser »Frauengemach« und »festlicher Prunksaal« im königlichen Schlosse bzw. »im Schlosse des Maurenfürsten Boland«. Die von den Akteuren zwischen den Schauplätzen zurückgelegten Wege rücken ins Absurde, wenn man sie als Schlösser diesseits und jenseits der Grenze annimmt; auch widerstrebt die Vorstellung einer Burgenarchitektur dem Gestus der Musik. Nur der uneinnehmbare Turm, eine Hauptfigur der Oper, bleibt als festes architektonisches Element übrig. Die zeitlichen Abläufe drängen sich so in einen Zeitraum von weniger als zwei Tagen zusammen, vom Vormittag eines Tages bis zum Morgen des übernächsten.

Die Eingangssituation ist gegenüber dem Original insofern modifiziert, als nicht ein totaler Sieg über die Sarazenen stattgefunden hat (dieser macht das spätere Betragen des Maurenfür-

sten unsinnig), sondern ein Pyrrhussieg; nur unter schweren
Verlusten haben die Franken das Schlachtfeld behauptet. Die
abstruse Geschichte von Fierabras' touristischer Vor–Liebe zu
der Prinzessin entfällt, er sieht Karls Tochter hier zum ersten
Mal; damit wird auch seine Resignation von dieser Leidenschaft
plausibler. Ein Hauptmangel des alten Librettos ist, daß es Florinda, seine eigentliche Heldin, erst im zweiten Akt in die
Handlung eintreten läßt. In der neuen Fassung wird ihre Beziehung zu Roland anfangs vorerzählt; die veränderte Akteintei-
lung (zwei statt dreier Akte) gibt ihr stärkeres Gewicht im
Handlungsablauf und ist wesentlich deshalb eingeführt. Der
erste Akt schließt mit ihrem Entschluß zur Tat, einer Allegro-fu-
rioso-Arie von größter Ausdruckskraft; der zweite Akt beginnt
mit ihrem rettenden Eindringen in den Turm, in den der Emir
die Ritter hat werfen lassen.

Voransteht der A-capella-Chor der eingekerkerten Ritter
(»O teures Vaterland! verlassen / weilt deiner Söhne treue
Schar«), den die Ouvertüre in einer Weise exponiert, daß er,
trotz seines Liedertafelcharakters, unverzichtbar erscheint. Aus
zwingenden Gründen entfällt am Anfang des vormaligen dritten Aktes ein lyrisch-geselliger Wechselgesang zwischen Emma
und ihren Jungfrauen, der in Ausdruck und Anlage der Introduktion (Nr. 1) gleicht und sie strukturell repetiert (Nr. 18, Chor:
»Bald tönet der Reigen, die Lust füllt das Herz«); die Musik tritt
in dieser Komposition gleichsam aus dem Drama aus und ins
Idyll zurück. Das gilt auch für den Beginn des früheren zweiten
Aktes (Nr. 7, Lied mit Chor: »Im jungen Morgenstrahle«), einen
lyrisch hinschmelzenden, melodisch bezwingenden Wechselgesang zwischen Eginhard und den an der Grenze zum Feindesland verweilenden Rittern. Der zuzeiten erhobene Einwand, die
Oper sei »mit Chor gefüttert«, gewinnt an dieser wie an den
vorgenannten Nummern ein Recht; es sind anmutige Einzel-
stücke in einer damals beliebten Gattung, die das Geflecht dramatischer Entwicklung auflösen.

Auch die Nr. 8 der Partitur (Rezitativ, Marsch und Ensemble: »Beschlossen ist's, ich löse deine Ketten!«) mußte aus zwingenden Gründen entfallen. Die mit vielgestalten musikalischen Mitteln ausgeführte Situation ist dramatisch unhaltbar: Eginhard, von Reue über seine Mitschuld an Fierabras' Verhaftung zerrissen, wird von den andern Rittern unter Hinterlassung eines Notruf-Horns – einer Travestie des Rolands-Horns – mitten in Feindesland sitzengelassen und alsbald von einer Maurenpatrouille umstellt, die ihn ruhig ins Horn stoßen läßt, um ihn dann abzuführen; die zurückkehrenden Ritter kommen zu spät und beklagen gefühlvoll Eginhards Verschwinden. Die Musik spürt und übersetzt die Haltlosigkeit dieser szenischen Vorgabe; sie fällt bei der Darstellung der umzingelnden Mauren und später der klagenden Ritter in singspielhafte Harmlosigkeit, ja Heiterkeit und gewinnt einen dringlichen Gestus nur in Eginhards einleitendem Rezitativ. Der gefährliche Gesandtschaftszug verwandelt sich in diesen beiden Musikstücken (Nr. 7 und 8) wie in eine Landpartie der Schubertianer; ihr musikalischer Ort ist der Konzertsaal. Mit Eginhards Gefangennahme entfällt auch dessen Beteiligung an dem Quintett Nr. 10; der maurische Hauptmann übernimmt – zu fast den gleichen Worten – die Partie. In praxi wird der Sänger des Ogier diesen Hauptmann singen können.

Die Nummern 6 und 17 sind in der neuen Disposition keine Aktschlüsse mehr, sondern musikdramatisch ausgebreitete Zonen einer fortschreitenden Handlung; durch anschließende Bild-Verwandlung und Dialogszene isolieren sie sich hinlänglich von den folgenden Musikstücken. Im dritten und vierten Bild des zweiten Aktes (in und vor dem Turm) ist Calderón wiederhergestellt, den Kupelwieser an der entsprechenden Stelle phantastisch verballhornt hat. In seinem Libretto überredet Florinda die eingeschlossenen Ritter angesichts der Hinrichtungsvorbereitungen dazu, sich dem Maurenfürsten zu ergeben, und wirft sich ihrem Vater vergeblich zu Füßen. Schuberts Komposition hat aber durchaus den Widerstandsgestus, den

Calderón der Szene gibt (dort bringt Fierabras' Schwester die fränkischen Paladine dazu, ihren Geliebten herauszuhauen); die Musik läßt sich ohne weiteres auf eine szenische Konstellation übertragen, bei der Florinda ihren Vater von der Höhe des Turms um Gnade anfleht, indes die Ritter im Innern darauf warten hervorzubrechen. Im Finale vereinigen sich dann zwei Aktionen: die Befreiungsaktion der Eingeschlossenen und der Angriff von außen, ähnlich wie in FIDELIO Leonores Aktion und die Ankunft des Ministers. Diese Koinzidenz ist für die dramatische Balance des Schlusses entscheidend.

Der Kontrast der sarazenischen Kultur des achten Jahrhunderts mit der gleichzeitigen karolingischen ist theatralisch ergiebig und unausgeschöpft; dennoch soll der dem Personenverzeichnis nachgestellte Hinweis auf Zeit und Ort der Handlung die Oper nicht auf eine historische Ebene festlegen. Ihre Gestalten gehören der Sage an, die allerdings einen historischen Kern hat: König Karls Feldzug in das von den Sarazenen beherrschte Nordspanien im Jahre 778. Dem Frankenkönig, der von entthronten islamischen Machthabern ins Land gerufen worden war, gelang es nicht, dort Fuß zu fassen; nach der erfolglosen Belagerung Saragossas zog er über die Pyrenäen wieder heimwärts und erlitt dabei große Verluste durch einen Überfall der christlichen Basken auf seine von Hruodland (Roland) befehligte Nachhut. Daß dieser Feldzug kein Glaubenskrieg war, hat die Geschichtsschreibung seit langem erhärtet; erst die sagenhafte Umformung der Gestalt des nachmaligen Kaisers zur Zeit der Kreuzzüge gab seinem Spanien-Feldzug diesen Aspekt.

Zum Ausklang

Die den drei Teilen dieses Lesebuchs vorangestellten Zitate
sind Peter Härtlings
Schubert - Zwölf Moments musicaux und ein Roman
entnommen.

Peter Härtling

Moment musical I
(Nicht zu langsam)

Die Szene ist ein Bild, eine Zeichnung gewesen. Nun nicht mehr. Es brauchte lange, bis sich die mit feinem Stift gezogenen Figuren zu bewegen begannen.

Die kleine Gestalt erscheint. Das gezeichnete Licht verhilft ihr zu einem unverzerrten Schatten.

Er sagt: Nehmen Sie doch dort unter der Linde Platz und warten Sie, bis die Herrschaften ihre Unterhaltung unterbrechen, seien Sie, ich bitte Sie, so höflich, niemandem ins Wort zu fallen.

Er spielt, jetzt sehr entfernt.

Ich wünsche mir, daß Wunderlich singt oder Patzak:

»Die Lerche wirbelt in der Luft;
Und aus dem tiefsten Herzen ruft
Die Liebe, Leid und Sorgen.«

Beunruhigt und verwirrt wende ich mich an Herrn von Spaun, der den Spazierstock vor sich quer über den Gartentisch gelegt hat als eine deutliche Abgrenzung: Verzeihen Sie, fällt es Ihnen auch so schwer wie mir zu entscheiden, ob wir uns im Freien oder in einem Salon befinden?

Wieso? Herr von Spaun mustert mich verdutzt, schaut dann ins Bild hinein und hört Schubert zu, den ich nun wieder nicht höre.

Ich blicke zu ihm hin. Er greift sich ans Herz.

Um endlich ungestört zu sein, setze ich mich weiter zurück.

Ich kann niemanden mehr erkennen, nicht Schober oder Vogl oder Mayrhofer. Die Zimmerdecke hat sich, was zu erwarten war, in Licht aufgelöst, weht wie ein durchscheinendes Segel.

Und ich sehe, wie Schubert mit seinem Klavier hinaus auf eine Wiese fährt, die einer riesigen grünen Schüssel gleicht und mich überkommt Angst, er könnte über den Rand stürzen, aber eine junge Dame, möglicherweise Katharina Fröhlich, beruhigt mich beiläufig:

Einen Rand gibt es nicht. Schauen Sie nur lieber auf die anderen Herren, auf deren Geschichte.

Ich kann die Scharade nicht erraten.

Können Sie mir helfen? bitte ich meine zufällige Nachbarin. Sie lacht auf, legt die Hand auf die Lippen: Es ist möglich, daß Sie hören, was Sie sehen, sagt sie.

Hören, was ich sehe?

Sie nickt und schaut durch mich hindurch. Ja. Oder daß Sie sehen, was Sie hören.

Ehe ich ihr erwidern kann, ereignet sich, wovon sie spricht - oder bilde ich es mir nur ein?

Obwohl Schubert sich vom Klavier entfernt hat, sich zum Horizont hin verbeugt, spielt das Klavier weiter, einen seiner Walzer wie aus der Erinnerung, und Vogl singt den Harfner und Therese Grob, die eine Figur aus der Scharade gestoßen hat und nun auf einem Luftstreif schwebt, nimmt seinen Gesang auf:

»Heiß mich nicht reden,

Heiß mich schweigen.

Denn mein Geheimnis ist mir Pflicht.«

Schober - ich nehme wenigstens an, daß er es ist - wirft einen Brief in die Luft, gegen das schwingende Zeltdach, das Papier entfaltet sich, und es ist eine Schrift darauf zu lesen, die, wie das Blatt sich auch wendet, gespiegelt bleibt.

Vom Schnürboden wird ein Offizier heruntergelassen. Er müsse die Aufführung im Auftrag seiner Exzellenz, des Fürsten Metternich, bis auf weiteres untersagen.

Er verbeugt sich: Gestatten, mein Name ist Schodl, ich bin der Zensor.

Von Schubert ist nichts mehr zu sehen.

Spaun reißt ein Streichholz an und entzündet die schöne Gegend mit einer Stichflamme. Befinden wir uns nun im Freien oder in einem Salon?

Bevor ich mich abkehre, erkenne ich erschrocken, wie eine haushohe Eisscholle sich über den grünen Rand schiebt. Sie nimmt das verlassene Klavier in einer Nische auf.

Notizen zu den Autoren

Elmar Budde: geb. 1935 in Bochum, studierte Musik, Germanistik und Musikwissenschaft in Freiburg i. Br.. Seit 1972 Professor für Musikwissenschaft an der Hochschule der Künste Berlin. Hauptforschungsgebiete: Geschichte der Komposition: Musik des 19. und 20. Jahrhunderts; Geschichte der Aufführungspraxis; Fragen des Interdisziplinären (Musik - Malerei - Architektur). Unter der Vielzahl der Veröffentlichungen sei eine textkritische Neuausgabe (vier Bände) der Lieder Franz Schuberts genannt, besorgt von Elmar Budde zusammen mit Dietrich Fischer-Dieskau. Vorträge über seine Forschungsgebiete in aller Welt. Von 1992 bis 1996 Erster Vizepräsident der Hochschule der Künste Berlin. Der INTERNATIONALEN HUGO-WOLF-AKADEMIE ist er seit Jahren eng verbunden und wesentlich beteiligt am Entwurf und an der Verwirklichung der Veranstaltungsreihe **Franz Schubert 1797-1997 »Willkommen und Abschied«.**
Elmar Budde ist nicht nur Hochschullehrer und musikwissenschaftlicher Autor, sondern auch Maler: Im März 1997 präsentierte die Berliner Galerie Raab in einer ihm gewidmeten Ausstellung Gemälde, Zeichnungen und Aquarelle unter dem Titel »Farben, Formen, Figuren«.

Friedrich Dieckmann: geb. 1937, lebt als Schriftsteller und Publizist in Berlin-Treptow.
Von 1972 bis 76 war er Dramaturg am Berliner Ensemble, 1989/90 Fellow am Wissenschaftskolleg zu Berlin. Er ist Mitglied des Goethe-Instituts, der Sächsischen Akademie der Künste und der Freien Akademie der Künste Leipzig. Buchveröffentlichungen in Auswahl: KARL VON APPENS BÜHNENBILDER AM BERLINER ENSEMBLE (1971); DIE PLAKATE DES BERLINER ENSEMBLES (1976/1992); STREIFZÜGE (Essays, 1978); THEATERBILDER (Studien und Berichte, 1979); ORPHEUS, EINGEWEIHT (Erzählung, 1983); RICHARD WAGNER IN VENEDIG (1983); DIE GESCHICHTE

DON GIOVANNIS (1991); GLOCKENLÄUTEN UND OFFENE FRAGEN (1991); VOM EINBRINGEN / VATERLÄNDISCHE BEITRÄGE (1992).

Der INTERNATIONALEN HUGO-WOLF-AKADEMIE ist Friedrich Dieckmann bekannt als Teilnehmer der Diskussionsrunde »Berlin heute - Kunst und Kultur zwischen Ost und West« im Rahmen der Reihe EUROPA IM AUFBRUCH - MENSCHEN · METROPOLEN · WANDERUNGEN (1992 / 93) und als Autor in den Veröffentlichungen, außerdem als Referent zu Schubert im Rahmen der Reihe **Franz Schubert 1797-1997** »**Willkommen und Abschied**«. Im Herbst 1996 ist von Friedrich Dieckmann im Inselverlag FRANZ SCHUBERT - EINE ANNÄHERUNG erschienen.

Elisabeth Hackenbracht: geb. 1935 in Heilbronn, studierte Germanistik und Anglistik in Tübingen und Bonn. Elisabeth und Rolf Hackenbracht haben 1979 im Luchterhand Verlag das erste Materialienbuch zu Peter Härtling herausgegeben. Seit einigen Jahren arbeitet sie für die Lesebücher und andere Veröffentlichungen der INTERNATIONALEN HUGO-WOLF-AKADEMIE, u.a. »100 JAHRE MÖRIKE - WOLF« (1988), FRIEDRICH HÖLDERLIN (1990), FRANZ SCHUBERT - 15 NACHTKONZERTE MIT LIEDERN, SZENEN UND ENSEMBLES (1991); VON DICHTUNG UND MUSIK - PETER HÄRTLING (1993); DIETRICH FISCHER-DIESKAU ZUM 70. GEBURTSTAG (1995), VON DICHTUNG UND MUSIK - HEINRICH HEINE (1995).

Zusammen mit Aila Gothóni plante und betreute sie die Redaktion des Lesebuchs zur Veranstaltungsreihe EUROPA IM AUFBRUCH - MENSCHEN · METROPOLEN · WANDERUNGEN (1992/93).

Peter Härtling: geb. 1933 in Chemnitz, aufgewachsen in Sachsen, Mähren, Österreich und Württemberg. Gymnasium in Nürtingen bis 1952. Danach journalistische Tätigkeit erst bei schwäbischen Provinzzeitungen, danach von 1955 bis 1962 als literarischer Redakteur bei der DEUTSCHEN ZEITUNG in Stuttgart und Köln. Von 1962 bis 1970 Mitherausgeber der Zeitschrift DER MONAT, von 1967 bis 1968 Cheflektor und danach bis Ende 1973 Geschäftsführer des S. Fischer-Verlages in Frankfurt am Main.

Seit 1974 freier Schriftsteller. Peter Härtling erhielt viele Auszeichnungen und literarische Preise. 1994 wurde er vom Land Baden-Württemberg zum Professor h.c. ernannt und hält seitdem regelmäßig Vorlesungen über Musik und Dichtung an der Musikhochschule Karlsruhe.

In Zusammenarbeit mit Mitsuko Shirai, Hartmut Höll und Tabea Zimmermann entstand eine beinahe schon legendäre Aufführung von Franz Schuberts WINTERREISE, die auch bei CAPRICCIO - »2x Winterreise« - dokumentiert ist.

Von den großen Romanen, den Erzählungen, dem essayistischen Werk und den Gedichtsammlungen seien hier nur einige wenige von denen erwähnt, die thematisch in Verbindung gebracht werden können zum Aufgabenfeld der INTERNATIONALEN HUGO-WOLF-AKADEMIE: NIEMBSCH ODER DER STILLSTAND - EINE SUITE (1964); GILLES - EIN KOSTÜMSTÜCK AUS DER REVOLUTION (1970); MEIN EUROPA - Essay (1973); HÖLDERLIN - EIN ROMAN, 1976; FÜR OTTLA (1978); DIE DREIFACHE MARIA (1982); WAIBLINGERS AUGEN (1987); DER WANDERER (1988); NOTEN ZUR MUSIK (1990); SCHUBERT - ZWÖLF MOMENTS MUSICAUX UND EIN ROMAN (1992); DAS LAND, DAS ICH ERDACHTE, Gedichte 1990 -1993; DAS WANDERNDE WASSER (1994); 1996 erschien bei Kiepenheuer und Witsch der Roman SCHUMANNS SCHATTEN.

Die INTERNATIONALE HUGO-WOLF-AKADEMIE verdankt Peter Härtling, Kuratoriumsmitglied seit 1992, wesentliche Anregungen für die Programmgestaltung (z.B. als Patron der dritten Woche der Veranstaltungsreihe »FRANZ SCHUBERT - 15 NACHTKONZERTE MIT SZENEN, LIEDERN UND ENSEMBLES« (1991) und Beiträge in vielen ihrer Veröffentlichungen u.a. zu Mörike, Hölderlin, Schubert und, im Lesebuch EUROPA IM AUFBRUCH - MENSCHEN · METROPOLEN · WANDERUNGEN (Tutzing 1992), den Essay KRAUTMARKT ODER LEOS JANÁČEK UND SEINE SPRACHE. Unter dem Titel: »Der junge Schubert und der alte Goethe - Geburt des Liedes« hat Peter Härtling in der »Abendunterhaltung« am 31. Januar 1997 die Veranstaltungsreihe der INTERNATIONALEN HUGO-WOLF-AKADEMIE zum 200. Geburtstag Franz Schuberts eröffnet.

Wolfgang Hufschmidt: geb. 1934 in Mülheim an der Ruhr, studierte Kirchenmusik und Komposition. 1968 wurde er Dozent für Musiktheorie an der Folkwang-Hochschule in Essen, die ihn 1971 zum Professor für Komposition berief und deren Rektor er von 1988 bis 1996 war. Mit Schülern und Freunden gründete er 1983/84 den Verein für musikalische Aufführungen und Veröffentlichungen sowie die edition V als Verlag der Komponisten. Auch war er Gründungsmitglied der GESELLSCHAFT FÜR NEUE MUSIK RUHR (1989, Essen) und der INTERNATIONALEN HANNS-EISLER-GESELLSCHAFT (1994, Berlin), deren Präsident er ist. In zahlreichen Kompositionen, veröffentlicht im Bärenreiter-Verlag Kassel und im Pfau-Verlag Saarbrücken, setzt er sich mit literarischen Texten auseinander (u.a. - zusammen mit Günter Grass - MEISSNER TEDEUM) mit mehrmedialen Darstellungsformen (u.a. STEPHANUS - EINE DOKUMENTATION IN BILDERN, SPRACHE UND MUSIK) sowie der Zitatkomposition (u.a. KONTRAFAKTUR I NACH DER MISSA CUIUSVIS TONI VON OCKEGHEM für großes Orchester). Buchveröffentlichungen: »WILLST ZU MEINEN LIEDERN DEINE LEIER DREHN?« - *Zur Semantik der musikalischen Sprache in Schuberts WINTERREISE und in Eislers HOLLYWOOD-LIEDERBUCH.* (1993); STRUKTUR UND SEMANTIK - *Texte zur Musik 1968 -88.* (1994).

Wolfgang Hufschmidt hält im Rahmen der Veranstaltungsreihe **Franz Schubert 1797-1997 »Willkommen und Abschied«** ein Referat zu Franz Schuberts WINTERREISE.

Norbert Miller: geb. 1937 in München, studierte Deutsche Philologie und Kunstgeschichte in Frankfurt am Main, München und Berlin, Promotion an der Freien Universität bei Wilhelm Emrich. Seit 1972 ist er ordentlicher Professor für Deutsche Philologie, Allgemeine und Vergleichende Literaturwissenschaft an der Technischen Universität. Zusammen mit Walter Höllerer gibt er die seit 1961 erscheinende Zeitschrift SPRACHE IM TECHNISCHEN ZEITALTER heraus; zwischen 1981 und 1986 gehörte er zur ersten Generation der Herausgeber der Zeitschrift: DAIDALOS. BERLIN ARCHITECTURAL JOURNAL. Seit 1992 leitet er das Literarische Colloqium Berlin, dem er seit seiner Gründung angehört. 1987 erhielt er den Premio Montecchio, 1993 den Sigmund-Freud-Preis. Er ist Herausgeber mehrerer klassischer Autoren der deutschen und europäischen Literatur. Außer einigen Aufsätzen veröffentlichte er Bücher über den Romananfang in der Literatur des 18. Jahrhunderts (1968), über Giovanni Battista Piranesi (1978) und über HORACE WALPOLE. DIE ÄSTHETIK DER SCHÖNEN UNREGELMÄSSIGKEIT (1986). Über viele Jahre war er Musikrezensent der SÜDDEUTSCHEN ZEITUNG und schrieb auch für andere Zeitungen und Zeitschriften regelmäßig Rezensionen. Viele Aufsätze beschäftigen sich mit Fragen der Operngeschichte. In PIPERS ENZYKLOPÄDIE DES MUSIKTHEATERS verfaßte er außer kleineren Artikelfolgen zu Berlioz, Massenet, Mercandante, Petrella etc. die monographischen Beitragsfolgen zu Donizetti und zu Rossini. Ein umfangreicheres Buch, geplant und begonnen mit Carl Dahlhaus, über das Verhältnis von Oper und symphonischem Stil 1770-1850 wird im nächsten Jahr in Stuttgart erscheinen.

Er ist Herausgeber der Werke von Jean Paul, Henry Fielding, Daniel Defoe, Goethe (*»Münchner Ausgabe«*), Gérard de Nerval, Friedrich Nietzsche, Marie Luise Kaschnitz.

Friedrich Rauchbauer: geb. 1958 in Wiener Neustadt. Während der Kindheit hatte er ersten Unterricht in Klavier und Musiktheorie am Konservatorium in Eisenstadt (Burgenland) und bei Otto Strobl. 1977-1982 Kompositions- und Klavierstudium an der Wiener Musikhochschule (Heinrich Gattermeyer, Renate Kramer-Preisenhammer)

1983-1984 Studium bei Peter Sculthorpe an der Universität Sydney; Graduiertendiplom für Komposition.

Weiterführende Studien bei Christoph Hohlfeld in Hamburg; künstlerischer Kontakt mit Jenö Takacs im Burgenland.

In vielen seiner Kompositionen widmet sich Rauchbauer der Beziehung von Wort und Ton: Streichquartett VARIATIONEN ÜBER EIN TÜRKISCHES VOLKSLIED, SECHS LIEDER NACH »DES KNABEN

WUNDERHORN«, THE OWNER OF MY FACE, Lieder nach Texten von Rodney Hall; VIER LIEDER NACH TEXTEN VON DIANA KEMPFF; ALLE WETTER, kleine Stücke nach Kinderreimen; GESÄNGE NACH EDUARD MORIKE; EINE FRAU AUF EINEM SOCKEL, Minioper nach Martin Walser; EIN TAUBENKÄFIG für Sopran, Sprechstimme und Klavier; DER GELBE KLANG (Bühnenkomposition nach Kandinsky); EINFÄLTIGES LIED für Sopran und Saxophon; FARBEN für Streichquartett;

Im November 1995 wurde in einer Veranstaltung der INTERNATIONALEN HUGO-WOLF-AKADEMIE seine Komposition INTERMEZZI NACH HEINRICH HEINE uraufgeführt.

Dieter Schnebel: geb. 1930 in Lahr. Musikstudium in Freiburg; Besuch der Kranichsteiner Ferienkurse für Neue Musik (Varèse, Adorno, Leibowitz, Krenek, Scherchen, Nono, Boulez, Henze, Stockhausen). 1952 - 56 Studium der Theologie, Philosophie und Musikwissenschaft in Tübingen (mit besonderem Interesse für Barth, Bultmann und Bloch). 1956 - 63 Pfarrer in Kaiserslautern. Serielle Kompositionen, Phonetische Musik, Sichtbare Musik, Geistliche Musik, Organische Musik. Von 1970 - 76 war Schnebel Religions- und Musiklehrer in München. Pädagogische Musik. Seit 1976 Professor für experimentelle Musik und Musikwissenschaft in Berlin. Räumliche und Mobile Musik, Experimentelles Theater für Stimmen und Gesten. Ökologische Musik. 1991 Lahrer Kulturpreis, Mitglied der Akademie der Künste Berlin.

Dieter Schnebel hat im Rahmen der Reihe EUROPA IM AUFBRUCH - MENSCHEN · METROPOLEN · WANDERUNGEN an der Diskussionsrunde »Berlin heute - Kunst und Kultur zwischen Ost und West« teilgenommn. Für den Band »Von Dichtung und Musik - Heinrich Heine« schrieb er den Aufsatz EINE DEPRESSION UND IHRE AUFLÖSUNG -*Schuberts Heine-Lied »Der Doppelgänger«*. Im Rahmen der Veranstaltungsreihe **Franz Schubert 1797-1997 »Willkommen und Abschied«** ist Dieter Schnebel Referent in der Reihe der Vorträge zu Franz Schubert und es wird am 26. Oktober 1997 seine Komposition SCHUBERT-FANTASIE für geteiltes großes Orchester (1978) aufgeführt.

Werke aus letzter Zeit: CHILI, Musik und Bilder zu Kleist, LAMENTO DI GUERRA für Singstimme und Orgel. Dieter Schnebel arbeitet zur Zeit an der Komposition einer Oper.

Matthias Strässner: geb. 1952 in Stuttgart, studierte Germanistik, Philosophie und Geschichte. Früh musikalisch ausgebildet, war er während seines Studiums im Kammerchor des Süddeutschen Rundfunks sowie als Konzert- und Oratoriensänger tätig.

Strässner promovierte mit einer Arbeit über das Enthüllungsdrama von Sophokles bis Ibsen (ANALYTISCHES DRAMA, Fink-Verlag München 1980). 1987 erschien sein Buch über DIE LUDWIGSBURGER SCHLOSSFESTSPIELE (DVA Stuttgart), deren Geschäftsführender Direktor er über viele Jahre hin war. Neben vielen Rundfunk-Sendungen und Einzel-Publikationen (u.a. zu Heidegger und Nietzsche), legte Strässner 1994 ein Buch zur Tanz- und Literaturgeschichte im 18. Jahrhundert vor: TANZMEISTER UND DICHTER. LITERATURGESCHICHTE(N) IM UMKREIS VON JEAN GEORGES NOVERRE (Henschel Verlag Berlin).

Seit 1989 ist Strässner beim Deutschlandfunk in Köln Leiter der Hauptabteilung Kultur.

Christian Thorau: geb. 1964, ist Wissenschaftlicher Mitarbeiter an der Hochschule der Künste Berlin; er studierte Musik, Musikwissenschaft und Geschichte in Berlin und arbeitet an seiner Dissertation zur Wagner-Rezeption. Veröffentlichungen zur Musik des 18. bis 20. Jahrhunderts liegen vor u.a. zur musikalischen Topologie (C. Ph. E. Bach), zu Schumann, Wagner und Wolf, zur Gattung »Oratorium« im 20. Jahrhundert und zu John Cage.

Textnachweise

I

Elmar Budde: »DER FLUG DER ZEIT«
Zur Erstveröffentlichung der Schubert-Lieder und zu ihrer Rezeption
Originalbeitrag 1996/7 © Elmar Budde, Berlin

Christian Thorau: »UND ALS DIE HÄHNE KRÄHTEN«
Traum und Wirklichkeit im Schubertlied
Originalbeitrag 1996 © Christian Thorau, Berlin

Wolfgang Hufschmidt: VOM FREMDSEIN IN DER GESELLSCHAFT
Schuberts Lied »Im Dorfe« aus der »Winterreise«
Originalbeitrag 1996 © Wolfgang Hufschmidt, Essen

Dieter Schnebel: »ET INCARNATUS EST«
Gedanken zu Schuberts Theologie
Originalbeitrag 1996 © Dieter Schnebel, Berlin

Friedrich Rauchbauer: »DIE WORTE DURCH TÖNE AUSDRÜCKEN«
Von der Mühe mit den Worten
Originalbeitrag 1996 © Friedrich Rauchbauer, Salzburg

Norbert Miller: DAS HEIMLICHE LIED
*Schuberts Vertonungen nach Gedichten von Friedrich Schlegel.
Ein Skizzenblatt*
Originalbeitrag 1996/7 © Norbert Miller, Berlin

II

Elmar Budde: FRANZ SCHUBERT - CASPAR DAVID FRIEDRICH
Eine Studie
Originalbeitrag 1996/7 © Elmar Budde, Berlin

Matthias Strässner: SOKRATES UND ERLKÖNIG
Play-back der Romantik - Das Tableau vivant zur Zeit Franz Schuberts
Originalbeitrag 1996 © Matthias Strässner, Kerpen

Elisabeth Hackenbracht: »Der Vollmond strahlt auf Berges-
höhn«
Eine Landschaft für Schuberts »Rosamunde«
Originalbeitrag 1996 © Elisabeth Hackenbracht, Heilbronn

III

Friedrich Dieckmann: »Der Turm von Agrimor«
Textneufassung von Schuberts Oper »Fierabras«
Originalbeitrag (1984) 1996 © Friedrich Dieckmann, Berlin

Zum Ausklang
Peter Härtling: Moment musical I
Aus Peter Härtling: Schubert - Zwölf Moments musicaux
und ein Roman.
Hamburg / Zürich 1992. © 1996, 1997 by Verlag Kiepenheuer &
Witsch, Köln

Im Umschlag zitiert nach:
Friedrich Dieckmann: Franz Schubert - Eine Annäherung.
Frankfurt am Main und Leipzig 1996

Zu den Abbildungen

Umschlag: Claudia Seeger unter Verwendung eines Ausschnitts aus dem Gemalde von Leopold Kupelwieser: CHARADE.
Aquarell, 34 / 44 cm; 1821.
Foto: Archiv für Kunst und Geschichte Berlin.
© Archiv für Kunst und Geschichte Berlin.
© für den Entwurf des Umschlags: Claudia Seeger, Reutlingen.

S. 134 Caspar David Friedrich: SELBSTPORTRAIT, um 1810.
Kreidezeichnung.
Staatliche Museen zu Berlin. Sammlung der Zeichnungen. Kupferstichkabinett.
© Bildarchiv Preußischer Kulturbesitz Berlin.

S. 135 Leopold Kupelwieser: FRANZ SCHUBERT.
Bleistift, weiß gehöht (20,8 / 15.9 cm). Von Schubert unterschrieben: *»Franz Schubert mpl/ am 10 July 1821«.*
Historisches Museum der Stadt Wien.

S. 145 »Auf dem Flusse«. Aus: Franz Schubert: WINTERREISE.
Faksimile der Handschrift.

S. 146 Sinfonie Nr. 8 in h-Moll, »Unvollendete«, D 759. Aus dem ersten Satz - Allegro moderato.

S. 151 C.D. Friedrich: ABTEI IM EICHWALD, 1809 / 1810.
Öl auf Leinwand.
Staatliche Museen zu Berlin, Preußischer Kulturbesitz.
© Bildarchiv Preußischer Kulturbesitz Berlin.

S. 161 C.D. Friedrich: DER MÖNCH AM MEER. 1808-1810, Öl.
Staatliche Museen zu Berlin. Preußischer Kulturbesitz.
Foto: Jörg P. Anders, Berlin.
© Bildarchiv Preußischer Kulturbesitz Berlin.

S. 178 Aus dem Programm des Kärtnertor-Theaters: »Große musikalische Akademie« vom 7. März 1821.
Abdruck mit Genehmigung des Österreichischen Theatermuseums, Wien.
Foto: Foto Vouk, Wien.

S. 179 Aus dem Programm des Kärntnertor-Theaters: »Abendunterhaltung« vom 22. April 1821.
Abdruck mit Genehmigung des Österreichischen Theatermuseums, Wien.
Foto: Foto Vouk, Wien.

S. 183 Philip van Dyck (1680 - 1753): SARAH PRÉSENTANT AGAR À ABRAHAM. Musée du Louvre, Paris.
© Photo RMN, Paris.

S. 183 Philip van Dyck (1680 - 1753): ABRAHAM RENVOYANT AGAR ET ISMAËL. Musée du Louvre, Paris.
© Photo RMN, Paris.

S. 185 Vinzenz Kininger nach H. Füger: SOKRATES VOR SEINEN RICHTERN. Schabkunstblatt.
Graphische Sammlung Albertina, Wien.
Foto: Graphische Sammlung Albertina, Reproduktionsabteilung.
© Graphische Sammlung Albertina, Wien.

S. 196 Ferdinand Olivier: GEBIRGSLANDSCHAFT IM SALZBURGISCHEN. UNTERSBERG UND HOHER GÖLL VON PUCH BEI HALLEIN AUS GESEHEN.
Bleistift, gewischt, 26,7 x 47,6 cm, 1838.
Wien, Akademie der Bildenden Künste. Inv. Nr. 8454.
© Akademie der Bildenden Künste, Wien.

S. 197 Ferdinand Olivier: ITALIENISCHES GEBIRGE. Bez.: F O (monogrammiert) 1838. Rötel, 33,1 x 47,2 cm.
Berlin, Kupferstichkabinett und Sammlung der Zeichnungen. Inv. Nr. 2/11504.
© Bildarchiv Preußischer Kulturbesitz Berlin.

Umschlag/Rückseite innen: Leopold Kupelwieser: CHARADE. Gesellschaftsspiel der Schubertianer in Atzenbrugg.
Aquarell, 34/44 cm; 1821.
Foto: Archiv für Kunst und Geschichte Berlin.
© Archiv für Kunst und Geschichte Berlin.

Dank

Im Namen der Internationalen Hugo-Wolf-Akademie für Gesang • Dichtung • Liedkunst e.V. Stuttgart sei hier allen gedankt, die die Entstehung dieses Lesebuchs ermöglicht haben, insbesondere:

Professor Dr. Elmar Budde, Berlin, für wesentliche Anregungen zur Konzeption der Aufsatzsammlung und zur Einladung der Autoren und für die großzügige Bereitschaft, andere im Gespräch an seinen Erfahrungen und Einsichten teilhaben zu lassen;

Professor Dr. Hans Schneider, Tutzing, der den Zugang eröffnete zu wichtigen Schubert-Materialien;

Claudia Seeger für die schöpferische Genauigkeit, mit der sie für Konzept und Inhalt dieser Sammlung eine Form gefunden hat;

Mitsuko Shirai und ihrer großen inspirierenden Interpretationskunst
Peter Härtling, Walldorf
Friedrich Dieckmann, Berlin

Erna Feesenmeyer, Heilbronn
Regina Henze, Wedel
Fabienne Martet, Musée du Louvre, Paris
Ursula Neumann, Stadtbücherei Heilbronn

Akademie der Bildenden Künste, Wien
Archiv für Kunst und Geschichte, Berlin
Bildarchiv Preußischer Kulturbesitz, Berlin
Graphische Sammlung Albertina, Wien
Historisches Museum der Stadt Wien
Österreichisches Theatermuseum, Wien

und zudem einigen Persönlichkeiten, die, »dem Amte wohl bekannt«, hier nicht genannt werden möchten.

Elisabeth Hackenbracht

Impressum

Herausgeber: Internationale Hugo-Wolf-Akademie
für Gesang • Dichtung • Liedkunst e. V. Stuttgart
Konzept und Redaktion: Elisabeth Hackenbracht, Heilbronn
Satz und Gestaltung: Claudia Seeger, Reutlingen
Texterfassung: Erna Feesenmeyer, Heilbronn
Reproduktion: Fischbach Druck, Reutlingen
Druck: Proff GmbH, Eurasburg
Auflage: 700
Gedruckt auf Gardamatt 120 g, holzfrei, mattgestrichen weiß
Gesetzt in 9 Punkt Palatino
Winter 1996/7

ISBN 3 7952 0882 3
© 1997 by Internationale Hugo-Wolf-Akademie
für Gesang • Dichtung • Liedkunst e. V. Stuttgart
Verlegt bei Hans Schneider, D - 82323 Tutzing

»Bei uns macht Schubert selbst Programm«

Am 31. Januar 1997 feierte die musikalische Welt den Geburtstag Franz Schuberts. Die Internationale Hugo-Wolf-Akademie für Gesang • Dichtung • Liedkunst e.V. Stuttgart begann an diesem Tag eine einzigartige Veranstaltungsreihe, in besonderer Weise dem Willen des Komponisten folgend.

Jeder Musikfreund weiß, was es bedeutet - das berühmte »D« mit entsprechender Nummer hinter Franz Schuberts Werktiteln: mit dem Deutschverzeichnis können sich Musiker und Gelehrte auf die Spuren des großen Komponisten begeben. Doch Franz Schubert hat bereits zu Lebzeiten immerhin 108 Opera seiner Werke veröffentlicht, und er ordnete sie dabei - wie verschiedentlich im vorliegenden Band dargestellt - in einer ganz persönlichen Weise einander zu, während das Verzeichnis des Musikforschers Otto Erich Deutsch den Vollendungsdaten folgt. Heute ist Schuberts eigene Konzeption der Werkzusammenstellung so gut wie vergessen, obgleich Schuberts Dramaturgie manches bekannte Werk in anderer Beleuchtung und Nuançierung erleben läßt und damit zu einer Neubewertung zwingt.

Für die Stuttgarter Veranstaltungsreihe hat »Franz Schubert selbst Programm gemacht«, und so ist im Jahr seines 200. Geburtstags die Chance geboten, scheinbar Vertrautes neu zu entdecken. Dem schönen, bewegten Reigen von siebzehn »Abendunterhaltungen«, sechsmal »Klavier um vier«, einem Kirchenkonzert, einer Reihe von sieben Vorträgen, dreimal Bearbeitungen Schubertscher Werke von Zeitgenossen des Komponisten bis in unsere Tage ist das vorliegende Lesebuch wie ein betrachtender, kommentierender Begleiter zugedacht.